ハヤカワ文庫NF
〈NF534〉

グッド・フライト、グッド・ナイト

パイロットが誘《いざな》う最高の空旅

マーク・ヴァンホーナッカー
岡本由香子訳

HAYAKAWA NONFICTION

早川書房
8294

SKYFARING

A Journey with a Pilot

by

Mark Vanhoenacker

Translated by
Yukako Okamoto
Published 2018 in Japan by
HAYAKAWA PUBLISHING, INC.
This book is published in Japan by
arrangement with
PETERS, FRASER & DUNLOP LTD.
through THE ENGLISH AGENCY (JAPAN) LTD.

ロイスとマーク、そして両親の思い出に

……ここでも、ほかのどんな場所でも
時代はひとつだ。
都市にも、泥壁の集落にも、時代を問わず、日の光が降りそそぐ。
ポート・オブ・スペインの錆色の港近く
あざやかな郊外があせた言葉と化す
——マラヴァル、ディエゴ・マーティン
後悔のようにあとを引く高速道路
教会の尖塔はあまりに小さく、鐘の音は聞こえない
緑に囲まれた村々の
漆喰壁の光塔《ミナレット》の鋭い叫びも聞こえない。
降下する窓に大地のページが、

詩節《スタンザ》をなすサトウキビ畑が反響する。
黄土色の沼地をサギの群れのようにかすめ飛び
やすやすと枝を見いだす名詞たち。
いっきにあふれだす故郷
――翼の下を飛び去るサトウキビ、畑を区切る柵
車輪がごとごと揺れながら心臓を揺さぶり進むときも
変わらずそこにある世界。

デレック・ウォルコット「真夏」

Contents

グッド・フライト、グッド・ナイト

パイロットが誘《いざな》う最高の空旅

はじめに

執筆中、何度も頭を悩ませた。あらゆる分野で単位の統一が図られているというのに、飛行に関しては、必ずしもそうでないからだ。たとえば高さ（高度やフライトレベル）は、地上でメートル法を採用している地域でもフィートという単位を使う場合が多いが、そうでない地域もある。風はおおむねノットで示されるものの、秒速〇〇メートルという場合もある。視程は、ある国ではキロメートルで表示され、別の国では（海里ではなく）法定マイルで表示される。キログラムやメートルトンは質量の単位だが、私は重量の意味で使ってきた。似たような混乱はコックピットを飛びかう会話だけでなく、印刷されたマニュアルのなかにも見受けられる。

航空機の窓側の席から写したベストショットがあればskyfaring.com経由で送っていただけないだろうか。みなさんのとっておきの空を、ぜひ拝見したい。

ロンドンにて
二〇一四年一〇月

Lift:

持ちあげる、あがる、高まる

窓のない小さな空間で、私は眠っている。部屋のなかは喫水線よりも下にある船室のように暗い。顔のすぐ横に壁があって、壁の向こう側から、何かが流れるような規則正しい音が聞こえてくる。無数の粒子が身体のまわりを通過していくような……川面《かわも》に突きだした石を迂回する水のような……それでいてもっと速く、なめらかな音。想像のなかで、巨大な船が周囲に満ちるものをかき分けて進んでいく。互いに接触することなく……。

私はひとりだ。数年前のクリスマスの朝に何千マイルも離れた場所でプレゼントされた青いパジャマを着て、青い寝袋にくるまっている。部屋全体が一定のリズムで、やさしく左右に揺れている。壁は湾曲して、狭いベッドの上に張りだしている。ここはボーイング747内の仮眠室だ。

食事会やパーティーに出席して自己紹介をすると、仕事についてあれこれ質問される。技術的な質問もあれば、彼らが最近のフライトで見た風景や、聞いた音にまつわる疑問をぶつけられることもある。これまで行った都市や、お薦めの旅行先を教えてくれという人もいる。そして必ずといっていいほど、次の三つについて尋ねられる。昔からパイロットになりたいと思っていたのか？　上空で説明できないようなものを見たことがあるか？　初フライトを覚えているか？　これらは空を飛ぶことが日常的な行為になる以前から、人類が抱いてきた純粋な疑問ではないだろうか。大勢の人が地上を離れて紺青の海を越え、別の地点へ移動できる現代になっても、私たちは思っているほど飛ぶことに慣れていない。航空機の登場によって、移動手段や時間と距離の関係について伝統的な価値観がくつがえされても、私たちの想像力は昔ながらの枠に囚われたままなのである。古くさい、原始的ともいえる概念から抜けだせないでいる。

私にとって飛ぶことは、あらゆる拘束からの解放であり、自分の原点を見いだすことでもある。アイザック・ディネーセンは『アフリカの日々』で、〝空を飛ぶと、三次元の完全な自由に迎えられる。長く異郷の生活に耐えて故郷を夢見る心が、大気中に解き放たれる〟と記している。この世に航空機が誕生したばかりの頃、大気を切る翼はそれだけで人を惹きつけた。足をとめて見入る価値があった。今でも初めて飛行機を見た子どもたちは、目を輝かせて喜ぶ。

パイロットになる人はたいてい、幼い頃から飛行機が好きだ。私も、模型飛行機を組み立てては天井につるすような少年だった。子ども部屋の天井には夜光塗料で星が描かれていたのだが、模型飛行機の数が多すぎて、電気を消しても星などぜんぜん見えなかった。夏休みの家族旅行も、関心があるのはどこへ行くかより、どうやって行くかだった。フロリダのディズニー・ワールドで遊んでいるあいだも、本物の魔法の乗り物で地上を離れる瞬間を待ちわびていた。

そういう子どもだったので、もちろん学校の自由研究もテーマは〝飛ぶこと〟一色だ。紙で熱気球を作ったり、サンドペーパーをかけた木製の翼にドライヤーの風をあてて、翼がびりびりと振動する様子を観察したりした。一三歳のとき、初めて友人でも親戚でもない人から電話をもらった。母が「ボーイング社の人があなたと話したいそうよ」と受話器をこちらへ差しだしたときは、信じられない思いがした。〝ボーイング747を自由研究のテーマにしたので、飛行中の映像をもらえませんか〟という私の手紙に「喜んで協力するが、録画するのはＶＨＳとベータマックスのどちらがいいだろうか」とわざわざ電話をかけてきてくれたのだ。

家族のなかでパイロットは私だけだ。それでも飛ぶことは（少なくとも私にとっては）幼い頃から身近だった。たとえば父は大の航空ファンで、きっかけは第二次世界大戦だったそうだ。父が幼少期を過ごしたベルギーのウェスト＝フランデレン州の上空で、大規模な空中戦があったのだ。大空を舞う戦闘機を眺めながら、機種による輪郭のちがいや、独特のエンジン音を覚えたという。父は雑記帳に〝数えきれないほどの戦闘機が空を飛んでいるというのに、教科書なんて読んでいられるわけがない〟と当時のことを回想している。

一九五〇年代、父は宣教師としてベルギー領コンゴに滞在し、初めて小型機で空を飛んだ。その後、船でブラジルへ渡った。一九六〇年代に『アビエーション・ウィーク』を定期購読する宣教師もめずらしかったのではないだろうか。最終的にはアメリカへ飛び、母と出会い、その後ビジネス・スクールに通ってメンタルヘルス関連の職に就いた。父が遺した雑記帳やスライド写真は、どれも航空機に関する内容ばかりである。

母はペンシルベニア州の田舎のおだやかな空の下に生まれ、言語聴覚士になった。飛ぶことにとりたてて関心はなかったとはいえ、息子の漠然とした空への情熱を、誰より理解してくれたのは母だった。母に薦められて読んだ『スチュアート・リトル』や『ホビットの冒険』は、幼い私の冒険心をくすぐり、この世には、高いところや遠いところへ行かないと見えないものがあることを教えてくれた。人は飛ぶことで故郷《ホーム》を離れるが、最終的には故郷こそが人生の宝であり、目的地だと悟るのである。母は『フォー・ザ・ビューティー・オブ・ディ・アース（この美しき地球のために）』という讃美歌がお気に入りだった。旅客機の日よけ《シェード》の内側に刻むには悪くないタイトルだと思う。

兄が情熱を傾けているのは飛行機よりも自転車で、自宅の地下室には、兄みずから設計し、部品を取り寄せて組み立てている自転車がところ狭しと並んでいる。完成した自転車は、私のものになることもあれば、自転車好きの友人に贈られることもある。フレームの軽量化に関する兄のこだわりは、どんな航空技師にも負けないだろう。どちらかというと実際に乗るより、自転車を組み立てたり整備したりするほうが好きなのだと思う。ソファーに座って航空雑誌をめくる私の隣で、自転車をいじったり、パソコンで自転車関連のサイトを眺めたりする兄を見ていると、〈ライト自転車商会〉のことが頭をよぎる。空飛ぶ技術の原点が自転車だったことは、ライト兄弟の初期の飛行機からも明らかだ。もしも私がライトフライヤーを造るとしたら、まずは兄に相談するだろう。たとえ子どもの頃に大事な飛行機を壊された経験があったとしても。かつて兄は、手伝いをさぼったことを言いつけられた腹いせに、私の模型飛行機に小さな花火をとりつけて、絶妙なタイミングで二階の窓から放り投げたことがある。火のついた模型飛行機は、大きな弧を描いて裏庭へ飛んでいった。

十代になってから、近場の飛行場で何度か操縦訓練を受けた。大人になったら趣味で小型機に乗ろう。生活費を稼ぐ手段を別に確保して、週末の朝に空を飛べたらいい。そんな夢を描いていた。飛ぶことを仕事にしようとは考えていなかったと思う。そういう進路があることと自体、まったく思いつかなかった。おそらくマサチューセッツ州西部の小さな町には、旅客機のパイロットなどひとりもいなかったのではないだろうか。近隣に大きな飛行場もなかった。飛行機が大好きな父でさえ、空を飛ぶことを仕事にはしなかった。ただ、十代の私がパイロットを目指さなかったいちばんの理由は、飛行機が好きすぎたせいだ。私にとって空を飛ぶことは、完全に〝夢〟の世界に属していた。

高校に入ると、新聞配達やレストランのウエイターをして資金を貯め、夏休みにホームステイで日本とメキシコへ行った。異国の地を見て、そこで話されている言語を学びたいと思ったからだ。高校を卒業したあとは地元の大学に進学し、父の祖国ベルギーに短期留学もした。大学卒業後はイギリスの大学院でアフリカ史を専攻した。できることならケニアに渡って本格的にアフリカ史を研究したいと思っていた。ところが実際にケニアに渡ったあとで、遅ればせながら、飛ぶことを生涯の仕事にしたいと気づいた。だから大学院を中退し、奨学金を返済して、フライトスクールの費用を稼ぐためにボストンで就職した。経営コンサルタントの仕事を選んだのは、ほかの仕事よりも出張が多そうだったからだ。出張のたびに旅客機に乗れる。

今になってみると、高校時代のホームステイでも、いちばん印象に残っているのは日本やメキシコに至るまでの空の旅だったような気がする。私は空を飛びたい一心でホームステイをし、出張の多い仕事に就き、ついにパイロットになったのだ。

フライトスクールの資金が貯まったところでイギリスへ戻ることにした。昔から空を介して世界とつながってきた国だ。短いフライトで、ヨーロッパや中東はもちろん、アフリカにも行ける。イギリスの航空史はおもしろかったし、大学院で出会った友人たちの近くに住みたいという気持ちもあった。

念願かなって旅客機のパイロットになったのは二九歳のときだ。最初はエアバスA320シリーズの定期便を担当した。エアバスA320はナローボディの近中距離向けジェット機で、当時はヨーロッパじゅうを飛びまわっていた。朝四時に目覚まし時計のアラームでまぶたを開けると、そこはまだ薄暗いヘルシンキだったり、ワルシャワやブカレストやイスタンブールだったりした。ぼうっとしたまま、ここはどこだろうと考える。前の晩、部屋の明かりを消すまでの記憶がすっぽり抜けているのだ。またパイロットになった夢でも見ていたのだろうか？ いや、夢じゃない。今日もエアバスでヨーロッパの国々を飛びまわるのだ。そう思うたびに、パイロットになりたての頃と同じ胸の高鳴りを覚えた。

今は、もう少し大きな旅客機（ボーイング747）を操縦している。長時間のフライトには交代要員がいて、順番に規則で定められた休憩をとる。仮眠室で私が夢を見ているあいだも、翼の下をカザフスタンやブラジルやサハラの砂丘が一定の速度で流れていく。

よく旅をする人なら、現地に到着してしばらく地に足がついていないような思いをしたことがあるだろう。時間の感覚もあいまいで、ようやく寝ついたと思ったら、ホテルのモーニングコールで夢の世界から引きずりだされる。そういうときは夢の内容がやけにあざやかだ。パイロットはしょっちゅう、いちばん深く眠っているときに起こされる。仮眠室の完璧な闇のなか、外界から切り離されて眠ると、想像の翼は自由に羽ばたく。私にとって仕事と夢は切り離せない。夢の内容を覚えているのは、空にいるときだけだから。

仮眠室にアラームの音が響く。仮眠時間は終了だ。手さぐりで壁のスイッチを押すと、白っぽい明かりが灯る。すぐに起きて、プラスチックのフックにつるされたまま二〇〇〇マイルほど空を旅してきた制服に着がえる。身なりを整えてコックピットへ続くドアを開けると、まぶしさに身がすくんだ。仮眠室から壁一枚隔てたコックピットには太陽の光があふれている。もちろん季節や経路や時間帯や場所によってちがうが、あの明るさはいつもこちらの予想を上まわる。仮眠する前は夜だったし、仮眠室も闇に沈んでいた。混じりけのない光の洪水は、第六感が目覚めたのではないかと錯覚するほど強烈だ。

明るさに目が慣れてから、窓の外を見る。はじめのうちは光そのものが、それが照らす地球を凌《しの》ぐ存在感を放っている。この日、光の落ちる先は日本海で、彼方に雪を抱いた山々が見えた。空を反射した海はどこまでも青い。青い星めがけて、ゆっくり下降しているような錯覚にとらわれる。この世のすべての青は、あの海から抽出され、薄められているにちがいない。

コックピットの右側の席に向かいながら、二〇年ほど前に日本へ旅した日のことを思った。つい昨日、飛びたった都市のことも。〝昨日〟というのは適切ではないかもしれない。高速で東へ向かっているせいで、夜はあっという間に終わってしまったのだから。

ロンドンの自宅で迎えた朝はいつもと変わらなかった。空港へ出勤したのは午後になってからだ。しかし、それらはもはや昨日の出来事で、ロンドンの街並みと同じく、湾曲した水平線の彼方に沈んでいる。

シートベルトを締めながら、旅客機のエンジンを始動させたときのことを思い出す。空調システムの音が小さくなり、コックピットが突然、期待を含んだ静けさに包まれた。空気が、技術の粋《すい》を集めた巨大なファンをまわしはじめる。ファンはしだいに回転数をあげ、さらに加速して、やがて圧縮された空気に燃料と火花が投入される。低く重い音をあげて四基のエンジンが目を覚まし、しばらくするとやかましかった音が、なめらかで安定した響きに変わる。自然の力を精錬する完璧な技術の象徴である音に。

航空法規を紐解《ひもと》くと、旅の始点は〝フライトを目的として、旅客機がみずからの動力で動いた〟時点である。つまり昨日、私たちの前方をタクシーしていた旅客機の旅は、すでに始まっていた。旅客機が離陸位置につき、エンジンから噴きだされる大風が濡れた滑走路にさざ波を立てる。まるで池の表面を撮影して、高速で再生しているかのように。〝離陸最大出力〟になるとエンジン音が変わる。加速する旅客機の後方で、噴き飛ばされた水滴がくすんだ灰色の巨大な三角錐となる。車輪が滑走路を離れたとき、空に向かって短いあいだ新しい雲が生まれ、そして消えた。

次は私たちの番だ。離陸の瞬間は何度経験しても胸が躍る。長いカーペットを広げたようなランウェイの両側で、滑走路灯が〝進むべき方向〟を示している。航空管制官が〝離陸許可〟を出す。エンジンが出力を増し、車輪が前に転がりはじめる。普通でない道を、普通でない乗り物が走りだす。一定の速度に達するとしだいに脚《きゃく》がその役割を失い、代わって〝翼〟が主導権をにぎる。操縦輪を介して、空飛ぶマシンが本来の力をとりもどすのが伝わってくる。一秒ごとに、旅客機は地上の制約から抜けだしていく。車輪が地面を離れるずいぶん前から、私たちはすでに飛んでいるのだ。

〝V1（離陸決定速度）〟と呼ばれる速度がある。この速度以下であれば、離陸を中止してもランウェイ内で停止することができる。つまりV1を超えたら、何があっても飛ぶしかない。離陸許可が出たあと、旅客機はしばらく滑走路を走って速度を蓄える。V1を超えて数秒後、機長が「ローテート（機首あげ）」を指示した。滑走路中心灯の光が赤と白に変わり、ランウェイエンドが迫ってくる。私たちのうしろに、四基のエンジンが生みだす約二五万ポンドの推力の川ができる。私は機首をあげた。そして私道から車を出すような気軽さで、右に――遥か彼方にある東京の方角に旋回した。右側の窓の外にロンドンの街並みが現れた。街並みはぐんと大きくなったあと、急速に小さくなる。上昇とともに外の眺めが地図の眺めに変わる。息をのむ変化だ。ロンドンが地点になる。現実の都市が地図のイメージとぴったり重なる。私たちは川を示す青い筋に沿って飛んだ。前時代の移動手段だった船《シップ》を世界へ導いた川は、北海へ注ぐ。下に見える海はふたたび陸になり、デンマーク、スウェーデン、フィンランドが翼の下を流れていく。夜のとばりが降りる。ロシアの西端で始まった夜は、ロシアの東端で終わる。そして今、私たちは日本の北西で新しい青色に包まれて、東京が、朝日のように水平線の向こうから顔をのぞかせるのを待っている。

私は、コックピット右手の、シープスキンの操縦席に身を沈めた。副操縦士に割り当てられた場所だ。まぶしさに目を瞬きつつ、操縦輪やラダーペダルに手足を添え、ヘッドセットをつけ、マイクの位置を調節する。それから少しの皮肉を込めて、同僚に「おはよう」とあいさつをした。長距離線のパイロットなら身に染みているだろうが、短時間のうちに日の出と日の入りを繰り返すと、今が朝なのか昼なのか、朝だとしたら誰にとっての朝なのか（自分にとってか、乗客にとってか、もしくは翼下に住む人々にとってか、あるいは目的地にとってか）、よく考えないとわからないのだ。紅茶を一杯もらって申し送りを受ける。コンピュータ画面と燃料計を確認する。小さな緑色の数字は東京の到着予定時刻を表している。だいたい一時間後だ。時刻はグリニッジ標準時で表示されるのだが、ちなみにイギリスのグリニッジではまだ昨日である。別の数字は東京までの残りの飛行距離を表し、七秒ごとに一マイル〔訳注／本書ではノーティカル・マイル、つまり海里のこと〕ずつ減っていく。人類史上最大のメガシティが、カウントダウンとともに迫ってくる。

ときおり、そんなに長い時間、コックピットにいて飽きませんか、と質問されることもある。飽きたことは一度もない。もちろん、疲れることはあるし、高速で家から遠ざかっている最中に、これが家に向かっているならどんなにいいかと思うこともある。それでも、私にとってパイロットに勝る職業などない。地上に、空の時間と交換してもいいような時間があるとは思えない。

ほとんどのパイロットは、もの心ついた頃から空を飛びたいと願っている。一定の年齢に達するとすぐに飛行訓練を開始する者が多く、それはだいたい軍隊に入ることを意味する。だが、イギリスでフライトスクールに入ってみると、自分と同じようにまわり道をしてきた同期も大勢いた。かつて医学部の学生だったり、薬剤師だったり、技術者だったりした人たちが、もう一度、子ども時代の夢を追いかけようと集まっていた。忘れかけていた夢がどうしてこうも強く私たちを引きもどしたのだろうか？

まず、操縦輪を介して三次元の動きを制御するのが快感だ、というパイロットは少なくない。とくにフライトの最初と最後は、毎回が挑戦だ。また、生まれつきのマシン好きもいる。マシンの頂点はやはりジェット機で、車や船やバイクなど足元にもおよばない。

何よりも、空が与える自由を愛するパイロットは多い。離陸すれば一定の時間、地上から物理的に切り離される。今の時代、社会のしがらみから完全に解放される機会はなかなかないが、空にいるあいだは、たとえコックピットで最新の機材に囲まれていても、昔ながらの素朴な時間を過ごせるように思う。こうした解放感に負けず劣らず魅力的なのは、世界中の都市を訪れ、あいだに横たわるあらゆる大地と海と空を目にする特権だ。

人類に脈々と受け継がれてきた〝高さ〟への憧れも忘れてはならない。私たちは高さに焦がれ、なんとかそこへ到達したいと願う。高さは、素数や周期表の元素と同じでごまかしがきかない。「高く、オーヴィル、もっと高く」――ライト兄弟の父親は八一歳で初めて空を飛んだとき、そう叫んだという。私たちも高層ビルの展望デッキにのぼったり、ホテルで高層階の客室を希望したり、家や町や地上を遥か上空から撮影した写真に見入って、そこに写る景色に圧倒されたり、親しみを感じたりする。山登りなら、頂上を制覇するまでサンドイッチをとっておこうと思う。初めて訪れた都市で迎える最初の朝、私はしばしば高層ビルの展望デッキを訪れる。そこで前の日に運んだ旅人を見かけることも少なくない。

人類の歴史をさかのぼるだけでも、高さの魅力がわかるのではないだろうか。高い場所に立てば、何にも遮られず、すべてを掌握できる。地形もわかるし、領地や城に近づく者がいないか目を光らせておくこともできる。古代ローマ時代の地理学者で、コロンブスにも影響を与えたというストラボンも、コリントスの城塞から都を見渡した。

私の父は宣教師としてブラジルに派遣されたとき、まずパイロットを雇って、上空からサルヴァドールの貧民街を撮影した。日々の営みから生まれた道には名前もついておらず、きちんとした地図さえなかった。父が他界したあと、サルヴァドールに父の名にちなんだ通りがあるという噂を聞いた。私たちはインターネットの電子地図でパドレ・ジョゼ・エンリケ通り、つまりファーザー・ジョセフ・ヘンリー通りを探した。デジタルの空から通りをズームし、四〇年という歳月を経て、何千マイルも彼方から、父と同じ風景を眺めた。

高い場所にはいくつも魅力があるが、そこを目指す情熱には、損得だけでは割り切れない何かがある。人間はつながりを見つけること——つまり個々の要素がどのように全体を織りなしているかを発見するのが好きだ。音楽でも、詩でも、科学でも、繰り返し味わううちに最初はわからなかった関係性を発見すると、心を打たれる。空を飛ぶこともつながりを見つける行為だといえる。大好きな歌手がカバーした曲を聴いたり、初めて会う親戚の顔立ちやしぐさに懐かしさを覚えたりといったことを、地球相手にやっているようなものだ。知っているはずの曲なのにどこか印象がちがって、初めて会うのに他人ではない気がする。空から森や道路や、住宅地、学校、川を見おろすと、平凡だと思っていたものの新しい面が見える。日常がいつもとちがう美しさを帯びて、ひとつひとつがつながっていることがわかる。とりわけ夜は、その感覚が増す。

私はよく、遠い町の大聖堂を訪れ、床に描かれたラビリンス模様をたどる。タイルの上に描かれた模様に沿って、行ったり来たりすると、心がおだやかになっていく。そしてそのようなおだやかさが、ラビリンス（迷宮）を歩くという、安心とは対極にある行為から生じることに心を打たれる。全体が見渡せないスーパーの通路を歩いているときも、似たような気持ちになることがある。

人は今日も旅に出て、未知の土地を訪れ、文化的にも言語的にも隔たった場所から自分の居場所《ホーム》を見直そうとする。私が思うに、経験を積んだ旅行者ほどこうした傾向が強い。旅客機のクルーは、自分の故郷や住んでいる場所を離発着するとき、決まってコックピットに入りたがる。隅から隅まで知りつくした場所であっても、愛する町が小さくなっていく瞬間を、あるいは視界いっぱいに広がるさまを眺めたいのだ。

これまで述べたすべての理由から、私は飛ぶことを愛する。とくに旅客機は、世界の上で独特の機動をとる。たとえば自分の足で森を駆けぬけると、木々の枝がすぐ近くに張りだしていて、さまざまな音がして、スピード感がある。動いているのは自分だという実感がある。土を蹴り、草を踏む足は、二度と同じ角度で地面に着地することがない。気が向けば立ちどまって、まわりのものにふれることもできる。一方、軌道衛星から送られてくる映像はまったくちがう。世界は一定の速度で、おごそかに、なめらかに動いている。そこには計りしれない高みを超高速で周回している衛星から送られたとは思えないほどの、揺るぎない安定感がある。

旅客機からの眺めは、自分の足で走ることともちがえば、衛星の映像ともちがう。フライトの段階によって両方のあいだを揺れ動くからだ。私は、翼の下を飛び去っていく世界を眺めるのが好きだ。離陸直後はスピード感がある。しかし巡航高度に達すると、当然ながら細部はかすみ、普通ならとても一度に見ることのできない、広大な地域を見渡すことができる。しかもそのあいだのどこかで、胸が締めつけられるほど崇高な感覚の反転が起こる。フライトのなかで高度と速度が最高に達したときこそ、眼下の風景がもっとも悠々と変化する。このスローモーションの眺めほど、世界のつながりを実感させてくれるものもない。道や、川や、鉄道がふたつの都市を結び、ひとつの風景や雲景が、紙の上に引いた線のように別の場所へ流れていく。そうしたつながりを時間で計ることもできる。町や国や海の大きさは、その上を飛ぶことによって初めて客観的に理解できる。

やがて旅客機は高度をさげ、別の都市にアプローチを開始する。地上が近づくにつれて窓の外の世界は速度をあげ、着陸直前、旅客機がいちばん速度を落としたときに、最高に達する。離陸時に加速した車輪は、着陸前は静止していて、地面にふれたとたんに回転を始める。空の速度が地上の速度に変わる。ブレーキがそれを大地の熱に変える。旅の終わりの熱を、風がさらっていく。

旅には動機が必要だ。旅する人は、ここではないどこかへ行きたいと願い、また、そこに行かなければならない事情を抱えている。ある人は、あとにしたばかりの場所を恋しく思い、また別の人は、子どもの頃に本で読んだ森や大聖堂や砂漠に憧れる。ずっと住みたいと思っていた国のある人もいれば、若い頃に土地勘があった町を懐かしむ人もいるだろう。旅客機は、愛するものから私たちを引き離し、または近づけることによって、こうした憧憬を現実のものにする。ジェット機がもっとも効率よく飛べる空間は過酷で、人間はそこで呼吸することさえできない。途中でエンジンを切って、足を曲げのばしすることもできないし、泳ぐこともできなければ、プールサイドにつかまることもできない。高高度の空という生存に適さない環境が、出発地と目的地の時間と空間を鋭く分断している。

たとえばロンドンと東京のように、文化も、言語も、歴史も異なる地球上の二点間を移動するとき、旅人が目的地に対して抱く距離感は、ふたつの都市の物理的な距離よりも遠いかもしれない。心の距離感は、ある音楽を好きになったり嫌いになったりするのと同じで、物理的な距離に旅人自身の思いが反映されたものだ。旅客機で旅をする人は、遥か上空の、地球と空がどこよりも広く見渡せる場所に昇り、そこで意外にも、自分の心と向き合うことになる。

一三歳で初めて自分専用のラジカセとヘッドホンを手に入れ、自分で音楽を選ぶようになったとき、パイロットは空の上で音楽を聴けると思うか、と兄に質問したことがある。兄は「わからないけどだめなんじゃないか」と答えた。兄の推測は正しかった。しかし乗客であれば、音楽と、窓の外を流れる景色を道連れに、現代ではますます手に入れにくくなった自分と向き合う時間を手にすることができる。空では、ほかに出かける場所もなければ、やるべきこともないのだから。

視線をさげると翼下の世界が目に入る。そのとき座っているのが窓側の席なら、あなたの目は内的世界と外的世界を自由に行き来できるだろう。視点の切り替えはあまりになめらかで、空の上でのみ得られる恩恵のようだ。信仰の有無や種類を問わず、楕円形の窓に、人間が抱く根源的な問いの答えがくっきりと映しだされる。個と個がつながり、時間と距離が釣り合い、夜になると暗い地表に暮らしの光が投げかけられるように、過去が現在に投影される。私たちは窓越しに、雪をかぶった山系をその日最後の赤い光が染める様子や、手相のように広がる都市の光を眺め、この窓は、限られた時間だけ世界の上に掲げられた鏡なのだと悟る。

もちろん、空そのものは目的地にはならない。パイロットにとっても同じだ。それでも現代に生きる私たちは、どこかへ急ぐ途中に空の王国で貴重な時間を過ごすことができる。日常のしがらみが消え、故郷の物語が紐解かれる。そして使い古された言葉が——旅や道、翼、水、空、地球と大気、都市と夜といった言葉が、新たな意味をもって立ちあがってくる。ときおり見あげる空の青さや星の輝きに胸を打たれることはあっても、私たちの視線はおおむね下に注がれている。あとに残してきたものの価値を再確認して、ふたたびめぐり合う機会に思いを馳せながら、半球だけ光のあたった世界を雲のように漂うのである。

Place:

場所、空間、住所

一三歳の冬のこと。父と私は、マサチューセッツ州の自宅からニューヨークへ車を走らせていた。ケネディ国際空港に到着し、パンナム・ワールドポートの屋上に駐車する。何カ月かうちに滞在することになった、いとこを迎えにきたのだ。

いとこはまだ到着していなかった。私たちが早く来すぎたのかもしれないし、いとこの便が遅れていたのかもしれない。灰色の空の下、父とふたりで、遠くの滑走路から離陸する飛行機や、着陸して、眼下のターミナルゲートに駐機する旅客機をしばらく眺めた。

ふと、サウジアラビアの旅客機が目に飛びこんできた。尾翼に剣とヤシの木が描かれていて、側面には航空会社の名前が入っている。私はなぜか、その機から目が離せなくなった。多感な年頃だったのかもしれないし、その日が何か特別だったのかもしれない。サウジアラビアの旅客機を見たことで、これから数カ月にわたって同じ食卓を囲むいとこが、今はまだ空のどこかにいるということが、強烈な現実味を帯びて立ちあがってきた。昨日、私が寝ているとき、あのアラビアの旅客機はヨーロッパのどこかの空港で給油をしていたかもしれない。さらにその前はアラビア半島にいたのだ。今朝、私が目を覚ましたときも、食卓についてシリアルを食べ、オレンジジュースを飲んで、車に乗ったときも、あの旅客機はずっと空を飛んでいて、それは私が歩いて学校へ通うのと同じくらい日常的に起きているということを、初めて実感した。私は、地球の裏側から飛んできた旅客機の、最後の旋回を目にしているのだ。

サウジアラビアの旅客機がターミナルゲートに巨体を寄せる。スーパーから帰って家の前に車をとめるような何気なさだ。客室も貨物室もまだ閉じられたままだ。あの扉の向こうに、旅客機が見てきた一日が詰まっているのだろうか。地球儀に記された遠い場所の名残が、たとえばジッダとか、ダーラン、それにリヤドの景色が、閉じこめられているのかもしれない。

私はサウジアラビアがどんなところか想像してみようとした。しかし砂漠に関する乏しい知識のほとんどは『星の王子さま』に出てくるサハラ砂漠のものだ。サウジアラビアの旅客機がはるばる旅をして、大西洋の彼方から現れるカナダの雪景色やニューイングランド地方の海岸線を眺めていたとき、私と父はニューヨーク州の田舎を縦断する古いパークウェイを走っていた。車では、どこまで走ってもアラビア半島にたどりつくことはできないが、代わりに空港へ到着して、サウジアラビアから来た旅客機を見ることができた。

旅客機のすばらしさは、人を乗せて浮きあがり、目的地まで運ぶという物理的な機能だけではない。旅客機の下に広がる風景は継ぎ目なく流れていく。そこには地上で見るのとはちがうはかなさがある。雲がかかって、フライト・コンピュータという近代的虚構のなかでしか確かめられないこともあるが、いずれにせよ、通りがかりに聞いた会話のように――言葉の意味もわからないうちに消える会話のように、次々と切り替わっていく。やがて旅客機に完璧な静止がもたらされると、旅人は密閉の解かれたドアを通って、新しい場所の新しい一日を歩きはじめるのである。

ジェット・ラグ（時差ボケ）は体内時計の調整ができない速度でタイムゾーンを飛びこえた結果として生じる。ちなみにタイムゾーンというのは生活時間と日照時間を調整し、地理との整合性を図るために地球上に引かれた線のことだ。そして体内時計と同じように簡単に乱れるのは、自分が今いる場所に対する感覚である。時差ボケは時間の混乱のみを指しているので、場所の混乱は〝プレイス・ラグ〟と呼ぶことにしよう。一種の現代病だ。原因は、私たちのなかに根強く残る古い感覚が、旅客機の速度についていけないことにある。

プレイス・ラグは、タイムゾーンをまたがなくても起こる。空を飛ぶ必要さえない。たとえば森でハイキングをしたあと、街に戻ったとする。行き交う車、通りに満ちる喧噪、そびえたつコンクリートとガラスの建物に囲まれて、森のなかにいたのがついさっきのこととは思えなくなる。ほんの数時間前の出来事なのに、頭ではそう理解しているのに、一週間も前のことのように感じられる。

人類は太古の昔から、道筋にあるものを眺められる速度で世界を移動してきた。そういう移動では、環境の変化が時間の経過と同じリズムを刻む。だからこそ、短時間でまったくちがう環境に移ると、長い時間が経過したのだと錯覚しやすい。ハイキングの例でも、森と都会の環境があまりにちがうので、環境の変化が移動にかかった時間と釣り合わず、混乱するのだ。時間の丘を飛びこえたような違和感が生じる。

プレイス・ラグはすべての旅に共通する現象だ。出発地と目的地の環境がちがえばちがうほど、旅立ったのが過去のことに思えてくる。空の旅は、その最たるものである。旅客機の速度はずばぬけて速い。出発地とかけ離れたあらゆる場所へ、地名ぐらいは知っていたとしても詳しい知識を持たない場所へ、いとも簡単に私たちを運んでいく。

プレイス・ラグについて考えはじめると、ワシントンとリオデジャネイロや、東京とソルトレイクシティなどといった都市を直行便で結ぶのはやめたほうがいいのではないかと思えてくる。両都市の差を楽しむためには、移動を何段階かに分けるべきなのだ。一〇時間ではなく一〇週間のフライトなら、プレイス・ラグにもましな対応ができるだろう。

それにしても空の旅はほぼ例外なく速すぎる。出発地であり、あらゆる意味でなじんだロンドンがルアンダやロサンゼルスに変わっても、私たちはなんでもないふりをする。まるで自分たちが動いたのではなくて、背景が切り替わっただけだというように。そもそも、そんな高速で移動できるわけがないのだから。ジョニ・ミッチェルの『逃避行』という曲で描写されているように、場所に対するパイロットの感覚は、まさに旅熱に浮かされ、朦朧《もうろう》としている。

目的地に到着したとき、初めのうち場ちがいに感じるのは自然な反応だ。心が徒歩よりも速い移動に追いついていないのである。脳の原始的な部分が旅客機の速さを理解していない。パイロットである私も、上辺はなんでもないふりをしながら、たとえば「ここはまちがいなく香港だ」と何度も自分に言い聞かせる。バスの行き先表示幕も、歩道にあふれる歩行者も、港の水面にぼんやりと揺れる高層ビル群の光や、それを追い越していく船の光も、そこが香港であるという主張を裏づけている。二四時間前はイギリスの家にいたこともわかっている。日々の記憶があり、それを証明するレシートだってある。五二〇〇マイルも隔たった場所を結びつけているのは自分だ。距離だけでなく、時間によっても区切られたふたつの場所に共通する、もっともわかりやすい要素は自分自身なのだと、ぼんやりと感じてはいるのだが、だからといって、それが現実に意味することをうまく処理できるわけでもない。

パイロットや客室乗務員や海外出張の多いビジネスマンにとっては、時差ボケよりもプレイス・ラグのほうが深刻な問題かもしれない。そもそも私たちのような人間はたいてい、現地時間に慣れる前に（パイロットがフライトのあいだにとるべき休養を定めた規則では〝順応〟という）次の場所へ出発しなければならない。腕時計や携帯の表示をわざわざ現地時間に合わせることもない。ほとんどのパイロットは、現地の滞在期間が短い場合、自国の時間に合わせて食べたり眠ったりするほうが楽だという。どんなに遠い場所でも、昼夜逆転の生活になっても、たとえば三日間滞在して、一度も昼の町に出ることがなかったとしても。

このように時差ボケには対処法もあるが、プレイス・ラグは時間が経つほど悪化する場合さえある。外国の町で過ごす最初の日は、たとえ肉体的には新しいタイムゾーンを受け入れはじめていたとしても、精神的には慣れない場所への違和感を積もらせていく。時間を追うごとに、世界がますます歪んで見えるのである。

夜遅くに空港に到着し、右も左もわからないままとりあえずホテルにチェックインすると、旅人の意識は出発地でも目的地でもない、宙ぶらりんの場所で保留にされる。翌朝、客室で目を覚まし、カーテンを開けて、射しこむ光や人々の日常を目にして、ようやく目的地に到着したのだと実感する。

私が初めてデリーを訪れたのは一月で、空港も町も噂どおり濃い霧に包まれていた。クルーを乗せたバスがターミナルを出たのが午前三時だったせいもあるかもしれない。住宅街に入ると、道幅が狭くなった。驚いたことにその夜のデリーはロンドンよりも一段と冷えこんでいて、通りに積もる灰色の土埃と漂う霧が、雪のように見えた。バスのなかはしんとしていて、まるで自分たちが、デリーという町に忍びこもうとしているかのようだった。時間という点でも場所という点でも、そこは異質な世界だった。

それでも旅人なら、新しい土地になじむ余裕がある。空で別れた影と現地で再会するように、その土地の現実と向き合うことができる。だが、旅客機のクルーは、影との再会を待たずして出発地へ戻らなければならない。さらに休む間もなく別の都市へ飛ぶかもしれない。アイマスクと耳栓を常備して、現地時間を無視すれば、時差ボケにはかからないだろうが、プレイス・ラグだけは避けようがない。この病は空のキャリアと密接に結びついているのだ。

仕事のない朝、私はよく駅へ行く。北京だろうがチューリッヒだろうが、新しかろうが古かろうが、大きな駅はだいたい立派で、本を読みながら長居できるカフェもある。聞いたこともない小さな町や、電車で行けるとは思ってもみなかった町の名前が電光掲示板に表示されているのもいい。だが駅へ行ってお茶を飲む本当の理由は、駅がどこでもない場所の象徴だからだと思う。出発地と目的地の狭間にある空間だからだ。見知らぬ人々が行き交う外国の駅は、私の心情をそのまま映している。

プレイス・ラグは夜遅くに外国の都市を発つときもひどくなる。ホテルからバスで空港まで移動する途中、行き交う車や路線バスには、一日の仕事を終えて家路につく人たちが乗りこんでいる。彼らは夕食の材料が入ったビニール袋をぶらさげて、ヘッドホンで音楽を聴いている。もしかするとその日のニュースに耳を傾けているのかもしれない。どのニュースも、私にとっては別世界の出来事だ。今夜、私がパキスタンやチャドやグリーンランドの上空でお茶を飲みながら計器を見つめているとき、あの人たちは自分のベッドで眠るのだろう。夜の風景には、異邦人だからこそ見える、都市の素顔と人々の生活がある。そして、バスのなかからそれを眺める自分のほうが、幻になったような気持ちになる。一瞬たりともそこに存在していなかったような気がしてくる。

離陸して数時間後に、ヨハネスブルグやクウェートやシアトルや東京に残してきた航空会社のスタッフがどうしているかと考えるときもある。いわゆる〝地上勤務〟の人々が一日の仕事を終えて帰る場所を想像するのだ。給油車が翼から離れるように、彼らも一日の仕事が終われば空港を出て、家路につく。今、現地は何時だろう。彼らの時計の針はどこを指しているのだろう。もう日は落ちただろうか。どんなものを食べ、家族と何を語らうのだろう。どんな部屋に住んでいるのだろう。

プレイス・ラグは時間と無関係というわけではない。古い白黒写真を見たとき、写真の世界にはもともと色があって、そこに写っている人々にはその色が見えていたのだと思うと、カメラで切りとられた瞬間が、写真を見ている現在と並行して存在しているような気がしてくる。プレイス・ラグは、このような時間の錯覚を地理に移し替えたものだ。旅客機の速度があまりに速いので、現代と過去を混同するのではなく、今いる場所と過去にいた場所を混同してしまう。人類がどれほど進化しても、世界が、つまりすべての場所が同時並行的に存在することを真に実感するのは難しいのだろう。

ある冬の夜、私は乗客としてニューヨークへ飛んだ。乗客はまばらだった。私の座席は中央の列だったが、窓が大きめの機体だったこともあり、背筋をのばして座れば、細切れになって並ぶニューヨークの夜景をはっきり見ることができた。座席の背についたスクリーンの映像が、ニューヨークの夜景に反射していた。

見る人のない映像は、着陸態勢に入ったときも変わらず流れていた。どこかのスタンドアップ・クラブで漫才をするコメディアンの姿が、夜の闇に投影される。青みがかった光のなかでコメディアンが動き、観客から声のない笑いが起こる。映像は移りゆくニューヨークの夜景と継ぎ目なく混ざり合っていた。また別の窓には、アフリカのサバナの風景がちらちら揺れながら夜空を漂っている。ライオンは頭を振って無音の咆哮《ほうこう》を発し、夜の領域をさまよい歩いていた。

「ウルビ・エト・オルビ（ローマ市と全世界へ）」――ローマ教皇のスピーチによく登場する台詞が、ふっと頭をよぎった。世界に向かって呼びかけるのに、旅客機の上ほどふさわしい場所もないだろう。地上の景色がいちばん美しく見えるのだから。場所と場所が交差する。旅客機の世界はひとつところに留まらない。それゆえに摩擦もない。

〝一二時間の、豊かな時間がすぎた。この大空の下を、旅しているあいだに〟

ワーズワースの言葉だ。747の一二時間も青い空か星空に彩られている。東京からシカゴへ、フランクフルトからリオデジャネイロへ、ヨハネスブルグから香港へ。一二時間の旅をどうにかして理解できる規模に換算したいのだが、飛べば飛ぶほど混乱は深まる。

フライトのあとでホテルにチェックインし、まぶたを閉じる。しんと静まり返った部屋のなかで、何千マイルかぶりにひとりになったことに気づく。たった一日のあいだに、いったいどれだけの人に会っただろう。朝、私がいた町がどこであれ、太陽が顔を出してから今に至るまでに、いったい何人の人を見ただろう。祖先が一生に会ったよりも多いにちがいない。今日見た人々は搭乗時刻になるまでばらばらだった。旅客機は地球規模でさまざまな形の再会を可能にした。その一方で、狭い空間を分け合う一時的な共同体は、目的地に着陸するとあっけなく解散してしまう。夜のとばりが降りる頃、空港で見かけた人々や、私の操縦する旅客機に乗っていた人々は、乗り継ぎでさらに遠くへ飛んだり、家に帰ったり、私のようにホテルの一室にいたりする。目的地まで、最後の数マイルを運転して、私にはまったくなじみのない場所で旅を終えようとしているところかもしれない。はるばる会いにきた人に、旅の話を聞かせているところかもしれない。

　空の旅について、空気《エア》をキーワードに考えることもある。ただし旅客機が移動する空の旅《エアトラベル》の限りない広がりや深さや、ワーズワースが見あげた大空のことではない。むしろ空の旅は、世界中の空気《エア》のなかを飛ぶにもかかわらず、その場の空気《エア》を直接吸ったり、感じたりする機会がまったくないと思うのだ。オープンコックピットの時代と現代の最大のちがいはそこにある。瞬間移動《テレポーテーション》ができる人はいないし、そんな装置が発明されたらパイロットはただちに職を失うだろうが、空調の効いた快適な空間を保ったまま世界のあらゆる場所に私たちを運ぶ旅客機は、ある意味、瞬間移動装置の先駆けのようなものではないだろうか。

　フライトのあと、私はアジアの大都市のホテルで長い眠りについた。目を覚ましたとき、自分がどこにいるのかすぐにはわからなかった。ベッドの上に身体を起こす瞬間、ある都市の名前が浮かぶ。立ちあがって窓辺へ行き、カーテンを引く。船が行き交う港は、前時代の風景のようににぎわっている。視線をあげると、派手なロゴマークや看板に覆われた摩天楼が視界に入った。その向こうを旅客機が降下している。シャワーを浴びて着がえ、ネオンに彩られた街に出た。光の洪水のなか、人々は仕事を終えて家路を急ぎ、また小走りで友人との待ち合わせ場所に向かっている。ビルの上の霧にかすむあたりを見て、空の下に出るのは何時間ぶりだろうと首をひねった。

そこに至るまでの時間や距離をたどろうとして、時差ボケやプレイス・ラグに足をとられる。一日の活動を始めたのはまだ薄暗いロンドンだった。家を出て、地下鉄の駅まで歩いた。今になってみればそのとき見た空が、あいだに何も介さない最後の空だったのだが、空にさよならを言うために立ちどまることなど頭をかすめもしなかった。地下鉄に乗り、さらに別の路線に乗り換えて空港深部に到着する。ターミナルを通りぬけ、別のターミナルへ行く地下鉄に乗り、連絡通路《ボーディングブリッジ》を通って香港行きの旅客機に乗った。香港では、屋根つきの停留所でバスに乗って、大きな天蓋のあるホテルの正面玄関で降りた。自動ドアを通ると、ＢＧＭの流れるこぎれいなエレベータが並んでいた。エレベータの壁に貼られた最上階のジャズラウンジのビラを眺め、自分の客室にたどりついて、眠った。かなりの大移動だったというのに、ほんのわずかな時間も空の下に出ることがなかった。

昔と比べると海外旅行は驚くほど手軽になった。なんといってもロンドンから香港まで、空の下に出ることもなく移動できる。空と自分のあいだは常に屋根やガラスで遮られている。旅客機の旅はあらゆる旅のなかでもっとも密閉度が高いといっていい。どこかの都市のターミナルを起点に、いくつも旅客機を乗り継いで、ジェットストリームに流されながら世界を一周することもできる。途中で買い物をしたり、眠ったり、食事をしたりしても、現地の風にそよとも吹かれず旅を終えることもできるのだ。

私は宿泊先のホテルに到着すると、まず窓が開かないか試してみる。安全上の理由なのかびくともしないホテルも少なくない。〝建造環境〟という言葉は一般的に、道路や公園や建物など、人間が総合的に造りあげた環境を意味するのだが、繭《まゆ》に包まれて移動する現代の旅、なかでも外気から隔絶された空の旅はその一種といえる。

建造環境が完璧であればあるほど近代的な空港と評価され、その国の発展の尺度のように語られることもある。たしかにターミナルから旅客機まで、雨や風や強烈な日射しに耐えながら延々と歩かされて喜ぶ客はいないだろう。ターミナルと旅客機をつなぐボーディング・ブリッジはエア・ブリッジとも呼ばれる。空気《エア》にさらされないための橋だ。だからボーディング・ブリッジの有無も近代化の尺度になる。

空港や旅客機内の空気を外気と比較すると、そのちがいはすぐにわかる。たとえ旅客機とターミナルがボーディング・ブリッジで連結されていても、連結部分の密封が甘いと、ダラスの熱気やブリュッセルの湿気、モスクワの冷気が忍びこんでくる。そうした外気のにおいや温度は、空調の行き届いた機内の人工的な空気とは似ても似つかない。異国の空気はプレイス・ラグの引き金になると同時に、いちばんの特効薬にもなる。

ちなみにホノルル空港のターミナルは、主要空港としてはめずらしく壁に大きな開口部が設けられている。初めてこのターミナル内を歩いたとき、まず感じたのは、自然の薫り高い空気と比べて、空港や旅客機の清浄な空気がいかに味気ないかということだった。詩人のW・S・マーウィンはそれを、搭乗までの待ち時間に吸う空気と呼ばれるものと描写した。世界の空港と旅客機内の空気はどれも生気に欠けるが、現地の空気をより新鮮に感じさせる効果があるともいえるだろう。ひとつの都市から別の都市へ船旅をして、自然の天候に何週間もさらされていたとしたら、これほど鮮烈に空気のちがいを感じることはできないのではないだろうか。

インドの都市に着陸するとき、芳醇でかすかに煙くさい独特のにおいがすることがある。ウシの糞から抽出したバイオ燃料が原因らしいが、あのにおいには一定の高度に停滞する性質があるにちがいない。とくに夜、着陸直前のコックピットでかぐことが多い。長く祖国を離れた人には涙が出るほど懐かしいにおいなのではないだろうか。インドに帰ってきた人たちを、故郷の光と独特のにおいが、ほぼ同時に出迎えてくれる。

私にとって同じような位置づけにあるのはボストンのにおいだ。あの町で生まれ育ったわけではないが、フライトスクールに入るために三年間働いた場所で、なんといってもブラジルを出た父がたどりついて、母と出会った場所だ。当時、私が借りていたアパートメントは、偶然にも三〇年前に母が住んでいた場所のすぐ近くにあり、父が住んでいたバック・ベイからもそう離れていなかった。ボストンの空港を出ると潮の香りが鼻先をくすぐる。とくに冬は、雪まじりの潮風に迎えられる。ロンドンから三〇〇〇マイルもフライトをして両親が出会った町に降りるのだから、懐かしいと思うのは当然かもしれない。

このように土地の香りにはそれぞれ特徴があるので、たまに記憶とちがうと面食らってしまう。ある夏、ひどい熱気と湿気のなか、東アジアの都市からニューヨークへ飛んだ。空港でタクシーに乗り、窓を開けたとき、吹きこんできた夜風は大量の湿気を含んでいて、ちっとも涼しくなかった。目隠しをされてここはどこだと訊かれたら、きっとシンガポールかバンコクと答えただろう。どこかあたたかな海の近く、海辺にネオンサインが瞬き、夕食を求める客が屋台に群がる場所……雪など降らない土地だと。

腹の据わった旅行者なら、ぴかぴかのステンレス鋼とガラスと大理石でできた空港を飛びたって、小さく貧相な空港へ降りることもあるはずだ。ボーディング・ブリッジなどあるはずもなく、一日のうちに離発着するフライトは片手で数えられるほどしかない。旅客機が着陸すると地上勤務員が駆け寄るような、そんな空港だ。旅客機のドアが開いたとたん、吹きこんできた風が未知のにおいを連れてくる。人工的なにおいはまったくない。幸いにもそういう空港は暑い地域に多いので、どんよりしたみぞれまじりの天気に迎えられることは少ないだろう。タラップを降りると文字どおり異国の大地を踏み、〝タッチダウン〟という言葉の意味を実感することができる。王室の外国訪問や、寒い二月にビートルズが〈クリッパー・ディファイアンス（快速帆船抵抗号）〉と名づけられたパンナム機から出てきたときの映像を思い出す人もいるかもしれない。土地の香りと同じように、到着の実感が足の裏から伝わってくる。

ついさっきトリポリに着陸した。今日は泊まりの仕事ではない。こういう旅を業界用語で〝ホビットの冒険《ゼア・アンド・バック》〟と呼ぶ。トールキンの小説のタイトルだ。旅客機が駐機し、乗客が降り、清掃員が乗りこんでくる。追い風で予定時刻よりも早く到着したので、帰りの支度をする前にいくらか自由時間ができた。私はターミナルをぶらついた。世界中の空港がどこも似たりよったりになりつつあるのはまちがいないが、トリポリの空港は、たとえばピッツバーグの空港とは、やはりだいぶ雰囲気がちがう。リビア人の一家や油田で働く白人労働者が目につく。白人労働者たちは離陸後に飲む数カ月ぶりのビールを心待ちにしている。私は売店へ行って、最近、気に入っているホウレンソウの包み焼きのようなパイを買った。小さな売店の棚には、カダフィ大佐の著書がずらりと並んでいる。古き良き時代のトリポリの絵葉書も何枚かある。ヤシの木が並ぶ大通りの絵葉書だが、葉の色はあせて、住所を書く面も茶色く変色している。

パイを持って旅客機まで引き返し、機体後部の格納式タラップへ向かう。ちなみに私はこの階段を〝エア・ステア〟と呼んでいる。開け放されたドアを通って、尾翼の陰になった段に腰をおろし、たまにアプローチしてくる旅客機を眺める。聞いたこともない都市からやってくる、見覚えのない航空会社の旅客機ばかりだ。暑かったし、どちらにしてもターミナル内の乗客からは見えないので、ネクタイを外した。そしてリビアふう包み焼きを平らげたあと、その朝、ロンドンで作ったサンドイッチも食べた。

空港のターマック舗装は独特のにおいがするが、トリポリの空港の場合、そのにおいを運る。この砂がぶ微風そのものが白く濁っているからだ。熱い潮風に、細かい砂がまざっているからだ。この砂があらゆるものの表面に積もるので、ちょっとどこかに座っただけでもズボンの表面が白くなる。リビアを発つ時間が近づいてきたので、私はズボンを払って操縦室へ戻った。それからどこの国にも属さない空へ昇り、地中海を縦断し、コルシカ島、アルプス山脈、さらにパリを飛びこえてロンドンを目指した。

ロンドンのタワーブリッジの上で旋回した数時間後、私はさっきまで飛んでいた空の下を歩いていた。通りには街灯が灯り、空にはヒースローへ向かう旅客機の航法灯が瞬いている。サウスバンクのレストランに到着すると、友人のひとりに、どんな一日だったかと尋ねられた。悪くないと答える。「いい日だった」と。「どこかめずらしいところへ行った?」そう質問する友人の顔は笑っている。私がどんな珍奇な地名を答えても、相手はもう驚きはしない。親しい人たちと食事をしていると、昼食をアフリカで食べたことが現実とは思えなくなってくる。私は目を瞬き、友人たちの顔や、にぎわっているレストランのなかを見まわす。照明を反射して光るグラスや黒っぽい木材の内装が、本当に存在していることを確かめる。そして、地中海の上に広がる青い空や、いつもと変わらぬトリポリの午後の強烈な日射し、旅客機がリビアへ運び、持ち帰った影のなかで食べた昼食のことを、夢のなかの出来事のように思い出すのだ。

地図は世界を分割するひとつの手段だ。政治的なまとまりや国民所得や降雨量で線を引き、母なる地球の表面と、そこで対立を繰り返す人間の歴史を浮き彫りにする。空にも独自の地図があり、地上と同じように古い慣習を反映している。

世界を行ったことのある場所と、そうでない場所に分けることもできる。パイロットになる前は、世界をそんなふうに捉えるようになるとは思ってもみなかったが、旅を重ねれば重ねるほど、この区分がしっくりくるようになった。長距離線に従事するパイロットの世界地図の場合、頻繁に訪れる都市は明るく輝いているが、さほど明るくない都市や真っ暗な都市もある。まだ経験の浅い私の地図は、同僚たちと比べると閑散としていて、今でも年に数度、まったく初めての空港に着陸することがある。たとえば新しく開拓された航空路を飛ぶときや、空港そのものが完成したばかりのとき、そして別の旅客機が就航していたルートが747の担当になったときなどである。初めての空港に降りるときは何日も前から空港や周辺空域の航空図を調べ、同僚の記録にも目を通す。プリブリーフィングでパイロットが集まると機長が「最近、この空港へ行った者は？」などと質問する。私たちは互いの経験の地図を見せ合い、情報を交換する。

個人的な経験以外で世界を分ける決定的な要素は、陸上と洋上でもなければ、雲のなかと外でも、昼と夜でもない。少なくともパイロットにとって、世界を二分するもっとも単純な要素は、レーダー覆域内かどうかである。一部の空港には、タワーの管制官の目が届かないエプロン（駐機場）やタクシーウェイ（誘導路）があり、そういう場所は航空図にとくに念入りに図示されている。空も同様に、レーダー覆域内は助言がもらえるが、覆域外は自己責任である。そして民間のレーダーがカバーしていない空域は意外に多い。まず海岸線を遠く離れれば、いうまでもなくレーダー覆域から外れる。グリーンランドやアフリカの大部分、カナダとオーストラリアの広い地域にもレーダーがない。レーダーサイトや関連施設から一定の範囲内を飛行するとき、航空管制官は私の航跡をスクリーン上で見ることができる。ところがレーダーのない場所ではデータリンクを介して旅客機の位置情報を送信するか、音声で現在地および通過時刻と高度を通報しなければならない。これを〝ポジション・レポート〟といい、ポジション・レポートを受けた管制官は、聞きまちがいのないよう復唱する。

見られているか、そうでないかの感覚が、パイロットの世界を分けている。ただしレーダー覆域の外を飛行するからといって、携帯の電波が届かない状態と混同しないように。通信手段はある。車に乗っていてカーナビの位置表示がフリーズするのともちがう。パイロットは現在地を把握しており、迷子になっているわけではない。逆に、管制官の目があるからといって落ち着かない気分になることもない。パイロットとしては、管制官に見られているほうが安心なのだ。「レーダー・アイデンティファイド（あなたをレーダー上で捕捉しました）」と告げられるとほっとする。それはさみしい空域が終わり、旅の終点に近づいたことを暗示している。

一定以上の高さのある山も世界を分断し、空の境目を形成している。キャビン内の気圧が維持できなくなったとき、酸素マスクを着用するのは一万フィート以上の空域なので、ごつごつした頂に安全距離を加えた等高線から成る世界地図は、おそらく旅客機のパイロットなら資料を見なくてもだいたいイメージできる。海面が三キロメートルほど上昇した世界地図だ。この地図で、世界は主にふたつの帯に分けられる。ユーラシア大陸に長くのびる帯は、スペインからアルプスをまたいでバルカン半島に至り、さらにトルコから波打って東の中国、そして日本へ至る。この帯は途中でイラン、アフガニスタン、インド、モンゴルの高地も横断する。もう一本の帯はアメリカ大陸の西側を貫く。アラスカから始まってアンデス山脈を通る線——北極から南極海まで続く線だ。

高度が描く地図に、アメリカ合衆国のミシシッピ川よりも東側は存在しない。アフリカ、ブラジル、ロシア、カナダの大半もないし、オーストラリア大陸など完全に失われてしまう。意外なことに低地と同じように空白状態になるのはヒマラヤ山脈の山頂付近だ。一九三三年、ライト兄弟がキティーホークにおける初飛行に成功してからわずか三〇年後、一機の航空機がエベレスト山頂を飛びこえた。搭乗していたカメラマンのひとりは酸素不足で気を失ったという。今日、ヒマラヤ山脈を通る航空路はわずかしかない。高すぎて旅客機では越えられないからではなく、緊急時に着陸できる土地がないためだ。そういうわけで、旅客機のパイロットは地球でいちばん高い山のことをめったに考えない。

これ以外にもさまざま規則が世界の空を分断している。パイロットになったからといって好き勝手に飛ぶわけにはいかないのである。飛行制限のある空域は広く、そのほとんどは軍事訓練空域だ。たとえば都心とか、スルタンの宮殿の上など、騒音防止のために飛行できない小空域も点在する。こうした制限空域は普通、航空図の上に文字と数字の組み合わせで示されるが、例外としてムンバイ近郊に〝沈黙の塔〟という制限空域がある。パールシー〔訳注／インドに住むゾロアスター教の信者〕が宗教上の儀式として遺体を安置し、大型の猛禽類に食べさせるための塔が建つ場所だ。いわゆる〝鳥葬〟と呼ばれる習慣を守るための制限空域である。航空図には沈黙の塔の位置と名称が赤字で表示されている。ジェット機の飛行が制限されている空域であっても一定の高度以上なら飛行が許可される場合が多いなか、沈黙の塔は遥か宇宙までのびている。

旅客機にとって、世界を分ける社会経済的な区分は存在しないも同然だ。どんなに貧しい国にもおおむね国際基準に従った航空交通法規があり、管制所がある。空の上は切れ目のないひとつの王国で、地上の状況がどうであろうと、そこでは国際的な基準が適用されると考えていい。旅客機はひとつの空の王国を通って高度をさげ、定められたコリドー〔訳注／航空路とターミナル空域を結ぶルート〕を介して目的地に着陸する。この場合の目的地というのは、飲料に適した水から安全基準を満たした空港設備まで、一連の条件が整っていることが確認された場所だ。この条件がひとつでも欠けると、ロンドンを出発する時点で往復分の飲料水を積みこんだり、さらには燃料や食料まで帰りの分も用意したりすることになる。

ケープタウンは北風のときは南側から着陸する。すると着陸の直前、カエリチャ（〝新しい故郷〟を意味するコサ語）とミッチェルズ・プレイン付近を通過する。ともに何十万人もの人口を抱える地区だ。以前、乗客として客室の窓から両地区をじっくり眺める機会があったのだが、生まれた場所と環境が人生におよぼす影響のすさまじさに衝撃を受けた。住居がひしめく地上と、遠くからやってきたぴかぴかの旅客機は不平等の図そのものだった。外国人旅行者の乗った旅客機が、五〇万もの人々の朝を好き勝手に踏みつけていく。もちろん、あの地域の住民にも旅客機に乗ったことがある人や、いつか乗る人はいるだろうが、大部分は一生縁がないだろう。

たとえば北海道とかオーストラリアやオクラホマシティの辺境部を飛ぶとき、地上の誰かが空を見あげて、朝日に照らされた飛行機雲《コントレイル》に気づいてくれないだろうかと考える。自分が地上から旅客機を見あげるときもまた、子ども時代に戻ったように、あの旅客機から見たら自分はどう見えるだろうと想像する。だが世界には、こうした立場の入れ替わりが成立しない地域もある。旅客機が自由に飛ぶ空の下で、人々は生活の重みにうつむいている。

旅客機のパイロットになってよかったと思うのは空にいるときだけではない。むしろ地上にいるときのほうが、この仕事のすばらしさをしみじみと感じる。たとえば幼い子どもが家のなかから探検を始め、庭へ、近所へと行動範囲を広げるように、フライトを通じてどこまでも世界を広げることができる。パイロットになると世界中の出来事に敏感になる。森の小道をたどるがごとく、国や大陸をまたいで地図を思い描けるようになるのだ。

自動車の免許をとったばかりのときを思い出していただけるとわかりやすいかもしれない。私の場合は子どもの頃、親に連れていってもらった場所を改めて訪れてみようと考えた。小さな町や湖、家族でキャンプやハイキングをしたニューイングランド地方の国有林……どの場所も細部はよく覚えていたが、記憶のなかにばらばらに存在しているだけで、実際の地理とはまったく結びついていなかった。地図上のどこにあるのかわからなかったし、そこまでどうやって行くのか、ある場所と別の場所がどんな位置関係にあるのか、車で行くとどのくらいかかるのか、見当もつかなかった。ところが自分で運転するようになると、思い出の場所を包んでいた霧が晴れ、それぞれがあるべき場所に収まりはじめた。ちょうど木製パズルを組み立てるような具合に。北側にあると思っていた湖が実は南側にあったり、意外な場所から近かったりした。

パイロットになって、頭のなかのイメージと現実世界が地球規模で一致するようになった。窓の外にふいに現れる風景が、空から見たすべての土地が、地名と結びつくようになった。話に聞いたり、本で読んだりして、いつか行ってみたいと思っていた町も、山も、海も、残らず。

ある場所に関する表面的な知識と実際の地理が一致して、他の場所との関連性まで理解できるという体験は、初めて人体の構造を学んだ医学生が、ヒトの肉体に対してそれまでとちがう感覚を抱くのに似ているかもしれない。名称でしか知らなかった器官や骨格が、三次元で見るとどこにあり、どんな組織でつながっているかを理解できたら、自分の身体に対する認識が変わるはずだ。初めてアテネへ飛んだとき、事前に飛行ルート付近の山を確認した。そして現実にギリシャ上空に到達したとき、雪をかぶった頂が視界に入った。機長に向かって「あの山はなかなか見応えがありますね」と言うと、機長が怪訝《けげん》そうに私を見て「マーク、あれが有名なオリンポス山だぞ」と教えてくれた。

今、私の旅客機はアラビア半島の上空にいる。ヨーロッパへ向かう途中だ。前方にアカバが、シナイ半島の光が見える。その先はスエズの町。運河沿いを行き来する船の光は地球の血管を走る血液のようだ。次はナイルの輝き。水辺を中心に、いくつもの光の輪が後方へ流れていく。やがて光は扇状に広がってカイロになり、さらにアレクサンドリアという海岸線沿いの黄金のプールへ、私たちの目を導く。右手にのびるのはイスラエルだ。海の向こうに瞬く光はあまりにも華やかで、どこの海岸線か知らなければロサンゼルスと思ったかもしれない。イスラエルの向こうはレバノンだ。私は聖書に登場するティルスの明かりを探した。〝海の出入口に住む〟民の明かりが、夜に影を投げかけている。続いて現れるのは船の灯火で、そのあとがクレタ島の金色のネット、それからイラクリオンの町が見える。町の光が正しい順序で翼の下を流れていくのを目にするまでは、どの地名も実体を伴わない頭のなかのイメージでしかなかった。

数時間後、私はドイツの上空で内陸の光を見ていた。幼い頃にめくった世界地図では、人口過密地域がひと目でわかるようになっていた。たとえばロンドンやロサンゼルスや東京が、あざやかな赤い線で囲ってあったのだ。ドイツ北西部にも赤で囲った一帯があったが、あまりにも広大な地域で、しかもフランクフルトやミュンヘンといった聞き覚えのある都市からは遠く離れていたので、何かのまちがいだろうと思った。父にそう伝えると、父は、私にはぜったい真似できない発音で「それはRuhrgebiet（ルール地方）だよ」と教えてくれた。ドイツ一の人口過密地帯だと。「まだおまえは子どもだから、聞いたことのない都市の名前ばかりだろう。ドルトムントや、エッセンや、デュースブルクはルール地方の主要都市だ」実際に、夜の空からルール地方を見つけるのは簡単だ。地図で見たどんな色よりもくっきりとした光の帯で囲まれている。

パイロットになる前、私は世界中の人が自分と似たような環境で生きていると思っていた。小さな町があり、周囲には森や野原があって、一年には四季があって、大地はなだらかに隆起を繰り返しながら続き、数時間も行けばよくある海岸が広がっていて、そこそこの規模の都市があると。しかし学校で学んだ知識をこの目で確かめた今は、自分なりに世界の現実を理解しているつもりだ。つまり人類は北半球の緯度の低い地域、経度でいうと東半球に集中している。教科書も含めてこれまで読んだ本によると、現代は都市の時代らしい。ムンバイや北京やサンパウロのような大都市圏をはじめ、人類の大半が都市に暮らしているのである。

ところでパイロットは離陸前に必ず、航空機の重心を確認する。重心は、乗客や積み荷や燃料の重さと位置によって決まる。では人類の重心――つまり世界の人口の重心はというと（調査方法によって諸説あるものの）インド最北部あたりらしい。デリーへ向けてアプローチするときや、デリー上空を通過して東南アジアへ向かうとき、この重心の近くを飛行することがある。重心を中心として外側に幾重にも円が連なり、ひとつ外の円に出るたびにさらに多くの人間がのみこまれていくイメージをめぐらせたあとで、ふっと自分を含めた知人の多くが地方出身者であることに気づく。住人の数に基づいた地図があったなら、地方出身者である私たちは世界の端っこで生まれたことになるのかもしれない。

ちなみに旅客機はロンドンとニューヨークといった大都市を結ぶことが多いので、経済的に発展した大都市が世界の中心だと錯覚しやすい。しかし人口を基準にした地図では、ニューヨークでさえ辺境だ。私自身の中心、つまりニューイングランド地方にある田舎町など、失笑するほどちっぽけで、異星人が人類の地理について書くことがあったとしても脚注にすらのぼらないだろう。

では地球を空から見たら、どんなふうに見えるのだろう。パイロットになる前にこういう質問をされたなら、やはり地方出身者らしく、住んでいる場所や旅行した場所など、自分が見てきたものを中心に答えただろう。木々、連なる丘、大きな都市に挟まれるように点在する小さな町について語ったはずだ。だが、今はちがう。パイロットとしては、地表の大部分には人が住んでいない、と答える。

地球の七割が水に覆われているのはいうまでもないが、そうでない部分も大半は人がほとんど住んでいない。暑すぎるか、寒すぎるか、乾燥しすぎているか、標高が高すぎるせいだ。これは知識として教わっていたとしても、普段は意識していない事実ではないだろうか。そういう状況を目にする機会がない以上、実感できないのも無理はない。もちろん旅客機の窓から、広大な、空っぽ同然の地域を眺めることはあるだろう。出発地と目的地のあいだにあるそうした場所は、地球表面の特徴をよく表している。人間が服を着なくても二四時間生きられる地域は、地球上におよそ一五パーセントしかないという説もある。季節や天候等にも左右されるだろうが、旅客機のコックピットから見るかぎり、この推定は妥当だと思う。

極北ルートを飛ぶと、世界は空っぽだということを思い知らされる。人の住まない寂寥《せきりよう》とした大地がどこまでも続く。カナダとロシアという世界でもっとも大きな国の上空など、何時間飛んでも雪と氷しか見えず、土が顔を出すのは一年のごく限られた期間だけだ。そこはタイガと呼ばれる針葉樹林や、ツンドラと呼ばれる凍土地帯で、ほぼ無人といっていい。カナダの全人口は日本の首都圏の人口よりも少なく、しかもカナダ人たちはおしなべて南の国境沿いの狭い地帯に住んでいる。シベリアは単体でもアメリカ全州を合わせたより面積があり、カナダよりも広い。ところがシベリアの人口はスペインよりも少ないのである。グリーンランド北東部は日本とフランスを合わせたほどの面積があるが、人口はわずか四〇人。熱帯地方の多くも似たようなものだ。長距離線のパイロットでもないかぎり、サハラ砂漠の面積がアメリカとほぼ同じであることや、オーストラリアには広大な無人の土地があること、オーストラリア大陸はアメリカ本土に匹敵する幅があること（実際、アメリカとオーストラリアの地図を重ねた絵葉書も売っている）、さらにカラハリ砂漠やアラビア半島にも無人地帯が存在することを意識する機会はない。

私がいいたいのは、広大な大地が手つかずのまま残っているということではない。むしろ地球はほぼ全土にわたって人間の侵害を受けており、とりわけ気候変動の影響は大きい。この点については旅客機の排ガスも原因となっているので胸が痛む。また、旅のついでに空から眺めたくらいで、人類が環境におよぼす影響を的確に評価できるとも思わない。たとえば秋のカナダやフィンランドの茶色の大地を眺めて、一〇〇年前ならこの時期にはもう雪に覆われていたはずだなどといえるのは専門家だけだ。

それでも田舎や自然保護区でハイキングなりドライブなりをして、有名な山を囲む平凡な山々の頂をじっと眺め、あそこに人が立ったことがあるのだろうか、そもそもあの山に名前はあるのだろうかと考えることがあったなら、それこそが長距離フライトのときに私が感じることだ。空の王国にいると、自分たちがよその星からやってきて、宇宙船《シップ》を着陸させるのにちょうどいい、平らな土地を探しているような気がしてくる。

小説家のJ・G・バラードは〝エデン・オリンピアには教養と政治が織りこまれている。パルテノン神殿やボーイング747に、数学と美術と地政学を基礎とする世界観が織りこまれていたように〟と書いている。日常的に空を飛ぶ人は、航空機の速度に影響されて、地球をほどよい大きさの星だと考えるようになる。

たとえば私は、国の大きさをジェット機が通過するのに要する時間で考えるようになった。アフリカ上空を初めて飛んだときに、まず驚いたのはアルジェリアの広さだ。アフリカ最大の国だけあって北から南まで飛行するのに二時間近くかかる。ノルウェーにも驚かされた。ロンドンから日本へ至るルートはノルウェーを縦断するのだが、小さな国がひしめくヨーロッパ大陸の北部で、ノルウェーにはたっぷり二時間分の国土があるのだ。フランスはよく横断する角度でおおむね一時間の広さで、テキサス州やモンタナ州を飛行するのとだいたい同じである。ベルギーは、ちょうどいい追い風があれば一五分で通過できる。ロシア上空を通るルートはだいたい七時間かかるが、やはりここは数字ではなく昼の長さ、夜の長さに等しいと考えたい。

　ヘルゴラント島の上は何度も飛んだ。北海のドイツ湾にあるちっぽけな島で、年中、強い風が吹いている。しかしここにはパイロットなら誰でも知っている重要な航法援助施設《ナブエイド》がある。かつてイギリスは、イギリス領だったヘルゴラント島と、アフリカ東海岸沖にあるドイツ領のザンジバルを交換した。現代のパイロットが都市や国や大陸を交換するような気軽さで。パイロットは月曜のヨハネスブルグ行きのフライトを同僚に任せ、火曜のロサンゼルス行きを引き受けたり、ラゴスとクウェートをとりかえっこしたりする。クルーのなかには、時計の針を進める方向に飛ぶほうが体内時計を合わせやすいとか、逆のほうがいいと考える者もいて、「東まわりのほうが楽だ」「いや西まわりだ」などと言いながら、利害が一致する同僚と行き先を交換する。私は西まわりのほうが好きだが、こうした基本方位を朝食のシリアルのブランドか何かのように話す自分たちに、いまだにびっくりすることがある。

　たとえば同僚と北京のベルギー料理店で夕食をとったとしよう。同僚が、サンフランシスコにあるタイ料理店を知っているかとか、シドニーへ向かうフライトで別の同僚に聞いた、ヨハネスブルグに新しくできたカフェの話題を持ちだす。国境がぼやけ、都市と都市が混じり合う。旅客機のクルーはまさに都市の時代を生きている。各国の都市は、地球という大都市の異なる地区くらいの位置づけだ。上海で朝食を食べるのにいい店を知らないかと訊かれたとき、私は一瞬、答えに詰まった。ひとつも思いつかなかったからだ。上海にはまだ行ったことがないと気づいたのは、だいぶ時間が経ってからだった。

旅客機のパイロットは、時差ボケやプレイス・ラグだけでなく、孤独感にもさいなまれる。だが、パイロットだからこそ得られる絆もある。たとえば仕事で遠い国々へ行けるので、外国に住んでいる高校時代の友人とも定期的に会える。短いフライトでヨーロッパへ行けば、ベルギーやスウェーデンに住んでいる親戚に会うのも難しくない。家系図を照らす照明のスイッチが入って、すみずみまで見渡せるようになった感じだ。とくにストックホルムは何度も訪れたので、いまだにスウェーデン語が話せないのが不思議なくらいだ。

パリも月に一度は行っていた。ある日の午後、仕事の中休みでロダン美術館へ向かう途中、ヴァレンヌ通りを歩いていて、ここはひょっとすると母がパリに一年留学したときに住んでいた通りかもしれないと思った。母からこの通りの名を聞いたことがあるような気がしたのだ。たしかケネディ大統領が撃たれた日に、母がこの通りを歩いていたら、アメリカ人だとアクセントで気づいたパリジャンたちが、哀悼の意を表してくれたのではなかったか。私はマサチューセッツ州の母に電話した。「そうよ」朝食を中断して電話に出た母が、懐かしそうに言った。やはり自分は、若き日の母が住んでいた通りに立っていたのだ。電話を切ってから、通り全体や母が住んでいた建物をいろいろな角度から写真に撮って、アメリカに宛てて投函した。

旅客機のパイロットになったおかげで、オーストラリアにいるペンフレンドとの絆も深まった。二五年前の夜に書いた一通目の手紙から始まった友情は、私自身がオーストラリア宛てのエアメールを積んで飛ぶようになっても続いていた。エアメールを載せた旅客機はシンガポールを発ってインドネシアを通過し、オーストラリアの広大なアウトバックを越えてシドニーに着陸する。ホテルで睡眠をとってコーヒーをがぶ飲みしたあとで、オペラハウスの下の遊歩道にあるバーで、初めてペンフレンドと対面した。イギリスに住む私にとって、オーストラリアが遠い国であることは変わりがない。しかし自分のスケジュールにSYDという空港コードが現れた月、海を挟んだ友情が――遠いからこそ生まれた友情が、ぐっと身近なものになった。

パイロットが世界の狭さを痛感するのは待機勤務のときだ。空港に詰めなければならないこともあるが、たいていは自宅待機ですむ。携帯の電波が届き、なおかつ空港まで決められた時間内に出勤できる場所にいればいい。ほかのパイロットが出勤できないとき、たとえば病気とか、子どもに何かあったとか、車輪がパンクしたときは、待機要員に呼び出しがかかる。あるときなど空港に到着したときはすでに搭乗が終わっていて、燃料も貨物も積み終わり、唯一開いたドアの前で客室乗務員が手を振っていたこともあった。あいさつと、急《せ》かすのと、両方の意味がこもったジェスチャーだ。乗降用ドアは、私が乗りこむと同時に閉まった。

待機勤務のために用意しているバッグには、制服のシャツに挟まれて手袋や水着が入っている。行き先がどこであっても、どの季節でも対応できなければ困るからだ。家で掃除をしていたり、スーパーで買い物をしていたり、公園をジョギングしていたりするときに電話が鳴って、バンコクやボストンやバンガロールへ飛んでくれと言われる。私はすぐに家に帰ってバッグを持ち、言われた場所へ飛ぶ。

世界を広く見聞したいと願うなら（たとえ飛ぶことが何より好きではなかったとしても）、パイロットになるべきだ。アルフレッド・ド・ミュッセはヴィクトル・ユーゴーに捧げたソネットのなかで、〝ロウ・ワールド《下界》にいるうちに〟なんでもやってみたほうがいい、そうすれば何が好きかわかるだろうと書いている。

ミュッセはさらに、下界の楽しみを列挙する。そのなかに海と青い空も入っているのだが、これに反対するパイロットはいないだろう。ただしパイロットは〝ロウ・ワールド〟という言葉を、文字どおりに理解するかもしれない。つまり着陸してから離陸するまでいる世界という意味に。長距離線なら、到着後と出発前に半日ずつ仮眠をとれば、一日か二日の中日をすっきりした気分で過ごすことができる。旅先の楽しみは無限だ。バイクを転がすのもいいし、都市の景観を楽しむのもいい、オペラにカイトサーフィンにハイキング、語学の勉強をするのもいいだろう。バンコクやメキシコ・シティや東京では短期の料理教室が開かれていて、パイロットや客室乗務員に人気だ。その土地の味を体験できるうえ、外食続きの身にとっては自炊できること自体もありがたい。受講者がすべて航空会社のスタッフで埋まることもある。

自由時間を利用してアウトドアを楽しむクルーも多い。行く先々で植物園を訪れるパイロットを何人も知っているし、時差を逆手にとって各地の日の出を撮影してまわるパイロットに会ったこともある。野生動物に興味があるなら、パンダやゾウやトラやクジラを自然の生息環境で観察することもできる。さらにある季節はこちらの大陸で、次の季節は別の大陸で過ごす鳥たちを、移動先へ先まわりして待っていることだってできる。世界の巨木に関する本に感銘を受けたら、何年かかけて現地をめぐるのもいいだろう。

『かもめのジョナサン』の著者によると、かもめは〝食べるために飛ぶ〟。かもめにとって飛ぶことは、あらゆる意味で仕事なのだ。仕事には当然、きつい面もある。それはパイロットも同じだ。たとえばフライトスクールの授業料は高額なので、新米パイロットの大半は家を新築するくらいの借金を抱えている。昼も夜も祝日も、家族や友人から離れて過ごさなければならない。勤務時間が不規則なので近所づきあいがおざなりになったり、地元のスポーツチームや地域の集まりに参加するのが難しかったりする。半年ごとに数日かけてシミュレータの試験を受けなければならないし、夜勤は身体に負担がかかる。時差などで体内時計が乱れる。さらに定期的な身体検査で医者が眉をしかめたら、空のキャリアは一巻の終わりを迎えるかもしれない。

それでもかもめのジョナサンが飛ぶことを楽しんだように、パイロットという仕事にも充分な見返りがある。ちなみに私が楽しんでいるのは航空業界流にいえば〝ダウンルート〟つまりハイキングだ。時差ボケやプレイス・ラグを軽減する効果もある（身体を動かすことがいいのか、足を地面につけるという行為そのものがいいのかはわからないけれど）。かつて南アフリカの自然公園でハイキングをした。同僚のパイロットや客室乗務員も一緒だった。暑くて、乾燥していて、赤っぽい大地の上に抜けるような空が広がっていた。みんな寝不足気味で、眠らないだけのためにおしゃべりをしているような状態だった。前日、ロンドンを発ったときは凍えるような気候だった。晩秋のヒースローは雲に覆われ、離陸のとき、エンジンの防氷装置が残らず作動していた。そして数時間前、ボツワナを朝日が照らすのと同時に、私たちはヨハネスブルグの空港にアプローチした。そのとき見おろしたのがこの赤い大地だ。地平線から顔を出したアフリカ南部の春の太陽と大地の色が、継ぎ目なく、なめらかにつながっていた。

空から見た大地を、実際に歩く。足をおろすたび、土埃が小さな紅の雲になって舞いあがる。同僚が、一本の木を指さした。珍妙な形の巣に占拠されている。シャカイハタオリという鳥の巣で、集合住宅のような巨大な巣を作るところからその名がついたという。

四日後、私は自宅で、寝ぼけ眼のまま流しの前に立った。スニーカーの底についたアフリカの土が、ステンレス製の流しにあざやかな模様をつくる。私は頭のなかで、一語一語嚙みしめるようにつぶやいた。「これは南アフリカの赤土だ。シャカイハタオリとその巣を見た朝に、木の下でついた土だ」

〝アース〟という言葉には、地球という意味も土壌という意味もある。赤いアースがロンドンの水にまじるなど、本来ならありえないことだ。しかしこういう仕事をしていると、特殊なことにもすぐに慣れてしまう。普通ではない方法で世界を経験しているのだと自分に言い聞かせなければ、たちまち心が鈍くなってしまう。

赤い大地に立ったこと。数日のうちに世界の別の大地に立つこと。ふと気づくと、アフリカの土を、休日の午後に家でひとり、スニーカーの底から落としていること。みずみずしい心を保っていれば、そのどれもが小さな奇跡なのだとわかる。

Wayfinding:

進む方向を決めること

一九〇四年、まだ時計といえば懐中時計が主流だった時代、ブラジルの偉大な飛行家アルベルト・サントス・デュモンはルイ・カルティエに腕時計の製作を依頼した。操縦輪から手を離すことなく離陸時間を確認するためだ。

現代のパイロットは仕事中の時計着用が義務づけられている。デジタルでもアナログでも構わないが、出発前に必ず時刻を合わせなければならない。航空業界は単一のタイムゾーンで動いており、それはUTC（協定世界時）やGMT（グリニッジ標準時）、またズールーなどと呼ばれる。ズールーというのは軍隊におけるアルファベットのZの呼び方で、世界を二五のゾーンに分割してアルファベットを振ったとき、グリニッジがZに当たるので、ズールータイムといえばグリニッジ標準時を意味する。フライトスケジュールは世界中どこでもズールーで示され、フライト・コンピュータが処理するのもズールーのみだ。フライト・コンピュータを使うとき、時刻の一四〇〇と高度の一四〇〇は、時刻のうしろに〝Z〟をつけて区別する。毎月の勤務表もズールーで作成される。空港のタクシーウェイが一時的に閉鎖されるとか、嵐が空港の上空を通過する日時も、すべてズールーだ。よって同じフライトに乗る乗客とパイロットのスケジュールが、出発時刻はもちろんのこと、日付からしてずれることもめずらしくない。サンフランシスコを月曜の夜に発つ旅客機があったとして、私や同僚のスケジュールには火曜の朝と記載されるからだ。

言語も統一されている。旅客機のパイロットは国籍を問わず英語を話す。専門用語も共通だ。中国人やドイツ人の747のパイロットに会ったことはないけれど、もし会ったとしても英語で仕事の話ができるだろう。コックピット内の表示も英語である。音声機能のある航空機なら、アナウンスは英語でなされる。

世界の航空機を相手に仕事をする航空管制官も英語を話すが、彼らの〝英語〟は航空用語に特化しており、パイロットや管制官でなければ、聞いても意味がわからない。地元のパイロットには母国語で話しかける国もあり、そういう地域のパイロットは、自国の管制官の声を聞くと帰ってきたという実感が湧く。しかし混雑した空域では母国語に切り替える余裕はない。ドイツの空港の上空で、ドイツ人管制官がドイツ人パイロットに英語で話しかけるのを聞くときほど、グローバリゼーションを実感することはない。

航空業界は一般的に、地域による差をならし、国境をとっぱらい、時間や言語を統一する傾向にあり、これはある意味、新たな王国の創造でもある。旧世界の上に浮かぶ新世界だ。

その地図はまだ完全ではない。

空は、管轄ごとに分けられている。この区分は必ずしも国と対応しておらず、重複している部分もある。無線に応答する管制所が、一般的な地図に示される地名とは異なる地名をコールサインにしている場合も多い。また地上と呼び名が一致したとしても、地上よりも狭かったり、ずいぶん広かったりする。陸と海が接する場所では、地上の領域をはみだして、広大な海をまたぎ、反対側の大陸からはみだした空域とぶつかるまで続く。ふたつの空域が出会うところに空気の壁があるようなイメージだ。あらゆる海岸線の先に空気の壁があると考えていい。極地はとくに多くの空域が集まって、切り分けたアップルパイの中心のようになっている。

空には空の領域があり、ひとつひとつの領域が歴史を持った空の国だ。たとえば日本はすべてひとつの領域に含まれるが、その名は日本ではなく福岡だ。航空図の上の福岡空国で、私たちは札幌コントロールから東京コントロールまで、さまざまな管制官と交信する。アメリカ上空は情け容赦ない州間戦争でもあったのか、いくつもの州が統合されている。ソルトレイクシティ（短縮してソルトレイクと呼ばれる。管制官は「コンタクト・ナウ・ソルトレイク・オン・フリーケンシー一三五ポイント七七五」などと指示する）には九つの州が含まれ、ネバダ州の南からグレートソルト湖を越えて、ソルトレイクシティ、さらにカナダ国境に至る。そこでシアトルとミネアポリスの空国に接する。イリノイ州南部はシカゴ空国ではなく、カンザスシティとインディアナポリス（インディ・センターとも呼ばれる）とメンフィスに分割されている。ニューヨークという空国もあるが、ニューヨーク州の大部分はボストン空国に属していて、ボストン空国にはニューイングランド地方全体が含まれる。

統合傾向にあるアメリカの空国とは対照的に、ヨーロッパには独自の空域を守っているところが多い。スイスもそのひとつで、空域名はスイス連邦だが、呼びだすときはスイスかスイス・レーダーと言う。たとえば私なら「グッド・イブニング、スイス」と言ったあとに自分の機のコールサインをつける。スイスの空域はとても狭く、旅客機は高速なので、わずか数分で通過してしまう。ギリシャの管制官を呼びだすときはアテネ・コントロールと言うが、航空図にはヘラス〔訳注／古代ギリシャ人が使った名称でギリシャ全土を意味する〕と書いてある。アドリア海沿岸の混雑する空域にはベオグラードと呼ばれる空国があり、これも数分で通過できる。管制官は「ハロー」と言うやいなや、今は空にしかないユーゴスラビア国の管制官に私たちを引きわたすのだ。

このような細かい空国とは対照的に、マーストリヒトと呼ばれるゆったりした空国もある。マーストリヒトはヨーロッパ統一という崇高な夢の原形であり〝シングル・ヨーロピアン・スカイ〟などと呼ばれることもある。ヨーロッパを飛ぶパイロットにとってはもっともなじみの深い空国だ。ベルギー、オランダ、ルクセンブルク、ドイツ北西部とその付近の高高度の空域がここに含まれていて、ヨーロッパ大陸の血塗られた国境をひとまとめにしたおだやかさを保っている。地上のマーストリヒトにも行ったことがあるが、私がマーストリヒトと聞いてまず思い出すのはオランダの町ではなく、空のマーストリヒトだ。目に見えない空国が、ばらばらになったヨーロッパ大陸の北西端の上空にある。空のマーストリヒトはベルギーでもルクセンブルクでもオランダでもない。冷たい空気の多面体として幻想のように周辺国一帯を覆っている。ヨーロッパ上空の、実現しない夢の名を冠した空の国なのである。

私にはあまりなじみのない地名のついた空国もある。テュルクメナバートとその妹分のトルクメンバシ、ヴィエンチャン、武漢《ぶかん》とコタキナバル、ペトロパブロフスク・カムチャツキー、ノリリスクとポリャールヌイなどがそうだ。空が編んだ詩か、はたまた彼方から聞こえるドラムビートのような心地よい響きだ。古い伝説に由来する空国もある。アルハンゲリスクにドゥシャンベ、そしてサマルカンド……マルコ・ポーロとイブン・バットゥータが記録に残し、アレクサンダー大王とチンギス・ハンが征服した都である。

このように日常とはかけ離れた響きの国名を耳にすると、マーストリヒト（Maastricht）という名を、たとえばウズベク人や中国人パイロットが聞いたらどんな印象を持つのか知りたくなる。連続したaaやchtなどという綴りは、何年英語を勉強したところでお目にかからないだろう。きっと海から遠く離れた内陸の、由緒ある町を連想するのではないだろうか。いや、マーストリヒトというオランダの地名も、異国の人の耳には英語と変わらないのかもしれない。現にオランダとイギリス南東部のちがいは、わずかな文法規則と排水事業の規模くらいだ。遠くの地名がどんな響きを持つかを判定するのに、あらゆる場所から来たパイロットが自由に行き交う空の国は理想的だと、私は思う。

空を飛ぶ前からおなじみの名前もある。ロンドン、デリー、バンコクなど大都市の上空には同じ名前の空国がある。それらの空域に入ると、まるで都市の影響力が空中までおよんでいるかのような印象を受ける。都市の引力に引き寄せられ、その都市の輝き（夜は文字どおりの輝き）にからめとられそうになる。空域名のあとに〝センター〟をつけると大都市の権威がさらに強調される。これはアメリカ人の管制官がよくやるのだが、彼らは名前の前に冠詞（the）を配するのも大好きだ。単に「コンタクト・ナウ・ニューヨーク」と言われるよりも「コンタクト・ナウ・ザ・ニューヨーク・センター」と言われるほうが、ものものしい感じがする。指示を受けた瞬間に、ニューヨークの放つ光が夜空を照らす映像が頭に浮かぶ。

西アフリカの端にはロバーツと呼ばれる空国がある。最初に航空図で見たときはロバート・フィッツロイを連想した。気象学者で、ダーウィンの船だった〈ビーグル〉号の艦長を務めた海軍軍人だ。ＢＢＣの『シッピング・フォーキャスト』で、彼にちなんだフィッツロイという海域名をよく耳にするからだろう。エアバスの早朝便を担当していたときは、まだ太陽も顔を出さない時刻に、コーヒーを飲みながら、ヒースロー空港に向けて車を走らせることがよくあった。そのときラジオから流れていたのがこの海峡予報だ。空の国があるのだから、海の国があってもおかしくない。実際のところ、ロバーツという空国は、リベリアの初代大統領ジョセフ・ジェンキンス・ロバーツにちなんでいるそうだ。ロバーツはアメリカ生まれで、二〇歳のときにリベリアへ渡った。アフリカの広大な空の一角が、永遠に彼の名を留めている。

イギリスの空国では、ロンドンという名詞の北側が、なぜか形容詞のスコティッシュだ。

「コンタクト・ナウ・スコティッシュ」ロンドンの管制官が北へ向かう航空機に別れを告げる。一方、スコティッシュの管制官は南へ向かう航空機に「コール・ロンドン」と指示する。私はこれを聞くといつも、かつてBBCワールド・サービスの始まりを告げた「ディス・イズ・ロンドン」や「ディス・イズ・ロンドン・コーリング」という決まり文句を思い出す。

地名や海や川の名前にちなんだものもたくさんある。たとえば南アメリカ大陸の上空にはアマゾニカという空域がある。また、管制官に「コンタクト・ナウ・ライン」と指示されたとき、眼下にライン川を望むのはいい気分だ。果てしない海の上に広がる空域は、やはり海にちなんだ名前を持つ。アトランティコという空域は大西洋《アトランティック》の中央から南側に至る。またアンカレッジ・オーシャニックとアンカレッジ・アークティックは、アラスカ付近の灰色と白が織りなす荒々しい海域を覆う空の国だ。太平洋上の広大な一角は、航空図によるとオークランド・オーシャニックだが、対空無線に出てくる管制官はサンフランシスコと答える。サンフランシスコ湾を挟んだオークランドとサンフランシスコの勢力争いが、太平洋のど真ん中まで持ちこされているわけだ。管制官がどんなコールサインで応じようとも、空域名はオークランドだ。オークランドの人々も、空に自分たちの町の名前を冠した大帝国があると知ったらさぞ驚くだろう。しかも空のオークランド帝国は、マニラ、ウジュンパンダン、ニュージーランドのオークランド、タヒチと境界を接しているのだから。

キプロスの北にふたつの空域が重複する部分があり、ここを通過する際は別々の周波数でそれぞれの管制官と交信しなければならない。逆にノルウェー沿岸にはどこの空国にも属さない細長い空域がある。誰のものでもない空域は、ノルウェーのボードーとロシアのムルマンスクをナイフのように切り裂いており、海底火山の噴火によって空にできた新しい島のようにも見える。ほかにも太平洋には名なしの空域がある。ガラパゴス島の西にある、空国イスラ・デ・パスクア（イースター島）の北側の空域だ。世界のすみずみまで探検されつくした現代に、空とはいえ空白地帯が残っているというのは意外な感じがする。

アフリカでは、ブラザヴィルの上空にブラザと呼ばれる空域がある。対空無線が通じにくいことで有名で、パイロットも管制官も、何を言うにも二度、大きな声で繰り返す。長距離線のパイロットに向かって、はっきりした大きな声で「ブラザ、ブラザ！」と呼びかけたら、きっと相手は顔をほころばせるだろう。夜もまだ早い時間に、赤道付近の星空の下を飛んだときのことを思い出すにちがいない。西アフリカには、おそらく世界でもっとも優美な名前を与えられた姉妹のような空域がある。ダカール・テレストルとダカール・オセアニックだ。テレストルの境で陸は海に場所を譲る。ダカールの大地《テラ》の空と海《オーシャン》の空である。

空の国にもしかるべき管轄権があり、私たちパイロットは境界に来ると次の空国の管制官へ引きわたされる。航空用語でこれを〝ハンド・オーバー〟という。ひとつの空国から次の空国へ、そうやって世界はつながっていく。境界線まではまだ数マイルあるのに、次の管制官に引き継がれることも少なくない。「コール・ナウ・ジッダ（ジッダを呼びだしなさい）。ユー・アー・リリースド（あなたを解放します）」

空を飛んでいると世界中に打たれた句読点またはアスタリスクを発見して愉快な気持ちになる。この場合の句読点というのはナブエイドのことで、パイロットでもなければ存在していることすら気づかないだろう。

地上には無数のナブエイドがあり、空の道しるべとなる電波を発している。電波が登場する前、パイロットを導くのは光だった。光は空の灯台として、道しるべの役割を果たすのはもちろんのこと、スペインの無敵艦隊の来襲〔訳注／一五八八年、スペイン無敵艦隊のイングランド侵攻〕を知らせたり、戴冠や聖年といった行事を記念して灯されることもあった。一九二〇年代には、ニューヨークからサンフランシスコへ大陸をまたぐ航空郵便の運搬が始まり、何百もの光が、たいていは山の頂などの高い場所に設置され、郵便物を載せた航空機を導いた。アメリカを横断したこの光の道は、鉄道はもちろんポニー・エクスプレス〔訳注／一八六〇年代に運行された郵便速達サービス〕のルートとも重なっていて、パイロットや航空機を途中で交代することはあっても、手紙は東海岸から西海岸へ、時間的にほぼ途切れることなく運ばれた。飛行船で大西洋を渡るために〝光の道〟の設置が検討されたこともある。今日、とくにアメリカ西部では、光があったまさにその位置にナブエイドが設置され、現代の旅客機を導いている。

パイロットなら誰でも、手動でナブエイドの周波数を設定し、現在地を割りだすことができるが、現代の航空機はナブエイドの電波を自動で捜索する。車でよく知らない町を訪れた人が、目印になる建物や道路標識に目を凝らすようなものだ。ナブエイドの電波が届く距離は限られていて、航空機が電波を捉えると、コックピットのスクリーンにコードが点滅する。そうやって私たちは世界に散らばるナブエイドの名を知る。

たとえばアメリカのケープコッド先端にはマルコーニと呼ばれるナブエイドがある。無線電信を発明したイタリアの技術者の名前を冠したナブエイドだ。ナブエイドと航空機の関係は、プールでマルコ・ポーロ〔訳注／目隠しをしてする鬼ごっこ。鬼は「マルコ」と叫んだあと、逃げる子どもらが発する「ポーロ」の声を頼りに追いかける〕をする子どもらと似たようなものである。

僻地ではナブエイドと空港が同じ場所にあることも多い。そこに空港があるからナブエイドが設置されたわけだ。周辺に航空関連の施設がない地域では、何もないがゆえにナブエイドの存在感が増す。グリーンランドにアシアートと呼ばれる空港がある。アシアート空港がある湾は、私にとっていつか訪れてみたい場所のひとつだ。パイロットでなければ、肘掛け椅子に座って世界地図を眺めるのが好きな人にしかピンとこない地名かもしれないが、その名もディスコ湾という〔訳注／キップリングの小説『ゆうかんな船長』に登場するディスコ・トループ船長の名はこの湾に由来する〕。カナダの北端には、ポンドインレット、サンディーベイ、ホールビーチ、コーラルハーバーなど、凍てついた海の印象をやわらげるようなナブエイドがいくつもある。チャーチル空港は周辺地域で大型ジェット機が着陸できる唯一の空港だ。空から眺めると一年を通して紙のように真っ白で、ホッキョクグマがよく遊びにくる。チャーチル空港があるのはハドソン湾で、この湾は探検家のヘンリー・ハドソンとその息子が、船員の反乱により船を追われたという悲惨な歴史を持つ。

カナダにはヨーアヘイブンというナブエイドもある。探検家のロアール・アムンセンが彼の船〈ヨーア〉号にちなんで名づけた。アムンセン一行は磁北を探していた。一般的に磁北付近にコンパスを持っていくと、獰猛な獣の入った檻に近づいたかのように針がぶるぶると震える。航空図でヨーアヘイブンは、コンパスの信頼度が低い地域を示す点線の近くにある。すぐ隣はコンパスがまったく使いものにならない地域だ。これもまた、科学技術が高度に発展した現代においては異質の空間といえるのではないだろうか。

ナブエイドの名前には、歴史的に有名なものもある。たとえばポイントレイズはカリフォルニア北部の海岸にある灯台だが、その近くのナブエイドにも同じ名がつけられ、サンフランシスコに到着したことを知らせる電波を発している。またインドを通過する際にデリーのナブエイドを通過すると、すぐお隣はアーグラ〔訳注／タージマハル廟《びょう》がある都市〕のナブエイドだ。またロベン島はケープタウン沖に位置する、ネルソン・マンデラが投獄された島で、一七世紀から監獄島として知られていた。ここには島と同じ名前のナブエイドが設置され、ケープタウン空港のアライバル・パターンの一部となっている。

そういえばカナダのブリティッシュ・コロンビアの内陸部に住む友人がいるのだが、知り合った頃にどこの出身かと尋ねたところ、彼女は笑いながら「名前を言ってもどうせ知らないわよ」と、首を横にふった。彼女が育ったのは、気温がマイナス四〇度を下まわらないと小学校が休みにならないような小さな町だという。しかし〝ウィリアムズレイク〟という町の名を聞いたとき、私はにっこりした。ウィリアムズレイクなら知っている。数カ月に一度はじっくり眺めるナブエイドのある町だ。それ以来、彼女に会うときは、前回、ウィリアムズレイクの上を飛んだときは雲がかかっていたとか、ロッキー山脈と環太平洋山系の狭間に町がくっきり見えたなどと報告するようにしている。

日本の茨城県には大子《だいご》という、人口二万人ほどの町がある。袋田の滝を知らない外国人パイロットも、そこにあるナブエイドのことは知っている。またヘーリンゲンはドイツの村であると同時に、その付近に設置されたナブエイドの名前でもある。ハノーファーとベルリンのあいだの空国ではヘーリンゲンの名前がかなりの頻度で飛びかっていて、その発音にはこの世界と同じくらいの多様性がある。ノバスコシア州のハリファックスにはスプリットクロウ〔訳注／歴史のあるパブ〕と名づけられたナブエイドがあるし、カラスつながりでいうとユーコン準州にオールドクロウというナブエイドもある。オレゴン州南東部にはなぜかローム（ローマ）というナブエイドがあり、カナダにノルウェー・ハウスというナブエイドもある。ほかにもマディ・マウンテンやウラニウム・シティ、クレイジー・ウーマンにヴァルカンなど、名前の由来を調べたくなるナブエイドは尽きない。

次に流麗な響きを持つナブエイドを紹介しよう。まず、スコットランドにはマクリアニッシュというナブエイドがある。マクリアニッシュは海岸沿いの村で、無線電信が発明されたばかりの頃は、そこから私の故郷であるマサチューセッツ州に向けて頻繁にメッセージが送られた。コックピットに表示されるコードはMACで、私のように度胸のないパイロットは

「マイク・アルファ・チャーリー」と発音する。スコットランド訛りの管制官を相手に、マクリアニッシュと正確に発音する勇気がないからだ。

中国北部の高地、黄土色のゴビ砂漠にはエレンという美しい名のナブエイドがある。モンゴルとの国境付近で、両国を結ぶ鉄道からも遠くない。パキスタンの北中部、インダス川西岸にはデーラー・イスマーイール・ハーンという町と、同名のナブエイドがある。またアルジェリアのボルジ・オマール・ドリスはBODと表示され、この小さな、人口六〇〇〇人ほどの町を知らないパイロットのために、管制官は「ブラボー・オスカー・デルタ」と発音してくれる。ロシアにも麗しい名前のナブエイドが多い。私のお気に入りはマクシムキンヤルとノーヴィ・ヴァシュガンで、いち押しはナリヤン・マルだ。名前の由来である人口二万人ほどの海辺の町は、北極圏を越えたあとで最初に通過する集落でもある。

パイロットはナブエイドと〝ウェイポイント〟をつないだルートに沿って飛行する。ウェイポイントは緯度と経度、もしくはナブエイドからの方位と距離で定められ、一般的にアルファベット五文字の組み合わせで表される（EVUKI、JETSA、SABERなど）。航空図にも、世界中の管制官やパイロットが発音でき、しかも区別しやすいよう配慮されている。ウェイポイントは空を区切る最小の単位であり、空の上でのみ意味を持つといっていい。空において、音声で場所を認識する手段なのだ。

近代的で幅の広い高速道路さえ、旅客機からすると昔の乗馬道ほど旧式に感じる。航空機は本のページの上をすべる視線のように、または地図上で誰かに経路を示す指先のように素早く動く。車ならよけなければならない町や山や湖なども、上空では障害にならない。しかし目には見えないウェイポイントの存在が、航空機もまた（道路を走る車ほどではないにせよ）経路に縛られていることを思い出させてくれる。空は、一般の人たちが思っているほど自由ではないのだと。

ただ、ウェイポイントは地上の場所とは趣がちがう。ウェイポイントがつながって航空路ができるのはまちがいないが、たいていの場合、ふたつのウェイポイントのあいだを移動する際は、途中にあるウェイポイントを通過しなくてもいいことになっている。車でいえば、好きなところで道路からはみだして、丘や森を突っきってからまた道路に戻ってもいいという具合だ。さらにウェイポイントはひとつの場所ですらない。あらゆる高度に同時に存在するからだ。複数の航空機が同じ時刻に、ちがう高度で、同じウェイポイントを通過することもできる。そうした場合、各機のコックピットには同じ場所が表示される。まるで高層ビルの別の階にいるように。加えて航空機は速度が極めて速いので、フライトプランに登録したウェイポイントの真上を通過することはめったにない。ポイントより手前で旋回を開始しないと、指定されたルートをはみだすからだ。強い追い風のなか、九〇度以上旋回する場合はウェイポイントの四マイル（約八キロメートル）以上も手前で旋回を開始することもある。車に乗っているときに、交差点の遥か手前でハンドルを切るようなものだ。

ウェイポイントの出現するタイミングにはある種のリズムがあり、それは下界の営みとおおむね同調している。たとえば北アメリカ出身の旅行者が西ヨーロッパの町を訪れたら、きっと数十メートルおきに史跡があると感じるだろう。ヨーロッパの上空も同じで、毎分のようにウェイポイントが現れる。一方、大海原やカナダ北部となると、四五分以上飛ばないと、つまり一〇〇マイルも二〇〇マイルも飛ばないと、次のウェイポイントが現れない。こうしたウェイポイントのリズムは、コックピットの慌ただしさともだいたい一致する。ウェイポイントの多くはフライトの最初と最後に集中する。滑走路を飛びたってから航空路に乗るまでには何度も旋回しなければならないし、フライトの最後はその逆が要求されるからだ。

よく飛ぶ航空路のウェイポイントには自然と詳しくなる。たとえば大西洋を横断する航空路の出入口にあるウェイポイントは、旅客機のパイロットにとって扉や門のようなものだ。アイルランド沖のLIMRIやMALOTといえば、パイロットは、離陸したばかりでこれから大洋を越えようとするところか、長旅を終えて着陸するところを連想する。地上の感覚では町に出入りするときしか通らない橋の名前に近いかもしれない。交通情報によく登場する橋で、その名前を聞くと今から町を出る人や、町に入ってくる人のことを思い出させるような橋があれば、それがパイロットにとってのLIMRIでありMALOTだ。

ほとんどのウェイポイントの名前は意味のないアルファベットの組み合わせである。言語学の授業で習ったのだが、発音可能な綴りは実際の単語数よりもずっと多いそうだ。空の地図を作製する人たちは、そういった綴りを自動的に生みだし、似た組み合わせのウェイポイントが近接しないよう配置するソフトウェアを使う。しかし、作為的な組み合わせもかなりあり、世界のあちらこちらに、含みのある五文字のアルファベットがちりばめられている。

含みのある名前の多くは海の伝統を反映している。オーストラリアのパースの近くにはFLEET（船隊）、ANCOR（錨）、BRIGG（ブリグ型帆船）、SAILS（帆）、KEELS（竜骨）、WAVES（波）などといったポイントがある。ニューファンドランド島の南、由緒ある漁場グランドバンクスにはBANCSというポイントが、さらに北、カナダの海岸沿いにはSCROD（タラ）とPRAWN（クルマエビ）というポイントがある。同じ名前のウェイポイントもあって、それをフライト・コンピュータに入力した場合、複数の候補が表示され、どれに行きたいのかと問われる。たとえばSHARK（サメ）というウェイポイントは世界に五カ所ある。シドニーの東にひとつ、あとはジャージー島、マウイ島、台湾、トリニダード島の沖合だ。

マン島のそばにはKELLYというポイントがあり、昔、ミュージックホールで流行った『マン島のケリー（Kelly from the Isle of Man）』という曲を彷彿とさせる。英仏海峡のイギリス側にはサー・フランシス・ドレークにちなんだDRAKEとサー・トマス・ハーディーにちなんだHARDYというポイントがある。トマス卿はかのネルソン提督の古い友人で、死を目前に旗艦の甲板に横たわったネルソン提督は「キス・ミー・ハーディー、ゴッド・ブレス・ユー、ハーディー」と言ったとか。タスマン海の空には弧を描いてニュージーランドへ至るウェイポイントが並んでいて、それぞれWALTZ、INGMA、TILDAとなっている。つなげるとオーストラリアで国歌同然に親しまれている『ワルツィング・マチルダ』のできあがりだ。そこから何千マイルも西へ行くと、インド洋から西オーストラリアまで南北に何百マイルも連なるポイントがあり、北からWONSA、JOLLY、SWAGY、CAMBS、BUIYA、BYLLA、BONGSと並んでいる。Once a jolly swagman camped by a billabong（ある日、陽気な浮浪者が沼地で野宿していると）つまり『ワルツィング・マチルダ』の出だし部分である。

ヨーロッパ大陸には地元色の強いウェイポイントが少ないが（ひょっとすると英語を母国語とするパイロットには見つけられないだけかもしれない）、オランダの洋上にはTULIPが浮かんでいるし、SASKIもわかりやすい（レンブラントの妻はサスキアだった）。ドイツ上空にはROTENというポイントがあり、ドイツ人パイロットなら中世から続く古都、ローテンブルク・オプ・デア・タウバーのことだとすぐに気づく。オーストリアとドイツの国境には奇妙な綴りのポイントが並ぶ。NIGEB、DENED、IRBIR、これらはドイツ語のNie gebt denen ihr Bierに由来していて〝そいつら（パイロットのことか？）にけっしてビールを飲ませるな〟という意味になる。シュトゥットガルト近くの空《ヘブン》にはVATERとUNSERというポイントがある。〝天にましますわれらの父よ〟で始まる主の祈りをドイツ語で唱えたときの最初の二語だ。ニュルンベルクの北東、ドイツとチェコの国境付近には、ARMUT（清貧）とVEMUT（Wehmut、ドイツ語の古い言葉で〝哀愁〟）という韻を踏んだウェイポイントが並んでいる。

インドとパキスタンの近くにはTIGER（トラ）がある。もうひとつのTIGERは、ヒースロー空港のアライバル・パターンに含まれる。こちらは大英帝国の紋章にちなんでいるのかもしれないが、薄ら寒い都会の動物園に無理やりトラをひっぱってきたかのような不釣り合いな印象がある。シンガポールからロンドンへ向かうフライトでは、ひと晩のうちに両方のTIGERを通過する。

アメリカの航空図作成者は、ほかの国々よりも地元愛が強い。カリフォルニアのソノマ・カウンティ空港はチャールズ・モンロー・シュルツの名前を冠しているが〔訳注／正式にはチャールズ・M・シュルツ・ソノマ・カウンティ空港〕、近くのウェイポイントはSNUPY（スヌーピー）だ。カンザスシティのそばにはBARBQ（バーベキュー）、SPICY（スパイシー）、SMOKE（スモーク）、RIBBS（あばら肉）、BRSKT（胸肉）と食欲をそそるウェイポイントが続く。デトロイトにはPISTN（ピストン）があり、これはいうまでもなく工業の町の歴史を受け継いだバスケットボールチームを指している。デトロイトの空にはほかにもMOTWN（モータウン）、WONDER（ワンダー、スティービー・ワンダーはミシガン州の出身）、EMINN（おそらくラッパーのエミネム）がある。ヒューストン付近にはSSLAM（スラム）と数マイル離れてDUUNK（ダンク）がある（ボストン近くにあるDUNKKと混同しないでほしい。あちらはおそらくマサチューセッツ発祥のダンキンドーナッツに敬意を表したものだ）。ヒューストンの空には宇宙開発の伝統を受け継ぐROKIT（ロケット）もあるし、アルコールシリーズのTQELA（テキーラ)、WORUM(ワーム、イモムシ入りテキーラ)、CRVZA(セルベッサ、スペイン語でビールのこと)、食べものならCARNE(カルネ、スペイン語で肉のこと)、QUESO(ケソ、スペイン語でチーズのこと)など、旅客機の乗客が着陸後に舌鼓を打つであろう多様な名産品が並ぶ。

ボストンはニューイングランド地方の空に地方色をばらまいている。PLGRM(ピルグリム)は宗教と歴史、CHWDH(チャウダー)、LBSTA(ロブスター)、CLAWW(カニ)は名物料理、GLOWB(グローブ)とHRALD(ヘラルド)は地方新聞で、SSOXS(ソックス)、FENWY(フェンウェイ)は野球に対する愛情を、さらにBAWLL(ボール)、STRKK(ストライク)、OUTTT(アウト)は地元球団の苦悩を反映している〔訳注/現在、STRKKは存在しない〕。WIKID(ウィキッド、ボストンではクールと同様かっこいいの意味で使われる)やPAHTI(パーテー、パーティーのこと)というボストン訛りまで航空図にねじこむ入念さだ。NIMOYはボストン生まれの俳優レナード(ニモイ)のことで、LYHTTはボストン・ライトがあるリトル・ブルースター島に由来している。一七一六年に建設されたこの灯台は一七八三年に改修された。最初の灯台ができたとき一二歳だったベンジャミン・フランクリンは灯台の詩を残している。LYHTT上空を通過する機会があったなら、旅客機の窓からモデルとなった灯台の光を見られるかもしれない。アメリカ最初の、そして現代でも灯台守がいる唯一の灯台である。

セントルイス付近にANNII(アニー)とLENXX(レノックス)というウェイポイ

ントがあるが、どうしてそこにイギリスのミュージシャンが登場するのか、アメリカ航空局もわからないらしい。おそらくこの空域を担当した航空図の作成者がユーリズミックスのファンだったのだろう。セントルイスにはＡＡＲＣＨというウェイポイントもあり、こちらは由来がはっきりしていて、町のシンボルである巨大なゲートウェイ・アーチに由来する。

マーク・トウェインが亡くなったのは、ライト兄弟がキティーホークにおける初飛行に成功した七年後だった。みずから川船を操った作家もさすがに空を飛ぶことはなかったが、『トム・ソーヤーの探検』には〝翼もファンもぜんぶ〟備えた〝優美な巨大飛行船〟が登場するし、一八六九年の手紙で〝空を飛ぶことの大いなる問題点〟は、〝あらゆる男の血を騒がせる〟ことだと書いている。作家が子ども時代を過ごしたミシシッピ州ハンニバルの上空にＴＷＡＩＮ（トウェイン）というウェイポイントがあると知ったら、きっと喜ぶにちがいない。

ナブエイドやウェイポイントが連なって、航空路は一本の線となる。ところで日本語では、概念的によく似た事物を数える際に個別の〝助数詞〟を用いる。日本語ほどの種類はないが、英語でもたとえば、ローフはパンを数えるときに使うし、シートは紙を数えるときに使う。つまりローフはパン、シートは紙の助数詞だ。シートは形状を表すので、平らなものならいろいろと応用が利く。アルミニウムもパイ生地もシートだ。

日本語を学ぶ外国人はよく、お気に入りの助数詞を話題にする。私は昔から〝本〟が好きだった。日本の〝本〟だからだろうか。日本は私にとって、高校時代にホームステイをした国であり、その後何度も（最初は経営コンサルタントとして、のちにパイロットとして）訪れた印象深い国だ。助数詞としての〝本〟は、細長いもの、たとえば鉛筆とかフィルムとか道とか川に使われる。航空路も、そして飛行機雲も一本、二本と数える。

航空路はウェイポイントとナブエイドの一覧から成り、森や川の上をまっすぐに横切っている。航空路作成者やパイロットは、風や空域の飛行制限、混み具合、通過する国の管制料金等を考慮して、何種類もある航空路のなかから最適な一本を選ぶ。ある航空路が別の航空路と交差する地点で、別の航空路にジャンプすることもめずらしくない。地球上で風の力をいちばん効率的に利用できる航空路を飛ぶためだ。たとえば北大西洋の航空路のように、追い風を最大限に活かし、または向かい風の影響を局限できるよう、航空交通管制局によって毎日のように書き換えられる航空路もある一方、定まった航空路もなければ、風の影響さえわからない空域もある。そういった空域では、飛行計画の立案者が、経度や緯度を使ってその日のルートを自由に決める。飛行計画立案者が家に戻り、食事をすませてベッドに入る頃、大気中に開通したアルファベットと数字の道を、太陽を反射する７４７の大きな翼がたどる。

航空路は、歴史や文化も反映する。たとえば北大西洋上に〝ザ・トラックス〟と呼ばれる航空路がある。ヨーロッパと北アメリカをつなぐ交通量の多い航空路の愛称で、ザ・トラックスの名は、日々そこを行き交う冒険や帝国主義、言語、交易、文化をも象徴する。またアフリカ上空では通常、人やものが北から南へ流れるが、イスラム教のハッジ（メッカへの巡礼）の期間だけは、東西の流れ、つまりメッカに向けて北アフリカを横断する流れが生まれる。イスラム教の歴史的な風習が空に投影されるのである。毎年、その時期になると北アフリカ上空を飛ぶパイロット向けにハッジ専用の航空図や飛行手順が配られる。

紙の航空図がタブレットコンピュータに席を譲ったのは、ついこのあいだのことだ。便利さで電子地図に劣るとはいえ、紙の地図には味わいがある。コンピュータのようにすべての情報を網羅することはできないし、特定の情報を非表示にすることもできないので、紙の航空図作成者は、空の特性を最大限に表示できるように工夫を凝らしてきた。結果として、空港は表記されるが、対応する町は省略された。地上の道も、県や州の境もない。山には名前がなく、頂や輪郭として描かれることもなく、その付近の平均的な標高だけが記される。国名や国境でさえ必ず記載されるわけではない。紙の航空図でいちばん目立つのは、複雑に交差する線で、それはウェイポイントをつなぐ、空の国の道なのである。

航空図は形状も独特だ。一般的な地図は地表を長方形に切りとったもので、おおむね上が北で、下が南になっている。ところが同じ長方形の紙の地図でも、航空図となるとそうはいかない。縮尺には帝国中心主義と移民の歴史、人類の人口分布がはっきり投影されている。たとえばヨーロッパから香港に至る航空図は、北が上ではない。長細い扇形で、ヨーロッパと中国を結ぶ典型的な航空路の形をおおまかに再現している。左端が北西で、右側が南東だ。カナダ中部および北部の航空図はもっと角度のある弧を描くことが多く、北アメリカと東アジアを結ぶ航空路を調べるときしか使えない。

あれはたしかシンガポールからシドニーへ向かう便だったと思うが、オーストラリア北西のブルーム近郊から、南東にあるシドニーへ、オーストラリア大陸を初めて横断した。アウトバックを下に眺めながら、ぼんやりとソングライン〔訳注／アボリジニに伝わる祖先の道〕のことを考えた。航空路はフライト・コンピュータに登録された都市と都市を結ぶ線ではあるが、ソングラインのように、乗客にとってはそれぞれの人生経験によって異なる意味づけがなされているはずだ。客室の大型スクリーンに航空路が表示されるように、乗客の心のなかにも、ふたつの都市の関係性や、一方から一方へ移動する理由、あいだにある土地への思いが投影されているのである。その航空路を初めて飛ぶ新米パイロットよりも、オーストラリア人の乗客のほうがずっと深く航空路を理解しているにちがいない。

それでも同じ航空路を何度も飛ぶうち、パイロットも地形や空の変化、独特のリズムを刻むナブエイドに慣れてくる。たとえばお気に入りリストの一曲目が終わって、次の始まりを期待するときのように、あるいは友人の家まで歩いていって、用がすんだらスーパーで買い物をして家へ帰るときのように、さまざまな目印を無意識のうちにたどれるようになる。ドライブをしているとき、〝ようこそ○○へ〟の標識とともにひとつの町が現れては消えるのと同じで、空の標識も流れていく。たとえばヒューストンから北東に向かうなら、フォート・ワース、メンフィス、インディアナポリス、クリーブランド。アラビアから北西にあるヨーロッパへ向かうなら、ジッダ、カイロ、ヘラス、ティラナといった具合だ。

ロンドンからロサンゼルスへ飛ぶとき、出発点はもちろんイギリスだが、重い機体が最初の巡航高度に達する頃には国土の大部分が終わっている。続いてスコットランドの大都市エディンバラとグラスゴーがコンピュータ上に現れる。ただしこの地域はたいてい曇っていて、実際の街並みが見られることはめったにない。じきにアウター・ヘブリディーズ〔訳注／スコットランド西岸に連なる鎖状の島々〕のストーノーウェイが視界に入る。アウター・ヘブリディーズにはナブエイドがあり、それを越えるといよいよ地の果てに来たと実感する。イギリスの空の端っこだ。次に現れるのはおそらくフェロー諸島だが、すべての航空路がフェロー諸島の近くを通るわけではないし、フェローの島々はスコットランドに輪をかけて恥ずかしがり屋で雲のベールをかぶっていることが多く、私もまだ数度しか見たことがない。

続いてスクリーン上に、アイスランドの山々と氷河がデジタル処理された凹凸となって模様を描く。天候に恵まれれば窓の外にも雲とはひと味ちがう白の世界を見ることができるだろう。そのあとは海、そして（白夜の季節をのぞいて）極北の夜に迎えられる。グリーンランド上空はたいていすっきりと晴れている。グリーンランドが終わるとカナダの雪景色が何時間も続き、たまに畑や道路やそれに類似した実用的かつ人工的なもので大自然が分断される。アメリカとカナダの国境線は見えなくても、シアトルとボストンを結ぶ高速道路インターステイト90は見落としようがない。

北東からロサンゼルスにアプローチする場合は、まずロッキー山脈があり、道路に縁どられた砂漠があって、さらに山を越えると大都会が出現する。大自然と都会の対比があまりに劇的なので、ロサンゼルスには海の上に浮かぶ孤島のような印象がある。北からアプローチするときは雪に覆われた火山帯に出迎えられる。ベーカー山、レーニア山、フッド山、クレーターレイクのスカイブルーの湖面、雪に覆われたシャスタ山。アメリカの富士と呼ばれるシャスタ山は、ほかの山々からやや距離を置いてそびえている。北カリフォルニアの空の支配者であり、上界の霊が住んでいるともいわれる山だ。上空から見る人も地上から見る人も、シャスタ山の神聖さを疑いはしない。

窓の外に現れるこうした風景に、パイロットは基本的欲求を刺激されることもある。同じ航空路ならだいたい同じところで休憩のタイミングがめぐってくるので、欲求と風景がセットになっているのだ。ロンドンと北アメリカ西部を結ぶルートでは、グリーンランドの山々が最初の交代の合図だ。東に稜線が見えてくると、自然と操縦席を立って仮眠室へ引っこみたくなる。私とは逆で、青い海の向こうに白い峰が見えると、さて上番だと思うパイロットもいる。

食事さえも過ぎゆく景色と呼応する。ちょうどハイキングのとき、眺めのいい場所を見つけて昼食を食べるように、空にも食欲を呼び覚ます特定の眺めがある。私の場合はラスベガスで、上空からラスベガスを見ると、コーヒーを飲みながらサンドイッチをつまみたくなる。なぜかというとラスベガスという場所……というかそこを通過する時間帯が、ロサンゼルスに着陸する前に、落ち着いて腹ごしらえするのに最適なタイミングだからだ。

飛行訓練を始めて間もない頃、単発の小型機で単独飛行をして、アリゾナ州フェニックスの北東付近で迷子になった。現在地を確認しようと下の景色に目を凝らす。山や道路や建物、ラジオ塔の位置が詳しく載っている航空図を持っていたので、やっきになって下界の景色と見比べた。地図にあるものを地上に探し、世界と呼吸を合わせようとした。目が何度も、何度も、地図と下界を行き来した。しかし午後になると予報よりも濃い霧が出て、有視界飛行すら困難になった。真下の景色はかろうじて見えるが、前方や左右は真っ白で、ちょうど白くかすむ高層ビルのてっぺんにいるような感じだ。

みぞおちがぎゅっとなった。もはや、地表の眺めは地図と何ひとつ一致しない。最後に位置を確認した場所を中心に、経過した時間と速度から、自分がいる範囲を予測してみる。この円上のどこかにいるはずだ。しかし、そんなことを考えているあいだにも円の半径はみるみる大きくなり、いつ地図上の山にぶつかってもおかしくない状態になった。北東方向の霧の向こうに、砂岩色の鋭い峰が隠れているはずだ。予定していた飛行経路からはかなり遠いが、フェニックス国際空港の混雑した管制空域に入ってしまう可能性だってある。

対空無線で最寄りの管制所を呼びだして、情報をもらうしかないと思った。管制官の指示どおりにトランスポンダをセットすれば、航空機から発せられる電波を地上で受信して私の位置を特定し、飛行場まで誘導してくれるはずだ。そう考えたところで、離陸したフェニックス東部の飛行場のそばに、ナブエイドがあったことを思い出した。数週間前、教官が何かの役に立つかもしれないと教えてくれたのだ。正規のレッスンプランには含まれていなかったようだが「万が一のために」と片目をつぶって教えてくれた。教わったコードを入力する。するとナブエイドから応答があった。ほっと息を吐いて、ナブエイドの方向へ旋回する。濃い霧のなか、電波のパンくずを拾うように飛び、そろそろと高度をさげると、やがて前方に目指す飛行場の滑走路が見えてきた。あのときはダッシュボードに片手をついて、心の底から神に感謝した。

パイロットはどうやって自分の位置を知るのだろう。とてもいい質問だと思うが、GPSがあるから大丈夫だと思うのか、実際に訊かれたことは一度もない。ただ、私がアリゾナ州で飛ばしていた小型機のように、GPS受信機が装備されていない航空機もある。たしかに現代では、大半の旅客機がGPSを積んでいる。航空技術の開発は盛んで、とくに通信分野と、飛行安全の分野（他機やウィンドシアや山などを回避するための技術）は日進月歩だ。一方で旧式のシステムも健在である。

古いシステムの代表に〝慣性航法装置〟がある。どんなに暗く厚い雲に覆われた夜でも、たとえGPS信号が失われ、管制センターも応答せず、ナブエイドの電波さえわからないときでも、慣性航法装置があれば帰り道を見失わずにすむ。

では、慣性航法装置とはどんなものなのだろう。まず停車した車に、目隠しをして乗っているところを想像してほしい。車が動きだし、高速道路を走行するくらいのスピードでまっすぐに走る。すると一時間後には、出発地点からおよそ一〇〇キロメートル移動したと推測できる。次に九〇度方向を変えて、別の方向へ三〇分移動したとする。現在地をはじきだすには、頭のなかで直角三角形を描けばいい。人間の耳の前庭神経と同じで、慣性航法装置は加速と回転を感知する。

加速を測定するのが加速度計で、仕組みはさほど難しくない。ところが回転を測定するジャイロスコープは、複雑な装置である。もともとは機械式ジャイロスコープだったが（機械式の原形である回転式ジャイロスコープは、世界最古のおもちゃである駒の原理を応用した）、現代の旅客機は回転盤や駒の代わりに光を使う。

光を使って回転を測定する機器を〝リングレーザージャイロ〟と呼ぶ。光路内を進むレーザービームの速度が、光路自体の運動にかかわらず一定であることを利用した測定器だ。リングレーザージャイロは閉じられた通路の一点からビームを発生させ、検出器に到達するまでの時間を測定する。たとえば内部に三角形のトンネルがあるガラスキューブをイメージしてほしい。三角形の一点から左右逆方向に、同時にレーザービームを放つ。検出器は光源とちょうど反対側、ガラスキューブの外側にある。ビームは反射板の助けを借りてトンネル内を進み、何事もなければ同時に検出器に到着する。しかしビームが放たれたあとでガラスキューブが左右どちらかに回転すると、一方のビームはもう一方のビームより少し遅れて検出器に到着する。

別の例で考えてみよう。摩擦のない円形状《サークル》のビリヤード台のようなものを想像してほしい

(ジャイロスコープには〝回転《サークル》を見守るもの〟という意味がある)。台を挟んであなたと友人が立っている。あなたはふたつのボールを、台の縁に沿って同時に反対方向へ転がす。何もなければボールは同時に友人のもとに到着する。ところがボールを転がしたあとで、台そのものを左右どちらかに回転させると、片方のボールは移動した分だけ長い距離を進むことになり、友人のもとに到着するタイミングに差が生じる。少し遅れて届くのだ。

慣性航法装置は非常に繊細で、フライトの前に必ず、数分間の完全な静止と集中のなかで大地を感じなければならない。この禅のような、飛行機恐怖症の人が搭乗前に行う瞑想にも似たひとときをアラインメント(調整)と呼ぶ。航空機の速度や旋回を追尾する前に、地球の中心がどちらかを確認するわけだ。地球の重力から中心を感じとるのである。ちなみに旅客機の向きは地球の自転方向から算出する。アラインメントのあいだに旅客機がわずかでも動こうものなら〝準備ができるまでじっとしていてください〟という趣旨のメッセージが、コックピットのスクリーンに表示される。

慣性航法装置の重要な機能はふたつある。ひとつは航法支援といい、目隠しをして車に乗るたとえと同じように、加速と回転を計上し、現在地を割りだす。もうひとつの機能は(いくぶん地味にはなるが)上下を判定する機能である。航空機の高度はもちろんのこと機首が上下のどちらを向いているかは非常に重要な情報であり、スクリーンの中央にあるプライマリ・フライト・ディスプレイに表示される。フライト・シミュレータに見学者が来ると、最初に説明するディスプレイだ。空の青と大地の茶の二色に分けられたスクリーンは、現在地を示しているのでもなければ進行方向を示しているのでもない。機首が上下のどちらを向いているかを教えるものだ。この場合の機首の向きは、往々にして航空機が進む方向とはまったく別の問題である。たとえば地球の裏側へ向かう航空機は、目的地の上空付近に到達したとき、出発地と比較すると上下さかさまに近い飛行姿勢になる。慣性航法装置は、世界の空におけるローカルダウン（現地の下はどちらか）を判定する。

慣性航法装置はかすかな変化を大量に感知し、処理する。たとえば高度があがるとごくわずかに減少する重力も計上する。遊園地で回転式の乗り物に乗ると、回転が速まるほど強く壁に押しつけられるが、慣性航法装置は、地球表面から一定の距離を保って移動する航空機が軌道に留まるために必要な力も計測する。ほかにもアラインメントの最中にたまたま吹いた強風や、地球が完全な球体ではないこと、さらに慣性航法装置そのものの温度も計上しなければならない。たとえばチェスで左に五マス、それから前に四マス動けという指示は、順序を変えて実行しても同じ効果をもたらす。順番が結果に影響しないからだ。ところが空中で航空機が姿勢を変える場合は、たとえば左に旋回してから機首を前方に倒すのと、機首を倒してから旋回するのとでは大きな差が生まれる。慣性航法装置は航空機の姿勢の変化を注意深く分析し、常に下がどちらかを掌握する。

航法手段としての慣性装置はＧＰＳほど正確ではない。飛行時間と距離がのびれば、暗がりで行われる計算に含まれる小さなエラーが雪だるま式にふくれて、最終的には何マイルものずれとなる。７４７には三つの独立した慣性航法装置が搭載されている。それぞれが算出した現在地を同時にマップ表示することもでき、それらは小さな白いアスタリスクで表されるのでスノウフレイク（雪片）と呼ばれている。ちなみに三つのスノウフレイクが同じ位置にあるところはいまだかつて見たことがない。しかもそれぞれのスノウフレイクは地図の表面で小刻みに震えている。

この頼りなさと不正確さ、そして毎回のように瞑想を必要とする手間にもかかわらず、慣性航法装置には非常に大きな利点がある。理論上、アラインメントさえ終わってしまえば外部の情報に頼らず、現在地と速度と針路を算出できるのだ。星や地図を見たり、衛星や風景と擦り合わせたり、誰かに何かを相談することもなく、独力で現在地を掌握できる。ということは外部からの干渉も受けない。そもそも慣性航法装置の開発に拍車がかかったのは、ミサイルに搭載する、電波妨害に強い正確な航法装置が必要だったからだ。

休日になると私は、近所を散歩して途中の教会の庭でコーヒーを飲む。レッド・ライオン・スクエアを終《つい》の住処《すみか》としたジョン・ハリソンの墓石がある教会だ。ハリソンは天文学者のエドモンド・ハレーの助けを借りて機械式時計《クロノメーター》を開発し、経度問題（洋上で船舶が東西方向の移動距離を算出できないという問題）を解決した。その当時は経度委員会と銘打った政府機関が設けられたほど深刻な問題だったのである。地球規模の旅の終わりにロンドン上空に戻ってくると、経度がゼロに近づく。東経がひと目盛りずつ減少して、ヒースロー空港のアプローチ・パターンに入った直後にグリニッジ子午線を通過し、西経に変わる。

数百年前の海軍提督や航海士が相手だとしても、ＧＰＳの仕組みならどうにか説明できそうな気がする。なんらかの手段で新しい星を打ちあげ、それが自分の位置から見えるあいだは、つまり自分が星の〝見通し線〟に入っているあいだは、星から定期的に送られてくる信号を利用して現在地を掌握できるとでも言えばいい。一方の慣性航法装置はどう説明すればいいものやら……。なんといっても外部の情報をまったく必要としないのだ。厚い布で覆って箱に入れ、周囲に鎖をかけて、荷馬車に載せて町を抜け、丘をくだったとしても、慣性航法装置には現在地がどのあたりで、どちらが地面かがわかるのである。昔の人にとっては、GPSよりも慣性航法装置のほうが——密閉された箱と内部のガラスキューブを通る光のほうが、ずっと神秘的に映るのではないだろうか。ひょっとしたら航空機そのものより不思議がるかもしれない。

慣性航法装置やGPSが開発される前の時代、航空士は天文航法を用いた。先輩パイロットのなかにはいまだに六分儀の使い方を知っている人がいる。747のコックピットには天井にハンドルがついていて、コックピット内で煙や火が発生した際、ハンドルをひっぱって排気できるようになっている(とうに引退したパイロットで、この排気口にホースをとりつけてコックピット内のごみを吸いだそうとした人物がいたというが、真偽のほどは定かでない)。天井の排気口がある位置に、かつては星を見るための窓がとりつけられていた。排気口は旅客機で天文航法が当然のように採用されていた時代の名残なのだ。

個人的にはGPSなしで大洋を渡ったことはない。それでもパイロットになりたての頃は、慣性航法装置しかない機体でロンドンからリスボンまで飛んだ。嵐にもまれるビスケー湾上空を通る航空路には、フランスやスペイン本土にあるナブエイドの電波が拾えない区間もあった。コックピットのスクリーンに、外界との接点を失ったことを告げるメッセージが表示されたとき、慣性航法装置が私たちを陸へ導いてくれた。

シンガポールに行くと、現地で働く幼なじみと昼食をとるのだが、そのあとでたどる散歩コースに庭園がある。庭園には湖があり、そこに一本の矢印が立っている。一〇〇年前に地球の磁力を測量した人々が選んだ場所を記念して建てられた矢印だ。矢の先はイギリスの方向、つまりグリニッジにある王立天文台の方向を指している。

地中海では、一三世紀になって航海にコンパスが用いられるようになった。青い海を渡って都市と都市を行き来する船を、長年にわたって小さなコンパスが導いてきたのだと思うと感慨深い。私たちの祖先は、地球の内部から発せられる力を頼りに針路を決めてきたのである。渡り鳥も地球の磁力を感知する。鳥と人間は別々の進化をたどって、地球からの思いもかけない贈りものに——孤独な旅人を導く見えない力に気づいた。そんな力があるとは気づかないまま終わることも充分ありえただろうに。

しかし近代的な旅客機において、磁力はフィクションになりつつある。そもそも磁北と北極が同じではないので、磁北に即した機首磁方位と、地図上の北極に即した機首真方位の二種類が存在することを意味する。磁方位と真方位の差をデクリネイション（偏角）という。偏角は常に一定というわけではない。グラスゴーではわずか西に三度とほぼ無視できる値だが、シアトルでは東に一七度になり、グリーンランドのカンゲルルススアークでは西に三〇度以上もずれる。偏角に加えて厄介なのが〝コンパス方位〟だ。磁力線は磁北付近では垂直になる。つまり私たちが磁北に立つと、北は真下の地面、南は真上の空になるのだ。

昔の航海士はもちろん偏角を認識していたので、洋上では日の出と日の入りに合わせて針路を算出し、太陽の位置からコンパスの北を修正した。アガラス岬はアフリカ最南端にあり、大西洋とインド洋の公式の境とされている。別名をカボ・ダス・アグリアス（針岬）といい、地名の由来は、五〇〇年ほど前にポルトガルの船乗りたちが、この岬で磁北と真北がほぼ一致することに気づいたことだ。現代の旅客機のパイロットは、磁方位でも真方位でも好みのほうを表示できる。小さなスイッチを押すと、電子地図の上のコンパスローズ〔訳注／コンパス表示が薔薇のように見えることに由来する呼び名〕が左または右に回転する。揺るぎない方位の判定者であるはずのコンパスが、駒のように回転するのを初めて目にしたときは、私もさすがにとまどった。

航空機はたいてい磁方位に従って飛ぶ。なぜかというと航空史の初期においては、鳥や船乗りと同じように磁方位しかなかったからだ。つまり、磁気コンパスしかなかった。よって現代でも、たとえば管制官が二七〇度の針路を指示したとき（もしくは西へ飛べと指示したとき）、それは地球の表面に対して真西に向けという意味ではなく、その地域の磁気コンパスが二七〇度を指す方向へ進めという意味だと考えてほぼまちがいない。

ところが旅客機の大半がそうであるように、７４７のシステムは磁方位を感知しない。磁気コンパスを使って飛行訓練を積んできた新米パイロットは、近代的な旅客機に地球の磁力を感知する機能がないと知ると一様にびっくりする。747に搭載された磁気コンパスはたったひとつで、しかもあくまでバックアップ用なので、他の装置と連動していないのである。機体によっては目につかないところにしまいこまれて、必要に応じてとりだす手順になっている(そしてとりだされる機会はゼロに等しい)。さらに旅客機のシステム自体が生じさせる複雑な電界が磁気コンパスを狂わせるのだから、これはもはや皮肉というしかない。

磁気コンパスを使わずに磁方位を表示するために、旅客機は磁北を基準に描いた航空図を使う。航空図から読みとった針路をコックピットのコンピュータに表示するのである。言葉を換えれば、世界の旅客機は実際のコンパスではなく、インストールされた航空図を頼りに飛行していることになる。たとえば地球の磁北と磁南が急に逆転したり、永遠だと思っていた磁力が急に失われたりした場合、鳥や小型機のパイロット、昔ながらのやり方を好む登山者がうろたえる一方で、旅客機のパイロットは何も気づかずに飛びつづけるだろう。

コンパスと航海の長い歴史を学び、北極付近に集まる竪琴のような磁力線に、太陽風が吹きつけることで生じるオーロラを眺めるとき、そのような原始的で神秘的な力が、旅客機というマシンにおいては幻のような存在でしかないことが、むしろしっくりくる。

磁力の不思議はほかにもあって、なんとこの壮大なフィクションの源である磁北の位置は定期的に更新されている。コンパスの回転の核となる場所自体が移動しているからだ。それもカナダ北部からロシアへ向かって毎年何十マイルという速度で。これを〝地磁気変動〟と呼ぶ。地磁気変動があるということは、磁北を基準にした地図も定期的に描き直さなければならないということだ。当然、旅客機の地図もアップデートが必要だ。また、滑走路は磁気方位で呼ばれるため（たとえばランウェイツーセブンといえばだいたい二七〇度の方向にのびる滑走路を指す）、ときどき名前をつけ直す必要がある。滑走路の角度が増減すれば、空港の標識もとりかえたり塗り直したりすることになり、世界中の航空図も更新しなければならない。それらすべてが、古《いにしえ》の磁力のよじれに追いつくためなのである。

Machine:

機械、装置、仕組み

幼い頃、両親に連れられてマサチューセッツ州の小さな飛行場を何度となく訪れ、低いフェンスの外側でドーナツを食べながら、小型機が着陸して、タクシーウェイを移動するのを眺めた。航空ファンなら、飛行場と外の世界を分けるあのフェンスを乗りこえたいと思ったことが一度ならずあるだろう。小型機がとまり、パイロットや乗客が降りてきて、平屋の建物に吸いこまれていく。さっきまで空にいた人たちが、今は地上にいる。あっさりと高さを手放して、車に乗って普通の生活に戻っていく。

一六歳になった頃、私はフェンスの内側に足を踏み入れた。飛行場のロビーには自動販売機と陳列用のガラスケースがあって、ケースのなかには航空図や航法に必要な器材が売られていた。後方に掲示板があり、ダイナーでよく見るような大文字のアルファベットで、飛行場が提供する飛行サービスとその値段が書いてあった。金額は確かめるまでもなかった。新聞配達やレストランのバイトでようやく資金を貯めて、初の飛行訓練にこぎつけたのだから。

初秋のニューイングランド地方は、空気がからりと澄んであたたかい。蚊もいなくて、一年でもいちばん過ごしやすい季節だ。アメリカ人がこぞってカリフォルニア北部に住みたがるのは、彼の地では、ニューイングランド地方の初秋と似た気候が年間を通して続くからだろう。飛行場周辺の木々は色づきはじめていた。母なら、山々の紅葉を追いかけているとでも言うはずだ。私は教官に自己紹介をして、ガラスケースに入っていたネイビーブルーのログブックを買った。屋外へ出て、白い小型機に近づく。自分がフェンスの内側にいることがまだ信じられなかった。

それまでは他人の乗る航空機を遠くから眺めるか、ただの旅行者として旅客機に乗るしかなかった。当然、航空機のボディに直にさわるのも、この日が初めてだ。指先から、意外なまでの軽さが伝わってくる。車などに比べると扉もずっと薄い。地上にある航空機は、全体にどこかぎこちない印象があった。地上で動くために造られたものでもなければ、乗り心地を追求したものでもないと感じた。高価な機材に頭をぶつけないよう、注意して歩く。車輪にはチョークがかませてあり、翼は地面に埋めこまれたフックに係留されていた。世間には飛行場の設計を専門にする人がいて、飛んでいない航空機の翼を地上に固定するフックについて考えているのかと思うと、なんだか不思議な気がした。

パイロットと聞いて多くの人がイメージするとおりにサングラスをかけた教官は、手慣れた様子でありながら、どこかうやうやしい態度で小型機を点検してまわり、要所要所で立ちどまっては、何を見るべきか丁寧に説明してくれる。翼についた燃料タンクの前まで来ると、教官は血液を抜くような手つきでタンクの底から少量の液体を抜いた。使っているのはガラスケースに並んでいた器具だ。熱心な訓練生なら、ログブックを買うときにあの器具もまとめて購入するにちがいない。教官が液体を吸いあげた透明な棒を光にかざした。水が混じっていないか確かめているのだ。それからまっすぐ私を見て「水が入っていたらまずいことになるんだ」と言った。水に関する新たな事実である。

のちに父の雑記帳で読んだのだが、二〇年前に父がスタンリーヴィル（ベルギー領コンゴの都市、現在はコンゴ民主共和国のキサンガニ）に住んでいたとき、知り合いの宣教師にツォポ川めぐりのフライトに連れていってもらったことがあったそうだ。ところが父が乗った小型機は、ツォポ川の水が流れこむ貯水池に墜落しかけた。それというのも前日に、燃料タンクのキャップを開けっ放しにしていて、雨水がタンクのなかに入ったからだった。

小型機のまわりを一周して機体の外部点検は終わりだ。教官は小型機のドアを開けてにっこりすると、頭をぶつけないようにと言って、先に乗るよう促した。そして私が乗りこんでいるあいだに、翼を固定している係留索をほどいた。

旅客機のパイロットになってから、空を飛ぶとどんな感じがするかと質問されることがたびたびあるが、正直、どう答えればいいかよくわからない。乗客が見る世界は、楕円形の縁に——ボディに空けられた窓の枠にとらわれている。パイロットにはずっと広い視野が確保されているとはいえ、繊細な電子機器や目まぐるしく切り替わるコンピュータスクリーン、雑音の多い対空無線に囲まれて、結局のところ、金属の媒体を介してしか飛べていないと感じる。航空機はうるさい。小型機はとくにそうだ。夢に出てくるような平和で静かな飛行体験というのは、実際に飛んでいるときよりも泳いでいるときの感覚に近いのではないだろうか。

小型機の翼を地面に固定する係留索以外で、マシンを介してしか飛べないことを象徴するのはシートベルトだ。パイロットだろうと乗客だろうと、飛ぶためには、座席について、自分の身体をマシンに固定しなければならない。

もちろん、マシンで飛ぶからこそおもしろいというパイロットも大勢いる。乗客も、機体そのものに魅力を感じているのは明らかだ。窓側の席から撮影した写真に、エンジンや窓枠の曲線、翼のラインなどが入ると、俄然、魅力的になる。風景に写りこんだ航空機の一部は、単なる遠近効果を超えた存在感を発揮している。それはきっと、航空機が私たちにとって〝飛ぶ〟ことの本質を代替する存在だからだ。直に確かめられない経験を肩代わりしている。だから写真のどこかにマシンの一部が入ることによって、現実に空を飛んでいるのだということが強調される。

航空機はまちがいなく複雑なマシンだ。たまにハンガーに入れられた旅客機を目にすると、その巨大さに改めてびっくりする。小さな車も車庫に入れると大きく、ぎこちなく見えるのと同じだ。ハンガー内にはたくさんの整備点検用の足場や油圧リフトが置かれていて、巨大な船舶を整備する乾ドックのように、旅客機を人間の縮尺に戻す役割を果たす。機体を分解して点検整備することもあり、そうなるとまさしく実物大の〝組み立て図〟のようになる。

どのパーツがどこまで分解できるかを示した整備マニュアルの図を、限界まで拡大したみたいだ。

マサチューセッツ西部で、秋の気配を感じさせる丘の上を小型機で飛んだ日からおよそ一五年がすぎた頃のこと。私はエアバスでハンブルクに飛んだ。管制官が「ブレーメン・レーダー」とコールする。機長と一緒にコックピットから、陽光を反射するエルベ川を見おろして、同名のナブエイドを確認した。ハンブルクへは何度か来たことがある。いつもなら内アルスター湖沿いを散歩して旧市街のカフェにでも行くのだが、その日は機長と一緒にエアバスの組み立て工場を訪れた。

見学を申し込んだのはロンドンを発つわずか一時間前のことだった。工場に直接電話をして、イギリスの航空会社でエアバスを操縦している者だが、今日の午後、エアバスの故郷であるハンブルクに飛ぶので、できれば工場を見学させてもらえないだろうかと頼んでみた。電話の相手は、少々お待ちくださいと言って送話口を離れたあと、「わかりました。着陸は何時の予定でしょうか」と言ってくれた。工場の応対は親切だった。案内係は熱のこもった握手で迎えてくれたし、たっぷりした昼食をごちそうになり、敷地内を移動するときはぴかぴかのドイツ製高級セダンに乗せてくれた。あまりの待遇のよさに、何か誤解を与えたのではないか、新規のお得意、旅客機を買えるほどの大金持ちだと勘ちがいされているのではないかと不安になったほどだ。

工場は非常に近代的で、複数の建物から成っていた。旅客機自体がそうであるように、桁外れな部分と凡庸な部分が混在している。内部は人が造ったとは思えないほど広く、それでいて病院と同じくらい清潔だった。航空機製造工場はたいてい大きくて、なかにはあまりの巨大さに内部に雲が発生するところもあるという。完成したばかりのジェット機は、工場の外にも出ないうちに空を疑似体験するわけだ。ハンブルクの工場で働いている人たちの顔は満足げなオーラに包まれていた。きっといい職場なのだろう。彼らが、パイロットである自分よりも深く旅客機を理解しているのだと思うと、厳粛な気持ちになった。初期の航空機製造者はシャルトル大聖堂を築いた職人にたとえられることがあるが、現代でも航空機製造工場という聖堂のなかで、匠たちがこつこつと新たなシップを組み立てているのだ。

組み立てを待つマシンのパーツが棚に並んでいる。完成まであと数日となった旅客機に乗せてもらうと、座席こそないもののコックピットは完全にできあがっていた。座席のない操縦室は、台詞が入る前の漫画のようにも見えたし、パイロットがいらなくなる未来を暗示しているようにも思えた。機体を降りてから、壁際に置かれた棚に目をやると、開閉式の蓋がついた容器が積みあげられていた。ほかの部品と同様に、検査され、計量される。旅客機が完成する直前、作業員が棚から容器をふたつとってコックピットにとりつける。それらの容器はこれから二〇年かそこら、バナナの皮やピーナッツの空き袋やインクの切れたペンや異国のレストランのレシートなどをのみこむことになる。

おそらく世界でもっとも高価なゴミ箱を見た数分後、ばかでかい胴体の輪切りが並ぶホールに入った。新型の二階建て《ダブルデッカー》のボディだ。まだ塗装も終わっておらず、周囲で作業する人の姿もない。未完成のボディに漂うおごそかさが、完成時の規模を暗示していた。近代的な設備と明るい照明もあいまって、まるでSF映画の世界に入りこんだみたいだった。それでいて古の鍛冶場や鋳造工場のような謎めいた雰囲気もある。熱風を吐きだす溶鉱炉に採掘したばかりの原料を入れて合金をつくり、それを打って、冷やして、ボディの湾曲を作りだし、組み立てるところを想像してしまった。

次の空間で、わたしは一対の翼を見た。翼が、本来あるべき場所に向かって静かに運ばれていく。〝エアボーン〟という言葉が頭に浮かんだ。乗客を運ぶ《ボーン》のは空気《エア》だ。翼を支える《ボーン》のは大気《エア》なのだ。人類の輝かしい未来をほんのりと予感させる翼はまた、古の、根源的な儀式——船の起工式を、わたしたちを世界へ運ぶ乗り物に対する祝福を連想させた。T・S・エリオットの「マリーナ」に綴られた〝目覚め、唇を開いた、希望、新たな船〟が生まれようとしていた。

イギリスの大学院でアフリカ史を学んでいた頃、研究の一環としてナイロビに一年間滞在することになった。ロンドンを発ってマスカットで便を乗り継ぎ、ナイロビへ向かう。旅客機はソマリアの海岸線に沿って南下した。あんな色の大地を初めて見た。黄色と濃い赤が混じっている。あざやかな大地を眺めながら、今、感じている興奮は、ナイロビの文書館に眠る埃をかぶった文献に対するものではないと気づいた。むしろそこまでの移動にある。ナイロビへ行くのに、二度も旅客機に乗れることがうれしいのだと。

亡き母はアイザック・ディネーセンの『アフリカの日々』を愛読していた。母は大学進学とともにペンシルベニアの小さな町を出て、就職し、のちにパリに住んだこともある。母が『アフリカの日々』を好んだ理由は、移住の多い主人公の生涯が、小さな町に始まって小さな町に終わるからではないかと思う。私はあの本の飛行に関する記述にしびれた。ナイロビ周辺の丘陵地帯へ向かって高度をさげる旅客機のなかで、飛行に関するディネーセンの哀愁に満ちた文章を読まなかったら、そもそもアフリカ史を学ぼうとは思わなかったかもしれないし、今ごろちがう大陸のちがう国にいたかもしれない。母が所有していた『アフリカの日々』は〈ブック・オブ・ザ・マンス・クラブ〉が送ってきたもので、カバーこそなくなってしまったものの、今でも私のアパートメントの本棚に収まっている。その隣には、一九三七年、つまり母が生まれた年に出版された初版本がある。母が亡くなってしばらくして、知人が贈ってくれたものだ。

ナイロビ滞在中は、毎朝のように町の北にある小さなアパートメントを出て、中心部まで歩いた。文書館に到着すると、机についてノートとパソコンを出し、植民地時代の文献の山に没頭した。昼は中心街をぶらぶらして目についたカフェに入る。ナイロビはアフリカで最初に鉄道が敷かれた町だ。モンバサからの汽車がとまる由緒ある駅のベンチに腰をおろして、サンドイッチをほおばることもあった。

ある日、いつもより早く研究を切りあげて、ディネーセンが住んだ家とデニス・フィンチ＝ハットンの墓を訪れた。どちらもンゴング丘陵にある。ふたりはよく小型機で丘陵の上を飛んだ。そのときは知らなかったのだが、ンゴング丘陵にはンゴングという名のナブエイドがあって、ナイロビに飛来するパイロットが使う着陸用航空図には、ンゴングの名前と周波数（三一五キロヘルツと一一五・九メガヘルツ）が山を示す記号の横に記されている。丘陵をまわるツアーの車は、町の中心部にある国際ホテルから出発することになっていた。ホテルのロビーに、のちに就職することになるイギリスの航空会社の制服に身を包んだ陽気なクルーの一団がいた。ナイロビに到着したばかりで、スーツケースをがたがた引きずりながら列をつくっている。彼らの仕事はここへ飛んでくることなのだと思うと、やけにうらやましかった。

数カ月後、私はアフリカを去った。文書館にも研究にもナイロビにも別れを告げて。ナイロビからロンドンへ戻る便で、コックピットを見学させてもらった。旅客機はちょうどイスタンブール上空にさしかかったところで、金角湾にボスポラス海峡、ドームやミナレットが西日に照り映えて、まさに絶景だった。アジアが機首の下に消え、ヨーロッパが現れる。イスタンブールはふたつの文化圏の狭間にある都市だ。「世界の欲を象徴する都だよ」と機長が言った。私がぼうっとしているとさらに「コンスタンティノープルだ〔訳注／イスタンブールの旧名〕」とつけ加えた。

バーレーン人の副操縦士は驚くほど若く、まだ二〇代後半くらいだった。私は彼に「仕事は好きか」と尋ね、実は自分も飛ぶことに興味があると打ち明けた。「だったら挑戦するべきだよ」副操縦士はほとんど訛りのない英語でそう言って、サングラス越しに微笑んだ。

座席に戻った私はヘッドホンをつけて、ヨーロッパの都がひとつ、またひとつと地上に花開く様子を眺めた。音楽の助けもあって、流れゆく世界がモンタージュのように見えた。子どもの頃は、窓側の席で音楽を聴きながら文章を書くのが好きだった。今でも、当時の私と同じように、窓際の席で音楽を聴きながら、紙に何かを書きつけている乗客を見かけることがある。流れていく世界を書きとめようとしているのだろうか。あの副操縦士の言うとおりだ、と私は思った。これが自分のいちばんやりたいことなのだと。数時間後、ヒースローからバスに乗ってM25モーターウェイを時計まわりに走っているとき、旅客機のパイロットになろうと決意した。

しかし、そこから一足飛びにコックピットまでたどりついたわけではない。まずは大学院の奨学金を返済して、さらにフライトスクールの資金を貯めるために働かなければならなかった。以前から、経営コンサルタントの仕事は出張が多いという話を聞いていたので、名前を知っているコンサルティング会社に片っ端から応募した。最初に応募した大手五社からは、なんの反応もなく、あとになって履歴書の一行目に痛恨のスペルミスを発見した。そこを修正して、規模の小さな会社も含めてもっと広く応募した。最終的には、ボストンにある小さな会社に就職できた。こぢんまりした雰囲気もよかったし、小規模ながら国際的に事業展開しているところもいい。海のそばに建つ赤レンガの社屋からは、ボストンの古い港とその向こうの空港を一望できた。三年後、そこを退職してイギリスでフライトスクールに入った。航空会社が主催する学校で、ともにパイロットを目指した同期たちのなかには、そのまま職場の親友になった者もいる。

航空会社が運営するフライトスクールは、自家用飛行機のためのフライトスクールとちがって簡単には飛ばせてもらえない。一八カ月ほどの教育期間のうち、およそ半分は座学だ。大学院を中退して数年のブランクがあったので、机に座ってノートを広げ、試験の心配をし、夜中まで寮で同期と勉強している自分を新鮮に感じた。

歴史家のI・B・ホリーは、私たちの社会は技術を実現させる創造性を軽んじてきたと書いているが、フライトスクールに入るまで、私も技術と創造性の関係がわかっていなかった。学問の世界を始めこの世の思考や仕事の大部分は明白に二分されているものだと思いこんでいた。一方には創造的な分野つまり〝ソフト〟な分野があり、そこに属する人々は既成概念をとっぱらおうとしたり、それらにどんなバイアスがかかっているかを考察したりする。彼らは既成概念がいかに重要で効率的かを語り、成立した経緯を紐解き、ある概念が別の概念とぶつかる理由を探り、それが芸術のなかでどう表現されているかを調べる。一方〝ハード〟の分野にいる人々は、既成概念の内側で働き、その構造を科学的、数学的に分析し、進化を解明することに全力をあげ、よりよい形や構造を追い求めるのだと。

フライトスクールでこうした価値観が根底からひっくり返された。座学や実技を通して、飛行の創造性を何度も思い知らされたし、それを裏づける航空技術に圧倒された。さまざまな要素や規則には関連性があり、あるシステムに生じた影響が、全体に波及する。まるで詩や物語のように。そもそも技術というものは科学の枠組みのなかで力を発揮するが、航空技術の場合は重量や安全性などの厳密な縛りもあって、まるで俳句を詠むように厳しい制約のなかで組みあげていかねばならないのだった。

航空技術と生物学の類似性にも驚かされた。あらゆる技術者は進化の担い手でもあり、産業という世界のなかで意図的に新たな種を生む。これに気づいたのは座学で〝熱交換器〟について教わったときだ。飛行中はエンジンの潤滑油が高温になる一方で、翼内の燃料タンクはかなりの低温になる。とくに高高度を長時間飛行すると燃料の冷却は著しい。そこで熱交換器を使って過熱したエンジンの潤滑油を燃料タンク周辺に循環させ、不要な熱を相殺する。教官の説明を聞きながら、私は高校の生物の授業を思い出した。クジラにもある種の熱交換器があって、動脈の熱を静脈に移すという。また航空機のスキンは生き物と同様、通過させていいものと悪いものを選別する。電気信号や酸素の循環も生物との類似点があるし、機体を一定の状態に保とうとする機能はホメオスタシスと同じだ。人間の脳が、身体の各部に指令を与えて立ったり歩いたりするように、航空機は飛行制御装置を通じて機体の姿勢を認識する。複雑なシステムを監視し、吟味された優先順位に従って注意や警報を発する仕組みは、生き物が痛みに反応するのにも似ている。地上の航法支援施設からの電波と電子地図を照合して現在地を掌握することもできるし、気温や風、下に陸があるかないか、前方に降雨があるかないかなど、外部の状況も細かく感知できる。

パイロットが機内に足を踏み入れるとき、旅客機にはすでに電源が入っていることが多い。

照明がつき、空調システムが作動している。電気は空港の電源からとるか（トースターのコンセントをさすのと変わらない）、機体後部の補助動力装置から得る。

早朝などは完全に電源が落ちていることもある。凍りつくような朝（そういう朝はヨーロッパ北部の、冬の空港につきものなのだが）、日の出前に出勤して、恐ろしく重い旅客機のドアを自分で開け、閉まらないようにロックする。機内には完全な静寂が満ちている。雪に覆われた車内のように暗く、冷え切っていて、二度と動かないのではないかと思われる。

通路を通って暗いコックピットへ入り、懐中電灯の明かりで飛行前点検を始める。まずは航空機の核となる機能、バッテリーに直結した機能を目覚めさせる。これは旅客機のなかで最初に作動するシステムで、最後まで作動しつづけるシステムでもある。人間の肉体でいえば脳に優先的に血液を運ぶのと同じことだ。作業をしていると、何百年も前に放棄された宇宙船を発見して、マニュアルを片手に、奇跡の技術をよみがえらせているような気持ちになる。

次に機体後部の補助動力装置を始動させる。一、二分しかかからないが、感覚的にはもっと長い時間に思える。何度もやり直すとバッテリーが放電してしまうので気をつけなければならない。うまく補助動力装置のエンジンがかかると、コックピットや後方の客室で明るい光が点滅する。システムが立ちあがり、冷却ファンがまわり、スクリーンが一度光ってから黒くなり、あせた色合いがだんだんあざやかになる。それぞれのシステムが勝手に自己診断を始める。警告メッセージが次々と表示され、すぐに消える。エレクトロンが神経系をめぐり、翼端まで飛んで、燃料の積載量や現在の外気温などのメッセージを携えて戻ってくる。航空機が本来の目的に目覚めはじめる。

父の人生を地図に表すと、生まれ育ちは多言語国家のベルギーで、宣教師としてまずコンゴに、続いてブラジルに派遣され、最終的にアメリカに定住した。それはつまり、父が生涯を通じていろいろな言語を習得しなければならなかったことを意味している。過去に覚えた言語の複雑さや、美しさや、ばかばかしい欠点を話しているときの父は、自分の操縦する航空機について話すパイロットとそっくりだ。

ところでパイロットならどんな航空機でも操縦できると誤解している人は意外に多い。パイロットになるためにはまず一連の試験（筆記と小型機による実技）を受けて、航空輸送従事者に必要な種々の資格をとる。次にタイプ・レイティング（限定変更）を受ける。機種ごとに独立した資格があり、たとえば特定機種のみの資格もあれば、似たようなコックピットを備えた同シリーズの航空機に共通した資格もある。タイプ・レイティングには数カ月の訓練期間が必要で、座学とシミュレータ訓練、もちろん実機試験も要求される。新しい航空機の資格を習得するときは免許の機種が書き換えられるので、原則として以前の機種を操縦することができなくなる。退職までに一〇機種以上を経験するパイロットもいる。私はおそらく三機種になるだろう。出だしは小型で短距離向けのエアバス、次がボーイングの747－400、それからおそらく退職前に747の後継機に乗れるのではないだろうか。

仕事をするうえで必要な知識は機種に特化したものだ。昼夜を問わずかなりの時間を機内で過ごすので、コックピットが第二のわが家のようになる。自分が操縦する機種への愛着は、乗客として旅客機に乗るときも顔を出す。私の場合、以前操縦していたエアバスに乗ると、ずっと昔に恋人と別れ話をしたレストランの前を通りかかったような複雑な気持ちになる。一方、747の場合は独特の安心感と満足感があり、それは旅客機がたてるいろいろな音の意味まで知り尽くしているからというだけではないと思う。

パイロットが自分の航空機に対して抱く感情は言葉にしにくい。強いて説明するなら、言語に対する父の感覚に近いのではないだろうか。実際、特定の航空機やそのシリーズにはそれぞれの言語がある。言語というと大げさかもしれないが、機種がちがえば同じような器材や手順でも異なる呼び方をするのだ。それらを習得し、正しく使えるようになるのが機種転換訓練の主な目的だ。ちなみにパイロットが前の機種の用語や手順をうっかり持ちだすことをタイプ・リバージョンという。たとえばボーイングとエアバスのパイロットのあいだには友情にも似たライバル意識があって、言語も完全に分断している。エアバスではフラップが通常の位置にあることを〝フラップスゼロ〟という。しかし747では同じ状態を〝フラップスアップ〟という。エアバスからボーイングに移ったばかりで年配の機長と組んでいたとき、うっかり「フラップスゼロにしてください」と言ってしまった。フラップ操作をする前に、機長は私のほうを見て咳払いをし、にっこりした。ずりさがったサングラス越しにのぞいた目が「やれやれ、これだからひよっこは困る」と言っていた。

タイプ・レイティングは医者の専門分野ほど永続的なものでも完全に分離されたものでもないが、ある分野に特化した施術に似ているかもしれない。法律にたとえれば、アメリカ州法のように、一国のなかに異なる管轄が存在するようなものだ。パイロットの心情からいうと、車好きの人が一〇年から二〇年所有している稀少な車を大事にするのに近い。ただし車の場合は車種が異なるからといって新しい免許は必要ないし、別の車を買ったからといって、前の車に乗れなくなるわけでもないのだけれど。

操縦する機種を自分で選べるパイロットはほとんどいない。たとえば勤めている航空会社に一機種しかない場合は選びようがない。ただ、たいていの航空会社では何度か機種転換の機会がめぐってくる。会社が新しい機種を導入したり、古い機種が引退したりすれば、別の機種を操縦する可能性は高い。

旅客機に関して、パイロットが重視するのは航続距離だ。もちろん短距離離線を好むパイロットもいて、そういうパイロットは慌ただしく訪れる離陸と着陸にやりがいを感じている。短距離離線なら長距離離線よりも多くの離着陸をこなせるからだ。さらに短距離離線の場合は、一日の終わりをどこか遠くのホテルではなく家で迎えられる。「地球は平らなほうがいいんだ」と短距離離線のパイロットが冗談まじりに言うのを、何度か耳にした。要するに長距離離線には移りたくないという意味だ。

航続距離に続いて、パイロットはエンジン出力の高い航空機を好む傾向がある。ずいぶん前に引退した旅客機は、出力が足りないと不評だった。地球が丸いからなんとか離陸できるだけ、とまでいわれていた。一方、ボーイング757のパイロットは示し合わせたようにエンジン出力を自慢する。また燃費のよさも重要である。

旅客機の場合は機種による巡航速度のちがいはあまりないが、それでも自分の機が速ければ、最適な巡航速度を保ったままで、ほかの旅客機を追い越せるのだから、気分がいいのはまちがいない。

大きさに関する好みはもっと複雑だ。中型機のクルーはパイロットがふたりと客室乗務員三、四人だが、747のような大型機になると、パイロット四人に客室乗務員が一四人以上になる。クルーが多いとなかなか顔を覚えられない。しかも機体が大きくなればコックピットと客室の物理的な距離も大きくなる。そこへいくと小さな旅客機は機動性がよくてスマートだ。短距離を飛行する小型旅客機のパイロットに乗り心地を尋ねたことがあるが、サーフィンより爽快だと目を輝かせていた。

それでも、私の印象では長距離線を好むパイロットのほうが多く、自然の成り行きとして大型機が好まれることになる。理由としては遠くの国や都市を訪れることができ、自国の気候から、もっといえば北半球（または南半球）の季節から解放されるからだ。加えて、長距離線のほうが到着地における自由時間が長い。たくさんのタイムゾーンを越えれば、それだけ必要な休息が長くなるからである。また中型機で行く近郊の都市は魅力的かもしれないが、慣れ親しんだ世界と変わりばえがしないかもしれない。そこへいくと地球の反対側から観光客が訪れるような異国の都市は、やはり特別な美しさなり、万人に愛されるさまざまな理由があり、もしくは並外れてスケールが大きい。

個人的には中型機で飛ぶのも楽しかった。だが、私の場合はエアバスの就航する路線でも比較的長い路線が好きだったし、キャリアのどこかで大型機を操縦したいと思っていた。子どもの頃から、遠くまで飛びたい、いろいろな地形を見たい、地球でいちばん大きな都市へ行きたいと思ってきたからだ。サン＝テグジュペリはたびたび、空を飛ぶのは car cela libère mon esprit de la tyrannie des choses insignifiantes（つまらないことに抑圧された心を解き放つ）ためだと書いている。渋滞した道路や銀行の列にいらいらしそうになったときでも、じきに雲の上に昇り、世界の四分の一が眼下を流れていくのを目にするのだと思えば、まあいいかという気持ちになる。

短距離線と長距離線の両方を経験するパイロットもいる。どちらが自分に合っているかを見極めるために意図的にそうすることもあるし、長い人生における価値観の変化によることもある。幸運にも短距離線も長距離線もこなせる旅客機（またはそのシリーズ）にあたるパイロットもいて、そういう人はひと月のあいだに、普通のパイロットが一生をかけて経験するくらいの幅広いルートを飛び、いろいろな場所を訪れる。客室乗務員も機種に特化した訓練を受けるが、パイロットとちがって複数の機種の資格を同時に保有できる。いろいろな機種が就航する路線で働かなければならないからだ。よって客室乗務員は、パイロットよりもずっと広い世界を経験することになる。

コックピットから見えないから外観はどうでもいいと冗談を飛ばすパイロットもいるが、

やはり私たちは航空機のフォルムに興味があるし、よく話題にする。どこがどうとはいえないが、外観がしっくりくる機体としっくりこない機体がある。また、最初から完成された印象の機種があるかと思えば、技術者が航空力学的正解を捉えようとあれこれ改修を加えても、そのたびにどこかがバランスを崩す機種もある。新しい航空機を目にしたとき、新しいから違和感があるのか、そもそもの形状がよくないのか、なかなか判断がつかないこともあり、そういう場合はベテランパイロットに、古くて評判の高い航空機が初登場したときはどうだったかと質問する。

新型機を設計する際はだいたい既存の航空機を引きのばすか、縮めるかする。見た目の問題からいうと、引きのばすと美しくなるが、縮めるのは危険である。マイナスドライバーでペンキの蓋を開けるとき、ドライバーの柄が長いほど、少ない力で蓋を開けることができるのと同じで、航空機を引きのばすと〝モーメントアーム〟が長くなるので尾翼が小さくてすむ。逆に胴体が縮むと〝モーメントアーム〟が短くなり、尾翼はむしろ拡張しなければならない。見た目からして不格好になるのだ。

パイロットやクルーはもちろん、一般の人たちに人気が高い機種もある。ちなみに747に乗りたいからパイロットになったという同僚は少なくない。パイロットのメールアドレスに747という数字が組みこまれていることもよくある。バンクーバーで滞在するホテルの近くにはジムがある（余談だが、長距離フライトのあとは運動するのがいちばんだ。体内時計がリセットされるせいか、疲れてよく眠れるからなのかはわからないが、身体がすっきりする)。そのジムに行くと、腹這いになって手足を床から浮かせるポーズのときに、インストラクターが叫ぶ。「腕をあげて、肩も床からあげましょう。飛びたとうとする７４７になったつもりで!」

サンフランシスコの空港で、改修工事をしている区域の近くをタクシーしたときは、旅客機など見飽きているであろう作業員たちが、そろって作業の手をとめ、７４７の写真を撮りはじめた。また、ある夏の夕方にオランダ付近を飛行していたら、すれちがった他機のパイロットたちが対空無線越しに口笛を吹き「すばらしい旅客機ですばらしい一日を」などと声をかけてくれた。

７４７の信奉者は「とにかく見た目がいい」と言う。私も同感だが、頭部に不自然なでっぱりがあるので(コックピットを上部に移動させ、貨物積みこみ用スウィングドアを機首部分にもとりつけたため)不格好だという人もいるだろう。私にいわせればむしろこのでっぱりが７４７の魅力の秘密だ。自然に近いというか、鳥……おそらく白鳥の頭部を彷彿とさせる。ボディが長く、翼が広いところも似ている。７４７の主任設計士だったジョセフ・サッターは、子どもの頃からワシやタカやミサゴに憧れていた。その思いが一巡して、バージニア州の自然作家がオオアオサギのことを〝沼地の７４７〟と讃えたことを知ったら、きっと喜ぶにちがいない。

ここから先に述べる機種の差はあまりにも些細で、こだわることからして不謹慎にも思えるが、いちおう書いておく。エアバスのコックピットには折りたたみ式のテーブルがついていて、書類仕事や食事のとき非常に便利だ。カップホルダーやサンバイザーも使い勝手のよい位置にある。窓が開閉できる機体もあり、フライトの合間にコックピットで食事をしているとき、頬にそよ風を感じることができる。とくに寒い土地からあたたかい土地へ飛来して、一時間もしないうちに寒い土地へ帰らなければならない日など、コックピットで感じる現地の風はありがたい。コックピットのなかにトイレを備えた機種もある。747などはよく〝トイレつき旅客機〟と呼ばれる（私が747で飛びはじめた頃は、標準的なコックピットのトイレになぜか赤ん坊のおむつ台までついていたが、のちに軽量化のため外された）。長距離旅客機にはだいたいパイロットの仮眠室が設けられている。機種によっては客室を抜けて最後尾まで移動しなければならないけれど、747のようにコックピットから直接仮眠室に出入りでき、パジャマのままトイレに行ける機種もある。

外気温が計器の表示どおり寒いことを証明するのはコックピットの床だ。しゃれにならないほど冷える。そういうときのために足用ヒーターを備えた機種もある。エアバスにはヒーターがなかったので（おそらく足用ヒーターは、車のセールスマンが交渉の最後に繰りだすオプションのようなものなのだろう）、長いフライトのときは分厚い靴下をはいていった。夏にブカレストのホテルで、大陸特有の焼けつくような気温のなか、冷え切った上空を思ってスキー用ソックスにつま先を入れるのは、相当の気合いが必要だった。ちなみに747には足用ヒーターがついている。凍りついた北極海は美しいが、足元があたたかいときはすべてが三割増しでよく見える。

足用ヒーターは別格として、次々と登場する便利な技術がいつも歓迎されるとはかぎらない。経営コンサルタントとして働いていたときには、最先端を望まない人などいないと思っていた。ノートパソコンも、プロジェクターも、携帯電話も、新しければ新しいほどいいにきまっていると思いこんでいた。航空機もコンピュータやスマートフォンのように、内蔵するテクノロジーの進化によってどんどん変わる。もちろん新しいもの好きで、常に新機材を歓迎するパイロットもいるが、どちらかというと古い装備を懐かしがるパイロットのほうが多い。理由のひとつとして、新しい技術が導入されると多くの手順が自動化または機械化されることが挙げられる。パイロットとしては、多少の手間が減るよりも、構造が単純なほうがいいのである。だから昔ながらの航空機乗りに憧れる。新しい航空機が開発されるたびに、現代のパイロットとライト兄弟のあいだにテクノロジーという壁が打ちたてられる。技術の進化はあまりに速く、いったん古い装備を手放したら、飛ぶ技術そのものさえも手放すことになるのではないかと恐れるパイロットは少なくない。

そういうわけで最新のスマートフォンを手にコックピットに入ってきた見学者が、旅客機の器材が意外に旧式なことに驚き、素直にその気持ちを口にすると、一方のパイロットはほめ言葉と受け取って「クラシックでしょう」とか「旧式ですが、これがいいんですよ」と四つ叉《また》になった推力レバーを愛おしそうになでるのだ。

飛行機などめずらしくもなくなった時代に、旅客機の外観が変わらず私たちを惹きつけるのは、正反対の要素を併せもっているからではないだろうか。

たとえば旅客機の優美な輪郭は、旅慣れた乗客の無感動で気怠い態度とは対極にある。輪郭といえば、SF映画で音楽の高まりとともに登場する乗り物は、現実の宇宙船よりも航空機に似ていることが多い。神秘的な光に包まれていて、エンジンらしきものさえついていないこともあるが、流線型で翼があったりする。真空を旅する船に空力学の出番はないが、魅力的な輪郭を生むのは、まさにその空力学なのだろう。

また旅客機の大きさは、息をのむほどの速さと対極にあり、大型旅客機なら、それだけでひとつのオフィスや住居ほどの存在感がある。747の設計士であるサッターいわく、747はもはや「輸送手段ではなくて場所」だ。ある建築雑誌は一九六〇年代でもっとも興味深い建物として747を挙げたし、著名建築家のノーマン・フォスターも、二〇世紀の傑作建築のひとつに選んでいる。しかもこの建造物は音速で飛べるのだ。

続いて硬質な旅客機と、それを運ぶ大気の捉えどころのなさも対照的だ。旅客機は金属の塊だ。私たちパイロットはジェット機の重量を「今日は三四〇でサンフランシスコに向かう」とか「今夜のシンガポール行きは三八五だ」などと言うが、たまに省略された単位がメートルトンだと意識して、びっくりする。747が地球から一時的にとりのぞく重さは、一部の空港の滑走路が支えられないほど重いのである。

駐機している旅客機も、場所という概念と相反する存在だ。ターミナルゲートに到着した旅客機はガリバーのように固定され、その周囲を作業車両が行き交う。このとき旅客機は、そこにじっとしているだけで、アンダマン海やデリーやカシミールの気配を感じさせる。アフガニスタンの雪をかぶった山の頂、ゴムの聖なる町、黒海、トランシルヴァニア、ウィーン、ライン川の川岸、アントワープの大聖堂、英仏海峡……駐機する旅客機には過去に飛んできたあらゆる場所が少しずつ内包されている。地面にしっかり在ることが、まったく正反対の行為を連想させるのである。一三歳の私は、ケネディ空港でサウジアラビアから来た旅客機を見たときにそれを感じた。初めての飛行訓練時に機体の外部点検をしたときも、似たようなことを思った。

教官のあとに従って、これから操縦する小型機を、目を皿のようにして眺めた日から、何度、外部点検を繰り返しただろう。どんなに大きな旅客機でも、飛行前に必ずパイロットの誰かが地面におりて外観を点検するのだが、これは俗に〝ウォーク・アラウンド〟と呼ばれる。

ウォーク・アラウンドをすると、旅客機がさまざまな装備の層から成っていることや、ひとりの人間では掌握しきれないほど巨大であることを思い知らされる。もちろん頭ではとっくに理解している事柄なのだが、コックピットにいるあいだは忘れているらしい。そういう意味で、ウォーク・アラウンドは原点に立ち返るよい機会である。ターミナルの見晴らしのよい窓や心地よいBGM、椅子やカフェといった快適さから、物理的にも、概念的にも隔てられているのが作業エリアだ。ウォーク・アラウンドで作業エリアにおりる際は、ボーディング・ブリッジの脇にとりつけられた金属製の階段を使う。階段の勾配はボーディング・ブリッジの高さによって決まるため、客室ドアの位置が高い747の場合はひどく急になる。天気のよい日中でもめまいがしそうなほどの急勾配だ。私にとって、両手で手すりにつかまって、一歩一歩足元を確かめながらおりる、世界で唯一の階段である。

階段へ続く重たいドアを開けた瞬間、外の音が機内に流れこんでくる。雷鳴とまちがうほどの騒々しさで、耳栓をしても完全には防げない。階段をおりると音はますます大きくなる。作業エリアは人間の快適さを無視した空間だ。整備員たちは高価でうるさいマシンの周囲で、与えられた仕事を（往々にして別の高価でうるさいマシンの力を借りて）ひたすらこなしていく。階段をおりきったら、外国の混沌とした通りを渡るときのような慎重さで歩を進めなければならない。作業エリアでわが身の安全を守るのは、交通法規でもなければバイクを飛ばす人々の良心でもなく、自分自身なのである。

作業エリアの境界は明白で、そのなかで働く人々の頭にも叩きこまれている。エリア内であれば許可された車両や人がある程度自由に動ける。しかしエリアの外はタクシーウェイという別世界だ。人が立ち入ることはめったになく、巨大な旅客機の世界、それも動く旅客機が君臨する世界なのである。ウォーク・アラウンドで作業エリアとタクシーウェイの境付近を歩くことがあるが、一寸先は自分の属する世界ではないというあの独特の恐怖感は、大きなレーシングコースの脇に立ったことがある人なら理解していただけると思う。人間と旅客機では大きさもスピードもパワーも桁ちがいだ。ちなみにタクシーウェイに入ることのできる唯一の作業員は離陸前の旅客機をプッシュバックするチームで、彼らの安全を確保するために厳格な規則が設けられている。

強風にさらされるタクシーウェイは異世界そのものだ。そこを横切るのは風に転がる回転草ではない。全長七〇メートル、重量四〇〇トンの旅客機が、エンジン音を響かせながら行き交っている。離陸目前の旅客機の乗客は、すでに人間界から切り離されている。旅は始まっていて、たとえ車輪が地についていても、もはや出発したものとして扱われる。楕円形の窓越しにぼんやり見える乗客の顔は、もうここにいない人の顔、不在の存在だ。一瞬だけ平行に走る地下鉄で、向かいの電車に乗っている人々と同じである。

作業エリア内には飛ばないマシンもたくさんある。旅客機とたくさんの作業車両がセットになったおもちゃがあるが、ウォーク・アラウンドをすると、それと同じようにいろいろな作業車両が砂洲《さす》のように機体を囲んでいる。みな一様にせかせかして見えるのは、機体をさわれる時間が限られているからだ。出発時刻までに空ではできないこと、つまりすべての作業を終わらせなければならない。飛行の妨げになる技術的問題を抱えた旅客機を〝AOG(Aircraft On Ground／地上にいる航空機)〟というが、この言葉ひとつをとっても、地上勤務員にとって着陸してから離陸するまでの時間を最小限にすることが、いかに大切かがよくわかる。

作業エリアには手荷物のコンテナを引くトラクターや、プッシュバックのためのトーイングカーもいる。トーイングカーは通常、出発の数分前に前輪に接続される(この際、トーイングカーの運転席には湯気の立つコーヒーも準備される)。旅客機は車とちがって自力で後退できない。九七〇〇キロメートルを進む前のたった一〇〇メートルの後退を、牽引されなければならないのである。まるで後ろに引いて手を離すと前進するおもちゃのように。

フードローダーは、何時間も何マイルも離れたどこかの空で乗客が食べる食事を運ぶ作業車で、食事の載った荷台を油圧ジャッキで高く持ちあげ、旅客機に搭載する。給油車は一〇万リットルかそれ以上のジェット燃料を旅客機の両翼に注入する。ちなみにその大部分は、着陸前の食事が配られる頃には消費されてしまう。整備員たちが移動に使うのは空港内のみ走行を許可された車両だ。清掃作業員を乗せた車両もあれば、使用ずみ（もしくはこれから使用する）毛布を載せた車両や給水車もある。通称〝ハニー・ワゴン〟と呼ばれる車両は旅客機の汚水を抜いてくれる。さらにコックピットの窓を磨く作業車両や、翼の氷を落とす作業車両もある。

ウォーク・アラウンドの経路はマニュアルに明記されている。最初に点検するのは機首だが、あまりの高さに、機体からかなり離れないと見えない。真正面から旅客機を見ると、コックピットの窓を目として、とがった鼻（またはくちばし）がついた生き物のようだ。翼まで入れると鳥のようだし、入れないとシャチである。旅客機に対する動物学的イメージは、プッシュバックの用語にも反映されている。アメリカの管制官はだいたい「プッシュ・テイル・サウス（しっぽを南に）」と言い、その他の国では同じ動作を「プッシュ・フェイス・ノース（顔を北に）」と言う。ちなみに機首を顔に見立てると頬のあたりに突きでているのがピトー管だ。これで風圧を感知して速度と高度を算出する。前方を向いてスリップストリームを捉えようとする形は、車の窓から顔を出した犬にそっくりだと私は思う。

コックピットの窓は、高度な技術の象徴であると同時に、旅客機のより人間らしい部分を表している。詩人のジェームズ・アーサーが指摘したとおり、無人機は基本的に窓を必要としない。無人機を気味悪く思うのは、遠隔操作されているという事実より、窓のない外観が原因ではないだろうか。旅客機も夜間にタクシーをするときは、外が見やすいようにコックピットの照明を落とす。すると旅客機の窓は中身のない額縁か瞳孔のように暗くなる。逆にプッシュバック直前のコックピットは明るく照らされている。ときどきターミナルから、駐機された旅客機のなめらかで精密なラインに見とれていると、コックピットに人の顔が見えてぎょっとすることがある。厚いガラスの向こうで、ひとりのパイロットがもう一方のほうを見て笑っている。これが飛行中だったらどんなふうに見えるのだろう。どこか遠くの空の上、水族館の水槽のような窓の奥で、音のない会話が交わされ、パイロットの口元に紅茶のカップが運ばれるのだと思うと、なんだか不思議な気がする。

コックピットの窓は着氷を防ぎ、柔軟性を維持するために飛行中はあたためられており、鳥と衝突した場合も衝撃を吸収しやすい。何層にもなった窓を見ながら、オープンコックピットの時代と、鳥や雪や何百ノットもの風、光以外のすべてを平然と跳ね返す最新技術の隔たりを思う。

ウォーク・アラウンドでいちばん大事な点検項目は翼だ。〝翼〟という言葉にはいまだに神々しい響きがある。シンプルで美しい形状は自然のなかから生まれてきたかのようだ。しかしあの形を彫りだして胴体にくっつけたのは、紛れもない人間なのである。翼が一組の単葉機が主流となったのは、フランスの飛行家ルイ・ブレリオのおかげだ。ブレリオは世界で初めて実用に耐える単葉機を開発した人物とされている。翼に埋めこまれているのは――ブレリオの発明で747の曲線にもとりいれられたのは、ひときわ明るい着陸灯だ。ブレリオは車のヘッドライトの考案者でもある。

翼端には、空気の流れを追求した技術者たちの努力が結集している。翼は翼端で、みずからに命を吹きこんだ揚力を手放す。それほど重要な場所は、やはり光で飾るのがふさわしい。翼端の光は航法灯（ナビゲーションライト）と呼ばれ、右翼は緑、左翼は赤と決まっている。航空機の灯火にはいろいろな種類があり、旅客機のマニュアルでは一節を割いて説明している。私はラジオ塔や風力タービンや高層ビルのてっぺんで瞬くライトを見ても、航空機の胴体や翼を飾る光について書かれたページを思い浮かべてしまう。

翼端に白い灯火がついた機種もあり、客室の窓からよく見える。離陸と同時に夜空に昇る明るい星のようで、旅客機とともに夜どおし輝く。

次回、旅客機に乗るときは、たとえ窓際の席でなかったとしても、離陸前に翼端の位置を確認しておくことをお勧めする（その際は航法灯も目印になるだろう）。なぜかというと、窓際の席でないほうがよくわかる現象もあるからだ。翼は、旅客機が地上をのろのろ移動しているうちから仕事を始め、速度が増すごとに揚力を蓄えていく。旅客機が地上にいるうちから、車輪とその下の大地から機体と乗客の重さを奪おうとするわけだ。本当に〝飛んでいる〟のは翼なのだ。翼が宙に舞い、私たちを引きあげる。その際、揚力がいちばん大きいのは翼端なので、ほぼすべての航空機において、飛行中の翼端と翼端を結ぶラインはボディよりもだいぶ高い位置にくる。私たちは翼が描く曲線にぶらさがっているようなものだ。

ウォーク・アラウンドで翼を下から見あげると、上部とちがってのっぺりしている。しかし驚くべきはその長さだ。機内の通路を端から端まで歩くことはあっても、翼端から翼端まで歩くことはないので実感しにくいだろうが、747の両翼端を結んだ距離は、ライト兄弟の初飛行距離のおよそ二倍に匹敵する。それだけ大きな物体の下に入ると、熱い日射しも雨や雪も避けられる。ただし前のフライトできんきんに冷えた燃料が入っている場合は、夏でも溶けた氷のしずくが帽子や顔に垂れてくる。これを寒冷浸透翼（コールド・ソークド・ウィング）という。遠くの空の冷たさを翼が運んできたのだ。

詩人も技術者も、ライト兄弟の発明を支えたのは自転車だと口をそろえる。自転車に乗って作業エリアを移動する整備員もいて、747の陰に、キックスタンドを立てた自転車がとまっている光景もめずらしくない。

ウォーク・アラウンドを終えてコックピットに戻った私は、兄のことを考えていた。下で自転車を見たせいだ。747の下にとめられた自転車の写真を撮って兄に送ってやればよかったと、軽い後悔の念が湧く。兄と私の情熱が、一九〇三年を生きた兄弟と同じくらい近いことを象徴するショットになっただろう。自転車は、三五〇トンの旅客機が一八個の車輪に体重を預けるのと同じ気軽さで、キックスタンドに体重を預けていた。

技術者は旅客機の重量とどう向き合ってきたのだろう。たとえば設計者が、トイレにもっと頑丈な、家庭で使うような洗面台をとりつけたいと考えたとする。一般的な旅客機用のものより少しだけ重い洗面台だ。現実問題として、重量がたった一カ所、わずかに増えるだけでも全体の設計に大きく影響する。重い洗面台を支えるために周囲の壁を強化しなければならず、それは壁自体も重くなることを意味する。この余分な重量を持ちあげるためにより強固な（つまり重い）翼が必要になり、エンジンは余分な燃料を要求する。このように影響が波紋のように広がることを〝ギアリング効果〟と呼ぶ。ある計算によると、旅客機の基本設計に一キログラム加重をすると、航空機がひとつの場所から別の場所へ運ぶ積み荷の量は一〇キログラム制限される。

旅客機があれほど優美なのは、空力学の厳しい要求もさることながら、ギアリング効果が彫刻刀の役目を果たしているからだ。機体の重さにノミをあて、知らないうちについた余剰を削ってくれる。逆をいえば、ギアリング効果の洗礼を受けたあとに残ったものは、重かろうが不格好だろうがどれも必要不可欠だということになる。たとえば脚だ。747の四つの主脚は金属製で、それぞれがオークの若木ほどの太さがある。着陸の衝撃を支えるためには、旅客機の重量を遥かに超える加重に耐えなければならない。巨大な衝撃吸収装置でありながら、異常なストレスが加わったときはぽきりと折れる潔さも必要となる。先端には車輪と重いブレーキがついており、ブレーキ冷却ファンも装備されている。高度な操作を実現するワイヤが雲のように脚を囲み、コックピットからスイッチを操作するだけで引きあげられ、スイスの時計のように複雑な構造を持ったパネルで覆い隠される。

車輪は近くで見ると思わず笑ってしまうほど大きい。高さが一メートル以上で、幅は四〇センチメートル以上ある。７４７の車輪はそれぞれが二五トンの荷重に耐えるように設計されている。土木車両にも同等の荷重に耐えるものもあるが、土木車両の車輪は接地の衝撃を吸収したり、滑走路を猛進したりする必要がない。航空用車輪の制限速度は（時速三八〇キロメートルなどと）車輪に直接記され、その横には大きな文字で〝航空機用〟とある。まるで地を走る車両にとりつけるのは侮辱だと宣言しているかのように。滑走路へ出ると巨大な車輪は目にもとまらぬ速度で回転し、宙に浮いたあと格納され、ブレーキが車輪の回転を完全にとめる。そこで発せられた熱は高高度の冷たい空を何時間も運ばれる。そしてフライトの最後の最後で、またスピードが戻ってくる。地面にふれる直前、車輪は静止していて、接地直後に急激に回転を始める。窓の外を飛び去る地球に等しい速度で。駐機してからかなりの時間が経ったあとでも、車輪にふれるとまだぬくもりが残っていることが多い。

車輪の周囲を歩いていて、前のフライトの名残を一陣の風として感じることもある。そよ風が、ブレーキが消し去った猛烈なスピードを熱の形で運んでくるのだ。意外にも、エンジンはすでに冷え切っている。

日常生活において、エンジンについて考える機会はあまりないかもしれない。たとえば車にエンジンがついているのは当たり前だし、せいぜい汚れているとか性能が悪いとか文句を言う程度だ。しかし航空機のエンジンは人類のもっとも優れた発明品のひとつであり、今もある程度まで費用の制限なく研究開発が進められている。長年の飛行で蓄積されたデータによって形状もどんどん進化してきた。巨大な翼にとりつけられた円筒形のエンジンは途方もない力を生む。語源は才能、天性、巧みな装置という意味を持つラテン語の ingenium《インゲニウム》で、航空機にとりつけられると本来の輝きをとりもどす。

　画家のピカソはライト兄弟の想像力と芸術性に共感して、フランス人芸術家のジョルジュ・ブラックのことを「親愛なるウィルバー」と呼んでいた〔訳注／ウィルバーはライト兄弟の兄のこと〕。余談だが一九九八年にカナダ沖で墜落した旅客機にはピカソの絵画が積まれていたという。また美術家のマルセル・デュシャンは、当時はめずらしかった航空祭に出かけたおり、彫刻家のコンスタンティン・ブランクーシに向かって「絵画は終わりだ。あのプロペラに勝るものなど創造できるわけがない」と言った。

　たしかに航空機のプロペラは美しい。船舶の推進装置《スクリュープロペラ》を改良するのではなく、翼を回転させなければならないと気づいたのはほかならぬライト兄弟だ。ちなみにヘリコプターは固定翼機に対して〝回転翼機〟とも呼ばれる。だがプロペラにも限界はある。ブレードの先端は内側よりも速く回転するが（野菜の水切り器はこの原理を応用したもの）、プロペラを大きくして先端の回転が音速を超えると、衝撃波が生じ、いっきに効率が落ちるのだ。

　私は昔からジェット機がいちばん好きだった。今でも、飛行中の客室からジェットエンジンを眺めるのが大好きだ。とくに７４７の客室後方からの眺めは格別で、エンジンと翼の巨大さがよくわかる。777のいちばん大きな型では、エンジンの直径が普通の旅客機の胴体ほどもある。そこから生まれるスピードが翼に命を与え、私たちを空へひっぱりあげる。しかしエンジンはそれ自体が振動するわけでもなければ特定の動きをするわけでもない。エンジン内部で回転するファンをのぞきこむか、沈みゆく太陽の光がエンジン後方の排気をちらちらと発光させるところを見なければ、とまっているときと見分けがつかないだろう。

　離陸する旅客機のエンジンも、外観だけなら地上に駐機してあったり工場の一角に置かれていたりするときと変わらない。高度な技術と空気が、一見しただけでは働きがわからないほど完璧に溶け合っているからである。

　747のマニュアルには〝高圧縮、高バイパス比、ロータ軸流三段式ターボファンエンジン〟とある。エンジンを始動させるときは、クランクスタートのオートバイと同様に〝ファンを回転〟させなければならない。〝始動サイクル〟が終わるとエンジンが〝アイドル状態〟になる。そこへ〝推力〟を足す。エンジン前面には金属製の花のようなファンがついており、花弁の一枚一枚が時計の目盛りのように均等に配されている。747よりも小型の旅客機であれば、ブレードに直接ふれて着氷がないか調べることもできるし、つやつやした裏面に指をすべらせることだってできる。ひんやりしたブレードを軽く押すと、拍子抜けするほど簡単にまわる。かつて乗っていたエアバスのある型では、手でブレードをまわすとがたがたと音がした。速度が増すと上昇する遊園地の回転遊具のように、高速で回転して初めて本来の位置に納まるのだろう。

普通のジェット機はエンジンが翼の下にある。エンジンが機体の重心よりも下にあるため、飛行中は自然と機首があがり、尾部がさがる。この現象をピッチ／パワー・カップルといい、ときとして直感と逆の機動の原因となる。たとえば着陸寸前で着陸をやめ、急上昇する場合、推力をあげて操縦輪を引き、機首を持ちあげようと試みる。ところが推力が増すにつれて、つまりエンジンが〝大量に空気をとりこむにつれて〟ピッチ／パワー・カップルが強烈になり、上昇したいのに機首をさげるべく操縦輪を倒さなくてはならなくなる。馬力のある車を運転しているとき急にアクセルを踏むと、ハンドルを操作していなくても車体が片側へひっぱられる操舵トルクと同じ現象だ。ただし新型の旅客機の場合、フライト・コンピュータが自動でこれに対処するため、最初から新型機にあたったパイロットは、翼下にエンジンのある旅客機で起きる驚くべき現象に気づくことさえない。

エンジンを後方から見ると、エンジンのなかのエンジン、つまりコアが見える。コア《核》という呼び名は、円筒形の外郭に隠された本質を見事にいいあてている。停止しているエンジンは開演目前のステージのような期待感を漂わせている。スタインベックは〝ジェット機の音、エンジンがあたたまる音〟を聞くと、旅心が〝人類に脈々と受け継がれてきた身震い〟を起こすと書いている。目の前にあるコアこそ、音の源、熱を発する場所だ。離陸するとエンジンの後方域には想像を絶する灼熱の風が吹く。五〇〇度を軽く超える空気が、船のスクリュープロペラがかきだす水のように、高高度の冷たい大気のなかに押しだされる。

旅客機を初めて間近に見たとき、旅客機の右側面では国旗が左右逆になることに気づいた。星条旗なら星が入った四角が左上ではなく右上にあり、オーストラリアの国旗なら南十字星が右肩でなく左肩に輝き、シンガポールの国旗では三日月が欠けていくのではなく満ちていくように描かれている。一国の旗でさえも船舶の歴史を引き継いで、旅客機の進行方向に合わせてひるがえらなければならないのである。

旅客機は地上にあるうちから大気に反応している。駐機されたジェット機のエンジンブレードがすでに回転しているのもめずらしくない。強烈なパワーを生むというのに驚くほどの軽さだ。空気をとりこんでなめらかに回転するよう設計されたエンジンは、わずかな風も捉えてモビールのようにまわる。人類の発明した風車は動いている状態のほうが自然に見える。

風の強い日にターミナル内から駐機された旅客機の方向舵（尾翼の垂直パネル）を見あげると、一様に同じ方向を向いているはずだ。風に吹かれた木の枝のように、そろって同じ方向へしなっている。尾翼は帆のような形をしており、働きも似たようなものである。パイロットでない人は、たとえば離陸のために滑走路を走っているとき、左から吹く横風に対処するには機首を左へ向けるように操作すると思うかもしれないが、実際は右へ向けるように操作する。横風が吹くと大きな尾翼が風を受けて機首が風上を向く性質があるからだ。これを〝風見効果〟と呼ぶ。風のある日に旅客機に乗ると、ターミナルゲートにとまっているときから機体がわずかに揺れているのに気づく。これも尾翼が風を捉えているせいである。

旅客機は定期的に計量して、離陸時に必要な推力が適切かどうかを確認しなければならない。計量はハンガーで行われ、そのときハンガーの扉は閉めきるのが決まりだ。午後のそよ風が入ってきただけで、機体がほんのかすかに地上の秤から離れる方向にひっぱられるからだ。

二〇〇七年九月、ニューキャッスルを九時二二分に発って、ほぼ一時間後の一〇時二一分にヒースローに着陸した。私のエアバスでのラスト・フライトだ。その後、すぐに747のタイプ・レイティングが始まり、一〇月に入って座学と各種試験が終わった。次はシミュレータ訓練だ。実機の予定もすでに組まれていて、約一カ月後にはロンドンから香港へ向かう747を操縦することになっている。

その日、私は初めて747のコックピットに入った。ただしあるのはコックピットだけで、胴体や翼はついていない。薄暗い部屋のジャッキの上に据えられた〝フル・モーション・フライト・シミュレータ〟という箱に入ったのである。

三方向にまたがるビデオスクリーンはコックピットから見た景色にそっくりで、大型旅客機につきものの死角まで再現する。コックピットは地上からかなりの高さがあり、おまけにすぐ下に機首が丸く突きだしているので、真下はもちろん、自分たちの直前にあるものさえ見えない。タクシーの最中、機首の下に障害物がないとわかるのは、直前にそこを見て確認したからにすぎない。

背後もまったく見えないので、こちらは管制官に補完してもらう。たとえば「後続の航空機が旋回できるように前進せよ」などと指示されることもある。車を運転しているときは、バックミラーで後方を確認して自然にやってのける行為だが、旅客機の場合は背後に旅客機がいると気づくことさえできない。機種によっては自分の翼がまったく見えないものもある。747の私の座っている側からは、右翼の先端と外側についたエンジンしか見えず、それものぞきこむようにしてかろうじて見える程度だ。

車輪も見えない。いちばん遠い車輪はコックピットから三〇メートルほど後方にある。尾翼に至っては三五メートルも離れている。これだけ何もかも見えないと、飛ぶよりも地上を移動するほうがずっと難しい。前後左右に突きだした長い木材を持って歩いているようなものなので、大きさと形をよくイメージして、どう進み、どこで旋回するかを前もって考えておかないと困ったことになる。ときどき滑走路を出たら通報するよう管制官に要求されるが、コックピットにいる私たちがタクシーウェイに出ても機体の大部分はまだ滑走路上にある。マニュアルにはダ・ヴィンチの『ウィトルウィウス的人体図』を連想させる図が描かれていて、旅客機が地上で旋回したときに末端が描く角度と軌跡が記してある。図にはテイル・ラディアスやステアリング・アングルといった心地よい響きの言葉が添えられ、翼端は〝もっとも大きな弧を描く〟と注意書きが添えられている。シミュレータでも、この現象ができるかぎりの精度で再現される。たとえば前方の誘導路灯は、近づいてきたと思ったら機首の下に消える。速度によってかかる時間はまちまちだが、そのまま進めば一定の距離を進んだところでシミュレータ全体が揺れる。仮想の車輪が仮想の灯火に衝突したのである。

航空史初期を「ピラト〔訳注／新約聖書でイエスの処刑に関与した総督〕がパイロットだった頃は……」などと茶化すことがあるが、私の場合、機体に張りめぐらされたワイヤから収集した情報を表示するスクリーンを〝シノプティック・ディスプレイ〟もしくは〝シノプティックス〟と呼ぶたびに聖書を思う。シノプティック（共観）という言葉から共観福音書《シノプティック・ゴスペルズ》を連想するからだ（新約聖書の四つの福音書のうち、マタイ伝、マルコ伝、ルカ伝はおおむね同じ出来事について同じ記述をしてあるので共観福音書と呼ばれるようになった）。旅客機の脚にもシノプティックスがあり、車輪圧やブレーキ温度、格納扉の開閉状況が示される。空調システムをはじめ主要な機能には必ずシノプティックスがある。

７４７は古いので〝ナビゲーション・ディスプレイ〟に表示される情報が極端に少ない。ディスプレイを見てわかるのはだいたい一五分から一時間以内に通過するウェイポイントと、近くの空港やナブエイドくらいのものだ。７４７のディスプレイに表示されないのは、つまりコックピットのコンピュータが認識しないのは、普通の地図なら必ず載っているその他すべての情報だ。コックピットの地図には都市や州や地方や国がただのひとつも出てこない。道や鉄道のような下界でしか役に立たない人工物もない。地表が木に覆われているのか、砂に覆われているのかにも無関心で、そもそも地表でなくても構わない。下にあるのが湖でも氷河でも同じことなのだ。コンピュータには川が何かもわからないし、山々でさえ、名もない飛行禁止空間としてブロック化されているにすぎない。地表の特徴というより空中の欠陥として認識しているのだ。空の純粋性を汚す要素として。地理に対する一般的な常識や、地理を愛する人への配慮は一切なく、エーリュシオン〔訳注／ギリシャ神話に登場する死後の楽園〕も地図の縁を飾るドラゴンも出てこない。

旅客機のコックピットでは、窓の外の湾曲した地平線まで届くほど地図をズームアウトすることもできない。かつてエアバスの同僚が、地球の裏側にあるウェイポイントを表示する複雑な手順を教えてくれた。初めてこの技を見たのはドイツ北部の上空だった。裏側はニュージーランド南東のどこか海の上だ。同僚に教わったとおりに操作すると、まるで地球の中心を透かし見ているかのようにニュージーランド近海のウェイポイントが表示された。それらのウェイポイントは、旅客機の移動に合わせてスクリーンの下ではなく上に移動する。空港、ナブエイド、山などが次々と画面の下に消えていくなか、上に移動するウェイポイントというのはひどく奇妙な感じがした。

シミュレータに入ったら、教官が機材を作動させる前に、本物の航空機と同じようにシートベルトを装着する。巡航中もシートベルトの着用が義務づけられているが、それでも一般の乗客と同じように腰を締めるだけなのでましなほうだ。離着陸のときは五本のベルトで身体を座席に縛りつけなければならない。教官が酸素マスクのつけ方を実演してみせる。これまたクモの巣のようなストラップをのばして、頭にかぶるようにして固定する。顔にタコを貼りつけているみたいだ。本物の747には頭上ハッチもある。ハッチにはイナーシャル・リールと呼ばれるリールが収納されていて、ハーネスを装着してぶらさがるとケーブルがゆっくりのびて、地上まで安全に脱出できるようになっている。ちなみにコックピットから地上までは、三階建てビルの屋上から降下するくらいの高さがある。

シミュレータ訓練のうち、コックピットで煙か火が出たという想定が何パターンかあり、そういうときは頭上のハンドルをひっぱってコックピットの空気を機外へ排出する。煙といえば、かつてのコックピットには当たり前のように煙草の煙が漂っていた。シミュレータでさえサイドウィンドウの下に灰皿が備わっているのだから驚きだ。今では使われることのない灰皿である。十代後半から二十代前半の数年間は私も煙草を吸っていた。機内で煙草を吸えば周囲の迷惑になることはわかっているけれど、正直なところ、コックピットの広大な眺めを前に一服できた先輩パイロットたちをうらやましく思うこともある。〝片手に煙草を、もう一方の手には創造の地図を〟――フィリップ・レヴィーンは「ザ・ポエム・オブ・フライト（The Poem of Flight）」にそう記している。

いつだったか実物の747を操縦しているとき、何の気なしに灰皿を開けたら、底にハロー・キティの小さなシールが貼ってあった。誰が、どういう目的で貼ったのかはわからない。たしか日本から戻る便だったと思う。シールに灰のあとがなかったことからして、おそらく機内の喫煙が禁止されたあとで貼られたものではないだろうか。会社には四〇機以上の747があるので、ハロー・キティが搭乗していたのがどの機体だったかまでは思い出せない。離陸してだいぶ経ち、延々と続く荒涼とした景色に飽き飽きした頃、なんとなく灰皿の蓋を開けると、そこにかわいらしい密航者を見つけたのだった。

コックピットで意外なのは、重要な装置やシステムを制御するスイッチ類が信じられないほど小さいことだ。旅客機を操縦するようになってすぐの頃は、車とちがってイグニッションキーがないことに違和感があった。シミュレータの場合はコンピュータにログオンしなければならず、ときには複雑な再起動が必要になることもあって、本物の旅客機よりも厄介だ。エンジンは普通、一度に二基ずつ作動し、操作するスイッチは親指の先ほどの大きさだ。この世に、これほど大きさに見合わない、甚大な効果をもたらすスイッチもないだろう。

　ほかにも小さな操作が大きな結果を導く例として、自動操縦装置がある。長距離の飛行ではフライトの大半が自動操縦だ。フライトの終わりが近づいた頃、操縦輪についた小さなボタンを軽く押すだけで、自動操縦はただちに、そして完全に解除される。旅客機が自由をとりもどす。操縦輪を持ち、一定の角度に倒すと、二次元のゲームと同じように地平線が傾く。世界というゲーム盤が自分の操作に応えて動く爽快感は何ものにも代えがたい。

　しかし家族や友人、または会社の客をフライト・シミュレータへ案内すると、自動操縦装置のほうが脚光を浴びる。パイロットが操縦輪にふれてもいないのに、旅客機を北極に向かわせたり、南極に向かわせたりできる技術に、見学者たちはしきりと感心する。

　自動操縦にはいろいろな機能またはモードがあり、たとえば〝VNAV（垂直航行）〟には、〝VNAV PTH〟〝VNAV ALT〟〝VNAV SPD〟といった機能がある。それぞれピッチ、アルト（高度）、スピードなのでわかりやすいだろう。水平方向（左右の向き）に関しても驚くほど多様な機能を備えている。方向を変えるとき、旅客機は機首から尾翼までの長い軸に沿って左右に翼を傾ける《ロール》ことで指示を満たそうとする。よって水平方向の機能を総称して〝ロール・モード〟と呼ぶ。ライト兄弟が鳥を――とくにタカの飛ぶ様子を仔細に観察して思いついた機動だ。ロール・モードのもっとも単純な機能は、旅客機を指示された針路に向けることだ。自動操縦装置はパイロットが別のモードを選ぶまで、指示された方向を維持しつづける。針路を決めるダイヤルを〝ヘディング・セレクター〟といい、五ペンスコインくらいのダイヤルをまわすと、747が旋回を始める。

ある種の雲は乱気流をもたらすので、自動操縦のあいだも、パイロットは窓の外を見て、ヘディング・セレクターをこちらに数度、あちらに数度動かして雲を避ける。ダイヤルをまわすだけで三八〇トンの旅客機が自在に動き、それに連動して地球が傾くのだから痛快だ。雲が多いときは最初の旋回が終わる前にもう次の旋回を指示しなければならないこともある。人差し指と親指のわずかな動きに連動して、全世界が傾き、旋回する。シミュレータだろうと実機だろうと、旅客機は快く指示に従ってくれる。

一二月上旬、シミュレータ訓練を開始してから一カ月かそこらで、私は本物の747にパイロットとして搭乗した。旅の開始の定義どおり〝フライトを目的〟として旅客機を動かすために。シミュレータとちがって着がえや歯ブラシが必要だ。可動式の橋を通ってジャッキの上にのった箱に入るのではなく、乗客でいっぱいのターミナルからボーディング・ブリッジを通って、貨物や食料を積み終えた旅客機のメインデッキに足を踏み入れる。それから階段をあがって、新しい職場へ向かった。何週間もシミュレータ訓練ばかりしていたので、コックピット以外の部分が存在するのが不思議な気がした。シミュレータが時間差や振動によって想像させてくれた部分が、ようやく現実のものになったのだ。

香港までのルートをコンピュータに入力する。エアバスで経験したいちばん長いフライトの四倍もある。地球を半周するウェイポイントをつないだ線が、都市と都市の交流の歴史を反映している。物理的にも文化的にもかけ離れたふたつの都市の歴史など旅客機にわかるはずもないが、そのあいだを何往復もさせられることには、なんらかの意味を見いだしているかもしれない。

「時間帯を考慮して、フルパワーで離陸するぞ」機長が念を押した。意外に思うかもしれないが騒音対策の一環だ。フルパワーで離陸することで速やかに高高度に到達し、推力を絞り、騒音拡散を防ぐのである。747がフルパワーで離陸することはめったにない。そこまでしなくても余裕で上昇できるからだ。しかし推力を足したほうがエンジン音が低くなると感じているパイロットは多く、実際、フルパワーの衝撃は音というよりも振動で伝わってくる。

離陸して、夜空を疾走する。東向きの長距離路線は飛行中に朝を迎え、昼の時間をまるまる消化してしまうこともある。つまりランタオ島の上空で旋回して、香港国際空港の二本ある滑走路のうちのどちらかに針路を合わせるのは、離陸した翌日の夜になるのである。香港国際空港は一九九八年の開港だが、パイロットはいまだに〝新しいほうの空港〟と呼ぶ。啓《カイ》徳《タック》にあった古い空港の悲惨な滑走路にアプローチした経験のない新米パイロットにとってもやはり〝新しい空港〟なのである。

霧の下を高層ビルやフェリーの光がかすめ飛んでいく。やがて丘の上のライトが見え、ふたたび黒っぽい水の上に出た。目的地の数千フィート上空で、私の右親指が自動操縦装置解除のスイッチを押す。左親指でオートスロットルも解除する。オートスロットルはいわば自動速度設定装置だ。湿気の多い夕暮れだった。地表は底なし沼のようにかすんでいて、地平線も見えない。遠くにぽっと浮かんだ滑走路の灯火が、しだいに輪郭を現していく。

着陸後、夜の遅い時間に、バーで機長にビールをおごってもらった。「フライトはどうだった?」と尋ねた機長は、ぼうっとしている私の顔の前で、笑いながらひらひらと手を振った。白昼夢から目覚めた私は、香港に意識を戻し、失礼をわびた。昨日の夜、ロンドンを発ったときのことを思い出していたのだ。本物の747をタクシーさせて滑走路へ出したときのことを。シミュレータでは何度も体験した。体感的にも視覚的にも同じなのに、現実はこうも隔たっている。離陸許可を出す管制官の声がよみがえる。対空無線を通じて、機長が定型どおりの受け答えをする。それから両手を突きだし、てのひらを上にして、にっこり笑う。機長も同じような瞬間を経験したからだ。そして言った。「マーク、いくぞ、出発だ」

Air:

空気、大気、無

日常会話において空気《エア》は空白や不在を意味する。何もないことの同義語だ。たとえばIt came out of the blue（突然現れた）とかIt vanished into thin air（忽然と消えた）といった表現がある。だからガリレオが空気の質量を発見したとき、科学者たちは衝撃を受けた。なんの変哲もない海面付近の空気を一メートル四方の立方体として考えると、その質量は一・二キログラム、つまり一リットルの水よりも重いのである。レジャーシートの上に寝転がって、空を横切る飛行機雲を見あげるとき、直径一二ミリ（おおむね眼球の虹彩の直径に等しい）の円筒上の空気が、地表から宇宙へのびる様子を想像してほしい。そこに収まる空気の質量は一キログラムちょっとだ。これがレジャーシートになると、たとえば一メートル四方の広さに一〇トンもの大気がのっていることになる。

空気がコンクリートの塊と同じくらい確かな存在感を持つという事実は、同時に二カ所に存在する粒子があるとか、宇宙の大部分に暗黒物質とかいう目に見えない物質が満ちているといった科学史上もっとも神秘的な発見と同じくらい私の直感に反している。普段の生活では、水族館の水槽の底に水の重さがかかっているように、空気が自分の上にのしかかっていると感じることはない。毎日、目を覚まし、ベッドから起きて、見えない物質をかき分けて移動していると意識することもない。

作家のデヴィッド・フォスター・ウォレスはかつて、年老いた魚が若い魚のペアに「今日の水の具合はどうだね」と尋ねる話を書いた。若い魚たちはきょとんとする。水がなんなのかわからないからだ。

空を飛ぶと、今日の空気の具合を意識する。実際、空気はあまりに目まぐるしく表情を変えるので、フライトが終わって地上に降りてくると、自然界の究極の変動をあとに残してきた（上に置いてきた）と感じる。そして自分の思考がいかに地上に縛られているかを思い知らされる。パイロットにならなければ、そんなことには気づきもしなかっただろう。旅客機に〝エア・データ・コンピュータ〟が搭載されているのには、それなりの理由があるのだ。パイロットは少なくとも四種類の速度を理解しなければならないし、気温や距離や高度についてもそれぞれ数種類の概念をおさえておく必要がある。それらは何も、特殊な状況においてのみ必要な数値というわけではない。むしろ私たちをとりまく媒体の真の姿であり、飛ぶことによって明らかになる真理なのである。

もちろん空を愛する人々は、空気そのものが捉えがたい存在であることを否定的に捉えてはいない。捉えどころがないからこそ、飛行に魅せられるのだ。私たちは、魚が水中を飛ぶように泳ぐさまや、水底へ射しこむ太陽の光に安らぎを見いだす。多くの人が水泳やダイビングを楽しむのも同じ理由だ。夢のなかで肉体が地上を離れるとき、私たちは重力や地面を捨て去るだけでなく、有形性とそれに伴う制限から解放される。空を飛ぶということ——水にも車輪にも、岩にも草にも、質感のあるあらゆるものに頼らず動けるという優美さこそが、これほど長いこと空が特別な領域でありつづける理由である。

ロングアイランド鉄道に乗って、ケネディ空港近くのジャマイカ駅とマンハッタンのペンシルベニア駅間を移動することがある。このとき、日常生活にたびたび登場する無意識の習慣が顔を出す。家から空港へ向かうときは七番街を少し余分に歩いてから駅に入るのに（少しでも長く自然の空気を吸いたいからで、雨や雪が降っていても関係ない）空港から帰るときは、できるだけ長く駅構内に留まって、雪や雨を避けようとするのである。もしくは冷房の効いた空間に少しでも余分に浸ろうとする。外に出るのを遅らせたいがためだけにニュージャージー・トランジットのコンコースを抜けて三一丁目に出ることもある。すると地上に出たとたん、タイル壁に描かれたウォルト・ホイットマンの詩に目が留まる。〝これは地球を浸す万人の空気だ〟という「私自身の歌」からの一節だ。別の詩でホイットマンは〝荒々しい声を発する美しい機関車〟をほめたたえる。〝広大な草原を進み、湖を渡り、何にもとらわれない喜びと力強さを秘めた自由な空へと向かう〟機関車を。ホイットマンなら旅客機をどう表現しただろう。

フライトの神秘は空気が無に見えることにある。それでもたまには、ホイットマンのいう万人の空気について具体的に考えてみるのもいい。

多くの人は空の旅を、まずは距離で考える。だが旅客機の軌跡は、地表ではなく、その上にある万人の空気を貫く線として思い描いてほしい。一本の細い線が驚くほどの長さで大気を裂き、私たちはそのなかを旅する。エンジンのなかで圧縮した空気を、人間に適した濃度に還元して呼吸する。

万人の空気を変化させるのは私たち自身だ。飛行機雲という足跡も残す。この飛行機雲にはエンジンの燃焼によって生じる副産物も含まれる。エンジンが起こす渦は、湖面のさざ波と同じように大気をかきまわし、ときにはねじれた、新体操のリボンのような飛行機雲を生む。そして翼は、風という目に見えない建築物をのぼる。飛行中に旅客機が振動したら、別の旅客機の足跡につまずいたのだと考えてほしい。パイロットなら空の王国を指さして「さっき誰かがここを通った」と言うだろう。その誰かが自分自身のこともある。小型機で旋回の練習をするときは宙にできるだけきれいな円を描く。おおむね水平に飛べたときは、その証拠として自分の足跡に機体を揺さぶられるのである。私たちの呼気も旅客機から吐きだされる。私たちの呼吸が、世界に足跡を残す。

空気を球体のように捉える人もいるだろう。そんなとき私は、宇宙から撮影した地球を思う。地球をとりまく青い光の縁、あれが空気だ。まるで岩と水でできた双子の弟を包む兄のようではないか。現に大気（atmosphere）という語には球（sphere）が含まれる。球なら見ることもできるし、内部を移動することもできる気がする。少なくとも無ではない。そして空気を球と考えると、それが地上の万人に与えられたものだということがよくわかる（地球を包む空気の球は、ホイットマンの「私自身の歌」を宇宙規模で謳いあげているといってもいいのかもしれない）。動物と植物の呼吸、火山と海の呼吸が交換されて、全体のバランスが保たれる。空気の球の概念では、人間は地球の上に、そして空気のなかに住んでいる。地球を包む、輝く空気の球体のなかにいる。

空気を、長さでもなく球でもなく、深さと捉える人もいるだろう。気圧計を開発したエヴァンジェリスタ・トリチェリは一六四四年の手紙に〝Noi viviamo sommersi nel fondo d'un pelago d'aria（われわれは空気の海の底に住んでいる）〟と記している。数百年後、ラルフ・ワルド・エマソンも私たちを包む空気の海について〝頭上には空気の海……地表に迫る雲の天蓋〟と書いた。空港には〝地表実況天気《サーフェス・アクチャル》〟と呼ばれる気象通報がある。地球の表面、言葉を換えると空気の海の底から発信される最新の気象情報だ。

たとえば空のペットボトルに口をつけて息を吸うと、ボトルはひしゃげるが、息を吸うことでペットボトルの側面が内側にひっぱられたのだと考えるのは誤りで、正しくはボトルのなかの空気が抜けたせいで、ボトルの外の空気を押し返す力が弱まり、形を保てなくなったのである。ペットボトルは、大気というふたりの相撲とりが内側と外側から等しい力で押し合うことで一定の形を保っている。内側の相撲とりがいなくなると、ボトルは内側へくぼむ。高高度を飛行しているときに開封したペットボトルは、蓋をしておくと、高度がさがるにつれてつぶれて小さくなる。深海魚やダイバーに水圧がかかるのと同様、空気の海の底では、空の重さが私たちの上にのしかかっているからだ。私たちもデヴィッド・フォスター・ウォレスの若い魚のように、空気の存在に気づかないまま空気の海の底を歩きまわっている。そしてときおり旅客機に乗って浮上する。

　それでは、空気の深さはいったいどのくらいのものなのだろう。私は一一月五日のガイフォークス・ナイト〔訳注／イギリスの行事で、花火をあげ、かがり火をたく〕にロンドンの上空を飛んだこともあれば、七月四日の独立記念日にアメリカの端から端まで飛んだこともあるが、花火やバーベキューの煙は、旅客機の飛行高度とはまったく関係ない世界の出来事だ。大気の塔は、もっとずっと高く積みあがっている。旅客機から見ると、美しくはじける花火はプールの底に落ちた硬貨ほどの大きさで、足元に咲く小さな野の花を見ているようなものだ。実際、日本語では〝火の技《ファイアー・ワークス》〟を火の花と呼ぶ。

　高高度でナブエイドの真上を通過すると、ナビゲーション・コンピュータはナブエイドからの距離をゼロと表示する。ところが受信機に入る生データは、ナブエイドの真上を通過するときでも六マイルは離れている。ただし垂直方向に。海の上を航行しているとき、海底に灯火があったなら、水深があればあるほど海面に届く光は弱まるが、そういう意味でいうと、ナブエイドの電波は、チャレンジャー海淵の深さ、つまり世界でいちばん深いといわれるポイントと同じくらいの深さから届いているのである。

試しに家から六マイル(約一一キロメートル)の地点を思い浮かべてみよう。速足で歩いても二時間かかるし、車を時速九〇キロメートル以上で飛ばして七分かかる。旅客機の巡航高度から地表までたどりつくのに、それだけの時間を要するのだ。空気は無のように見えて、海よりも深みがある。

空気の正体をつかむために、その力を考えてみるのもいい。気持ちのよい夏の日にカーラジオのボリュームをあげ、走っている車の窓から手を突きだしてみよう。腕の角度を変えると、腕全体が勢いよくあがったりさがったりする。動かさないようにしようと思っても難しい。てのひらが、湖の上を疾走する水上スキーの板のように空気を押す。てのひらを前方に向けると、腕全体が勢いよくうしろに流されて窓の縁に押しつけられる。水上スキーの板や船のオールの角度を急に変えたときに、流れる水の勢いをまともにくらうのと同じことだ。

客室の窓からは、翼の後部についた(おそらく複数の)小さなパネルがよく見える。旅客機の旋回に合わせて上を向いたり、下を向いたりするパネルは、名前を〝エルロン(小さな翼)〟という。エルロンを考案したのはイギリスの古典学者で発明家のマシュー・ボルトンだ(先見性のあったボルトンは一八六八年に『空中移動など(Aërial Locomotion Etcetera)』と題した特許を申請した)。片翼のエルロンがさがり、もう一方があがると何が起こるだろうか。フライ・バイ・ワイヤを採用した現代の旅客機の仕組みはもう少し複雑ではあるが、簡単にいえば、さがったほうのエルロンが空気を押し、翼にかかる揚力を効率よく増加させる。これによって翼全体が浮きあがる。逆にエルロンがあがると揚力が減り、翼全体が沈む。片翼があがり、もう片翼がさがる。これをバンキングまたはローリングといい、旅客機が旋回する仕組みだ。

風のなかに突きだした手の角度をわずかに変えるだけで自転車や車が曲がるところを想像してほしい。詩人のハート・クレイン流に表現するなら〝風のわき腹を刺し、大風をねじ曲げる〟のである（〝星と星のあいだを駆ける新たな競技の誕生だ！〟）。窓側の絶妙な角度の座席を確保した乗客には、翼と世界の適正な配置や、小さなパネルの動きに応えて旅客機が旋回を開始する瞬間がわかるだろう。空気の存在感を知るのにこれ以上の眺めはない。

皮肉なことに現代の高高度かつ高速度のフライトでは、船と水よりも接触面の多い空気の大半があっという間に下方に去っていく。空気は地球を囲むひどく薄い帯で、比率でいうとリンゴの皮よりも薄く、だからこそ大気汚染がこうも深刻な問題となる。さらに衝撃的なのは、それほど薄い帯のなかでさえ、高度があがるとたちまち空気が薄まることだ。空気は大気圏内に均等に存在するわけではない。圧縮しにくい水とちがって、空気は底のほうに、みずからの重さで積み重なっている。

ふたたび宇宙から見た地球を想像してみよう。直径はおよそ一万二七〇〇キロメートルだ。地表から五・五キロメートル上昇しても（これは旅客機の一般的な巡航高度の約半分に値する）地球規模で見るとまったく動いていないも同然である。それでも空気の半分はすでに下方にある。息苦しいがなんとか呼吸できる。多くの登山者が酸素ボンベを持たずに挑戦するキリマンジャロは標高がおよそ五八〇〇メートルだ。さらに上昇して、旅客機の典型的な巡航高度である一一キロメートルに到達すると、世界の空気の五分の四は下になる。まだ宇宙空間には足を踏み入れてはいないが、それでもすべての命を支える大気の外に出たも同然だ。

高度をあげると大気が急速に薄れることについては、さらにおもしろい真実がある。そもそも高度自体が流動的な概念なのである。

高度測定は離陸する前であってもひと筋縄ではいかない。なんといっても地球は完璧な球体ではないからだ。たとえば航空図は歪んだ地球を近似値で処理するため、必ず使用した測地系の名称（たとえば〝世界測地系一九八四〟など）が記されている。ちなみに高度は〝基準海面〟から測定するが、そもそも基準海面からして近似値にすぎない。海面の高さは、潮や季節、パナマ運河のどちら側にいるかによって変化するからだ。

空港の高度もばらばらだ。たとえばメキシコ・シティの空港はおよそ海抜二二〇〇メートルだが、アムステルダムのスキポール空港は海抜よりも低いところにある。メキシコ・シティからロンドンへ向かうフライトを冗談めかして下り坂というが、現実にそのとおりだ。滑走路の一本一本さえ、実は平らではなく、ダラスの空港の公式な標高は一八五メートルだが、滑走路の末端はそれより三〇メートルも低い。モンゴルのウランバートルにある空港では、同じ滑走路の両端の標高差が六〇メートルもある。六〇メートルといえば二〇階建てのビルの高さか、７４７を縦にした長さとほぼ同じだ。

航空機は空に属するので、高度の算出に空気圧を利用するのは妥当だろう。空気はもっとも低い場所に溜まるため、〝気圧高度計〟は気圧が高い場所、すなわちたくさんの空気が積み重なっている場所を低高度と判断する。空気というものは、横にのばした手の上に本を積み重ねるのと同じくらいの重量感があるのだ。地上の空気がたとえば本一〇冊分の重さだとすると、気圧高度計はこの数値を高度に換算する。航空機が上昇すると空気が少なくなり、本の量が減る。すると気圧高度計は本五冊分の重さになったことを感知し、高度が高くなったと判断するわけだ。

この単純な換算には問題もある。もちろん、ぜったいに正確な測定機器などないし、ましてや飛行中の航空機の外側にとりつけられた測定機器に誤差が生じないほうがおかしいのだが、このどうにもならない〝計器の誤差〟に加えて、気圧を高度に変換する方法そのものに難点があるのだ。高度への変換は〝国際標準大気〟を基準とする。これは理想的な空のモデルで、空のエスペラント語のごとく、地球における高度と気圧と気温の一般的な関係性を表している。ただし実際の大気状況が標準大気と一致することはほとんどない。

標準大気とのずれから生じる誤差はかなり大きい。たとえば秋に、どこかの山頂に立ったとする。気圧高度計は山頂を押す空気の重さを量って、一万フィートという答えを導いた。しかし冬になるとまったく同じ山頂であっても、寒さのために空気が下方に溜まる。山頂の空気も沈殿するので気圧計を押す空気の重さは減る。これによって気圧は低くなる。ところが気圧高度計にわかるのは空気が軽くなったことだけなので、素直に、実際の高度よりも高い高度をはじきだす。

よって最新技術を搭載した旅客機でも、パイロットは手動で山頂高度に〝寒冷用修正〟を加えなければならない。一万フィートの山の上を飛ぶときは、だいたい一万二〇〇〇フィートで通過したいところだが、外気温が非常に低いときは山が一万二〇〇〇フィートにのびたように扱い、一万四〇〇〇フィートで通過する。冬になって山頂の岩が成長したかのように処理するのだ。パイロットの頭のなかでは、寒さが大地を覆う頃、山は空に向かってのびる。そして春になると縮むのである。

気圧高度計の根本的な問題は、あらゆる場所の気圧が時間や天候によって変わることだ。地球のどこに位置するかによっても変わる。旅客機が地上にあるとき、空港に低気圧がやってきたとしよう（通常、高気圧はよい天気、低気圧は悪い天気に関係する）。気圧高度計は自分を押す空気の力が弱くなったと感じる。低気圧の到来と、旅客機の上昇のちがいなど、気圧高度計にはわからない。

同様に、高気圧が到来すると気圧高度計は自分を押す力が増したと判断する。果たしてそれは天気のせいなのか、それとも旅客機が下降したのか？　やはり気圧高度計にはわからない。海抜ゼロフィートの空港にひと晩、旅客機を駐機すると、気圧高度計はたいてい、機体が地下に潜ったとか、徐々に空に向かって上昇していると表示する。急に気圧が変わったときなど、ターミナルゲートに駐機しているというのに（垂直方向にも水平方向にも完全に静止しているにもかかわらず）、気圧高度計の数値がぐんぐん変化する。

このような異常表示に対処するには、気圧高度計を現地の気象状況に合わせればいい。新しい基点を与えてやれば、実況の気圧からより正確な高度を算出することができる。操縦席に座ってまずやる仕事のひとつがこの〝気圧設定〟である。最新の気圧を入力すると気圧高度計は満足そうに回転し（計器上で）地下から浮上したり、地上に降下したりする。コックピットに入って気圧の調整をすませると、いつも気分がすっきりする。その日の朝の空気と地表が適正に合わさるからだ。

管制官は、パイロットが最新の気圧を正確に入力したかどうかを確認する。適正な気圧の設定は、パイロットの高度認識に欠かせないだけでなく、同一エリア内にいる、同じ気圧設定の航空機との垂直間隔を保つうえでも重要だ。同じエリアにいる航空機は、その時間の空気を同じように理解していなければならない。気圧変化があると、管制官は無線で〝オール・ステイション（すべての航空機）〟に新しい数値を通報する。通報を受けたパイロットはただちに高度計を設定し直す。ヒースローやアトランタやドバイにアプローチする航空機の表示高度が一斉に切り替わる。そろって上または下へ、素早く針がふれる。気圧の設定は非常に重要なので、複数の高度計が正しく設定されているかどうかを確認する決まった手順もある。同じ気圧に設定されていない場合は〝BARO DISAGREE（気圧不一致）〟という警告が表示される（BAROは圧力の意味で、この場合は空気圧）。

旅客機のパイロットになった最初の年、一〇人以上の機長から一九六一年に刊行されたアアーネスト・ガンの『運命という名のハンター（Fate is the Hunter）』という本を薦められた。ふたりの機長は実際に本をくれた。飛行家だったガンの本には、ひと昔前の、涙なしには読めない空の冒険談が詰まっている。あるエピソードでは、着氷で飛行困難になった航空機が山岳地をめがけて降下しているとき、ガンが機長に、まるで天気の話でもしているかのような平静さでこう尋ねる。「乗客の荷物を捨てて、少しでも高度を稼ぎましょうか？」また海霧のなかを降下した恐ろしい体験談もある。アイスランドに着陸するしかない状況に陥ったガンは、陸がまったく見えない状態で海面すれすれまで降下する。気圧高度計は機能していたものの、当該空域の気圧がわからないので計器の表示する高度を鵜呑みにはできない。最終的には同僚が航空機の後部からケーブルを垂らして、その先端が北大西洋の渦まく海面にふれないかどうか確かめながら飛ぶことになった。ガンは指示した。「ケーブルが海水にひっぱられる感覚があったら腹の底から叫ぶんだ！」

このような逸話を読むと、陸地（または水面）近くを飛ぶときに、気圧高度計を現地の気圧に合わせることがいかに大切かがひしひしと伝わってくる。ただし、高高度を長時間飛行するときは、せっかく設定した現地の気圧を完全に放棄する。なんと、最新の気圧に合わせた気圧高度計を〝標準気圧〟に設定し直すのだ。地球の標準的な大気モデルから導いた数値に合わせる。そうすることによって実況天気は切り捨てられ、旅客機は一時間ごと、場所ごとに変わる現実世界の大気から抜けだす。

現地の気圧を無視するということは、当然、真の高度を無視することだ。そしてこれは高高度を飛行する旅客機が集団で許容する誤差なのである。客室の地図にどんな高度が表示されていようとも、コックピットの計器がどんな数値を示していようとも、旅客機はほぼまちがいなくその高度にはいない。なぜなら乗客の足のすぐ下に広がる大気の圧力がわからないからだ。たとえばいちばん近い空港の気象情報がわかったとしても、高度計をその気圧に合わせることはしない。

さらに興味深いのは、標準大気から算出した高度に従って飛行する航空機は残らず、誤った高度を継続的に修正しているということだ。つまり周囲の気圧が変化したり、異なる気候の空域に入ったりするたびに、わずかに上昇したり下降したりする。飛行訓練の最中に、三万五〇〇〇フィートを飛行する航空機は、世界の別の空域を三万五〇〇〇フィートで飛行している航空機と同じ高度にいないのだと気づいたときは衝撃を受けた。ある航空機が空中の一カ所に留まることができたとして、計器が示す三万五〇〇〇フィートを確実に守っていたとしても、実際は気圧の変化によってゆっくり上昇したり、下降したりしているのである。

海を想像してみるといい。大海原に浮かぶたくさんの船は、潮の満ち引きによってあがったりさがったりする。地球上の海がつながっていて、さらに地域性を持つからだ。どの船も水面に浮いてはいるが、高さは異なる。標準気圧を採用した高度は海面と同じようなものだ。空気の層にもくぼみやでっぱりがあり、目には見えない揺らぎを繰り返している。高高度を飛行する航空機は垂直方向にも水平方向にもこの層に沿って飛ぶ。ある時間のある場所から、別の時間の、別の場所へ。

そういうわけで、コックピットで表示される高度と実際の高度のあいだには隔たりがあり、だからこそ高度ではなく〝フライトレベル〟と呼ばれる。高度の概念は客室の動く地図からコックピットの高度計までまちまちなのである。パイロット同士が話すときもフライトレベルと実際の高度をごっちゃにすることはあるが、フライトレベルは、統一されたタイムゾーンで動く航空業界にぴったりの概念だと思う。空では時間も高度もひとつの基準であって、虚構だ。世界の空がこのような不正確さを許容していることは意外かもしれない。また、新型の旅客機ならGPSに基づく高度を表示することもできる。しかしフライトレベルが導入されたそもそもの理由は空の安全を保つことだ。旅客機の性能もほとんどが標準大気を基準に算出され、共有されている。

もうひとつ、パイロットなら必ず知っていなければならない高度は〝電波高度〟または〝レーダー高度〟だ。電波高度計は電波信号を地表に反射させて、戻るまでに要した時間から高度を算出する。この高度計の関心は、機体の下方に測定可能な空間がどのくらいあるかということに限定されていて、数値は音声で読みあげられる。低高度において本領を発揮し、丘など高低差のある地形も正確に読みとることができるため、自動着陸時にパイロットの目の代わりを務める。非常に正確で、信号が機内のワイヤを伝う時間も計算に入れるほどの周到さだ。信頼性は高いが、なぜか丈のある草などが露に濡れて風にたなびいているような場所では〝ルースロック〟といって応答しないことがある（これは747よりもヘリコプターのパイロットにとって深刻な問題となっている）。

電波高度計は、機体の直下にあるものとの距離を測るという点においては、航空機が装備するもっとも正確な測定器だ。ところがその正確さゆえに生じる問題もある。地表ではなく別の航空機からの反射波を拾ってしまうことがあるのだ。三万八〇〇〇フィートを飛行中に、三万七〇〇〇フィートの航空機とすれちがうと、気圧高度計は三万八〇〇〇フィートを示していても、電波高度計は自信たっぷりに〝一〇〇〇フィート〟を示す。一〇〇〇フィートというのは着陸前、地表が刻一刻と迫ってくるときに表示される数値であって、マリ共和国やミズーリ州上空を高高度で飛行中に表示されるのは明らかにおかしい。

さらに電波高度計の設計者は、単純そうに見えて実は複雑な問いと格闘しなければならなかった。つまり、どこをゼロとするか、旅客機のどこを起点に高度を測るか、という問題だ。着陸間近のときは電波高度計そのものが収められている胴体ではなく、脚についた車輪の先端をゼロとするべきだろう。ただし、単に脚の長さを足すだけでは足りない。着陸時に衝撃吸収装置の役割も担う脚は、機体の重さがかかっていない空においては、陸にあるときよりも長いからである。さらに旅客機そのものも機首をあげ、斜めの姿勢で飛行している（たいていの旅客機は上昇中だけでなく、巡航中も、着陸のために下降するときも機首があがっている。だからこそ食事運搬用のトレイをとめる際は必ずブレーキをかけ、ファーストクラスの客は、このベッドは本当に平らなのかと首をひねり、機内通路を前に向かって歩くほうが、うしろに向かうよりも骨が折れるという現象が起きる）。

そうしたことも含めて、旅客機のいちばん低い場所を掌握しなければならない。電波高度計は自分の位置でも、旅客機が地上にあるときの車輪の先端でもなく、飛行中の、負荷のかかっていない状態の車輪の先端を起点にする。

着陸時は機首がさがり、旅客機の重量が脚を圧迫する。すると愚直な電波高度計は、フライト中に地面だと思っていた位置よりも機体が〝下にある〟と判断する。パイロットが駐機した747に乗って座席の位置を調節し、スクリーンの輝度をあげ、離陸準備をするとき、最初に目にする情報がこれだ。機体は地表よりも二メートルから三メートル下にある。地表からの距離を測る最先端の機器でさえ、あてにならない場合があるということだ。

ある年の一〇月、友人と連れだってアイスランドへ行った。レイキャヴィークから時計まわりにレンタカーを走らせる。アイスランドに来て数日がすぎ、秋の嵐も体験した頃のこと。夜更けに島の南東端にさしかかった。ロンドンの市街地でも船の甲板にいるのかと思うような天候に遭遇することはあるが（新聞スタンドかコーヒーショップの角を曲がったとたんに、ターナーの得意とした荒れ狂う海の景色が現れるような気がするのだ）、アイスランドでは、海が常に目と鼻の先にあるというのに、むしろ空を飛んでいるような錯覚に陥ることがあった。走行中の車に吹きつける風の強さをあれほど生々しく感じたのは初めてだ。道路に沿って走るだけでも細かいハンドル操作が必要だった。雨まじりの横風に合わせて小刻みにハンドルを切っても、強風が吹くたびにタイヤが白線からはみだした。

旅客機も、ときには強風のなかで滑走路を走らなければならない。地上で旅客機を制御するのは、車輪か、操縦翼面か、もしくはその両方だ。速度が増せば翼に大量の空気が流れ、操縦翼面の役割が増す。そして私たちは、思いもよらなかった発見をする。離陸する航空機は、空中を走り、地上を飛んでいるとも考えられるということを。アイスランドをドライブして思ったのは、レンタカーに翼があったら、たとえば方向舵があったら、どんなに運転しやすいだろうということだった。実際に役に立つだろうし、地上を飛ぶ助けになるはずだ。

地上の人間にとって、風とは静止状態の背景に対して起きる現象というイメージだ。固定された地点を吹きぬけていく。しかし上空では、背景となるべき空気そのものが常に動いている。よって地上を離れた瞬間から、風はもはや私たちの上を通過する空気の流れではなくなる。むしろすべてをのせて流れる川となり、潮流となる。

時速一六〇キロメートル以上で動くものだけが見える地球を想像してみよう。速度で選別された、動くものだけから成る地球だ。高速で走る列車と、ドイツに張りめぐらされたアウトバーンを走る多数の車、そしてもちろん航空機も見えるはずだ。離陸のために加速すると姿を現し、着陸して速度が落ちると消滅する。しかし、その世界で何より目立つのは〝ジェットストリーム〟と呼ばれる地球を周回する強風にちがいない。パイロットはよくジェットストリームを話題にする。「今夜のジェットはどこだ?」とか「今日のフライトは最初から最後まで強烈なジェットに悩まされた」といった具合に。ジェットストリームの〝ジェット〟はジェット機のジェットと同じく、ほとばしる空気の流れを意味する。人類がジェットストリームを真に理解したのは、空を飛ぶようになってからであり、ジェットストリームもジェット機も、この惑星の壮大な旅を形づくっている。最近、私が体験した強烈なジェットストリームは一七四ノットで、ありがたいことに追い風だった（ノットは時速〇〇海里という意味だ。海里は一・八五キロメートルなので、一七四ノットはおよそ時速三二〇キロメートルになる）。

ふたつの都市のあいだを飛行する際は、さまざまな要素を検討して飛行経路を選択する。特定の空域が混雑していることもあるし、一時的に飛行禁止になっている場合もある。ちなみに飛行禁止の理由は軍事訓練のことが多い。また通過する国に航行援助施設利用料を支払わなくてはならないので、飛行時間や距離が長いルートのほうが、費用対効果がよい場合もある。経路上の天候も考慮しなければならない。しかしそういう要素を除外すると、飛行計画立案者がもっとも重視するのは、ジェットストリームをどう手なずけるかである。風の流れに積極的に乗って速度をあげるか、もしくは速度を著しく減ずる強風地帯を意図的に避ける。

北大西洋上空はヨーロッパから北米へ向かう航空機で混雑するため、毎日のように風を最適化する航空路が、西向き一本と東向き一本の計二本発表される。西向きの航空機は遥か北、ラブラドール半島あたりまでのぼって東向きのジェットストリームを避けようとするかもしれない。ところが同じ夜、ヨーロッパへ戻る航空機は大きく南へ針路をとる。数時間前にやっきになって避けたジェットストリームの中心を捉えるためだ。ジェットストリームは西向きと東向きの航空機を効率的に遠ざける役目も果たす。たとえばロンドンからロサンゼルスへ向かう航空機が、同じ日にロサンゼルスからロンドンへ向かう航空機と同じ航空路を飛行することはありえない。

〝大圏航路〟とは、ふたつの都市をつなぐ最短距離の線だ。地球儀で二都市のあいだに糸を張ったところを想像するとわかりやすいだろう（私の航空会社には、飛行計画作成用のコンピュータの脇に、いまだ糸のついた地球儀が置いてある。手動で大圏航路を割りだしていた時代の名残だ）。

ヨーロッパ北部からアメリカ西海岸まで飛行する際、客室の動く地図を注意して見ていると、自分たちがずいぶん北を飛んでいることに驚くはずだ。たいていグリーンランド上空を飛ぶことになるので、幸運にも窓際の席に座れた乗客は、かなりの確率で海と氷と山の織りなす絶景を見ることができる。湾曲した航空路はおおむね大圏航路に沿っている。しかし容赦ない向かい風に時間と燃料をくわれないよう、大圏航路よりさらに北を飛行する場合もある。また復路では同じ風をありがたがって、大圏航路よりだいぶ南、東向きの風がもっとも強烈な場所を飛行することもある。

旅客機が空気の川に飛びこんだり、空気の川を避けたりする一方で、川そのものも姿を変えながら地球上をさまよう。流れは強まることもあれば、弱まることもあり、冷たい空気の層に沿って長く物憂げにねじれたり、お決まりの場所からふらふらと離れたりする。ふたつの都市を結ぶ最適経路（最短かつもっとも燃料効率のよい飛行経路）は日々変わるので、旅客機から見る眺めも前日とはがらりと変わる。たとえばニューヨークへ向かうとき、最後に見るヨーロッパが北アイルランドの日もあれば、イギリス本島最西端のランズ・エンドのこともある。ジェットストリームが本来あるべき場所から大きくずれると、普段はおだやかな空域を数時間から数日間、ジェット機が飛びかう。パイロットたちがサーファーのようにいい波に引き寄せられてくるからだ。自然界の力は、最先端技術を駆使した旅客機の旅にも大きな影響をおよぼしている。自然は、その単純かつ強大な力で旅客機を翻弄しているのである。

風によって飛行経路が垂直方向に移動することもある。フライトには段階ごとに最適高度があり、これは主に航空機の重量で決まる。燃料を燃焼させると重量が減り、最適高度はあがる。よって理想的な空（ほかの航空機の存在や風の影響を度外視した空）では、フライトのあいだ継続的に上昇して、最後に着陸のために降下するのが、効率の点ではいちばんいい。しかし高度による風の影響があまりにも大きいので、フライト初期の段階から、重量の観点ではまったく効率的でない高度まで上昇して、ジェットストリームの中心を見つけるほうがよいという結論になる。もしくは下降してでもジェットストリームを避ける。最近、ロンドンとマイアミのあいだを飛行したとき、大西洋のかなりの空域にわたって強烈な向かい風が吹いていて、どうやっても水平方向に回避することができなかった。そこでいったんは三万七〇〇〇フィートまで上昇したものの、数時間後に二万九〇〇〇フィートまで下降した。当初計画していた巡航高度の四分の一近くを放棄したのである。これは気圧の変化で耳が鳴るほどの高度差だ。あとでふたたび上昇し、そして下降した。空気の海を潜ったり浮きあがったりして、垂直方向に風に邪魔されない空の道を探したのだ。

飛行に最適な高度を算出する際は、飛行前に準備した資料や旅客機のフライト・コンピュータを使うが、〝ウィンド・アルティテュード・トレイド（風と高度の対応表）〟も役に立つ。どことなく新大陸へ商船を運んだ貿易《トレイド・ウィンド》風を彷彿とさせる名称だ。かつての商船は新大陸に到達後、さらに北上して別の風と潮流を捉え、イギリスへ戻った。風を基準とする船乗りたちの世界観は、現代の飛行計画立案者やパイロットに受け継がれている。別の高度帯にいるパイロットから「そちらの風（スポット・ウィンド）はどうですか」と尋ねられることもある。彼らは私たちの答えによって、上昇するか、下降するか、または現在高度を維持するかを決定するのだ。

高度に関してつけ加えると、旅客機はフライトの一瞬、一瞬における最適速度も常に計算している。かつての私もそうだったが、向かい風だろうが、追い風だろうが、無風だろうが、機体が同じなら最適速度は変わらないのではと思う人もいるかもしれない。しかし空気に関する複雑な計算によると、向かい風による飛行効率の低下は、同じ強さの追い風がもたらす恩恵よりも大きい。追い風が強ければ恩恵を受ける時間は短縮されるが、向かい風が強ければ妨害を受ける時間が長引くからである。このような理由から、フライト・コンピュータは高度を基準にすると効率の悪い速度まで増速して、向かい風を受ける時間を最小限にするよう助言する。反対に追い風のときは減速して、なるべく背に風を受ける時間を長引かせようとする。

飛行効率を考えるうえで風は非常に重要なので、風を考慮した新たな距離も提唱されている。〝エア・ディスタンス〟もしくは〝エア・マイル〟である。エア・ディスタンスは航空機が飛行した距離に風の影響を加える。空気そのものと同じく、長さの単位としては流動的だ。向かい風や追い風があれば（常にあると考えてまちがいないが）たとえばロンドンから北京までのエア・ディスタンスは、まったく同じ経路を逆向きに飛ぶときとは異なる。そしてそのどちらも、地上の距離とは一致しない。

離陸前に飛行経路をコンピュータに入力すると、予想される風を打ちこむ前に、この距離を飛ぶなら非常用燃料も消費しなければならないと警告が表示されることがある。そこで世界を吹きわたる風のことを教えてやると、コンピュータはしばし考えたあとで納得する。地上換算した距離は同じでも、エア・ディスタンスが変わったからだ。

『かもめのジョナサン』の作家リチャード・バックが『いまだかつて風の音を聞いたことがない（I've never heard the wind）』というエッセイを執筆したことがある。このタイトルには現代のパイロットも賛同するだろう。風は自然界でもっともドラマチックな物理現象であり、あらゆる旅の道筋と長さを決めるというのに、コックピットのなかではスクリーンに表示される数値であり、回転する小さな印（残念ながらただの矢印で雄鶏ではない）にすぎない。パイロットも客室乗務員も仕事中にちょくちょく風を話題にする。地上の人が電車の遅れや朝の通勤ラッシュについて話すくらいの気安さだ（ロンドンから外国の都市へ向から旅が向かい風でも帰りの便は追い風で、早く家に帰れるからいい、といった具合である）。しかしどれほど風を気にしたとしても、私たちは風の音を聞いたり、肌に直接感じたりしているわけではない。

ジェットストリームに乱気流はつきもので、とくに境界部に発生する。ただしジェットストリームそのものは、名前の印象とは異なってなめらかな空気の流れだ。飛行中、たまに機体が揺れると、旅客機が時速三二〇キロメートルで動く空気のなかを、時速九六五キロメートルで飛んでいることを思い出す。でこぼこ道を走る車のほうがよっぽど揺れるし乗り心地が悪い。風は、速ければ速いほどガラスのようになめらかになる。旅客機にとっては当たり前の風速がたとえば五〇ノットだったとして、地上でそんな風を日常的に経験するのはアイスランドくらいのものだ。秒速二六メートルの風のなかでまっすぐに立つことはできないし、大声で叫んでもろくに聞こえない。

地中海周辺など海洋文化の息づく地域には、ボラ、シロッコ、ハムシンといった古めかしい風の名前が残っている。ところが現代のイギリスには名前のついた風がひとつしかない。カンブリアのペナイン山脈西峰を鋭い音とともに吹きおろすヘルム風だ。スペインの無敵艦隊を追いはらったプロテスタントの風が、東風の呼び名として定着しなかったのは非常に残念である（プロテスタントの風が吹いた一〇〇年後に、オラニエ公ウィレム三世の到来を遅らせた〝カトリック風〟というのもある)。アメリカには名前のついた風がいくつか残っていて、南カリフォルニアのサンタ・アナや、チヌーク、ゴールド・ラッシュをテーマにしたミュージカル『ペイント・ユア・ワゴン』から、劇中世界を吹きわたったマライア風もある(歌手のマライア・キャリーの芸名はこの風に由来する)。かつてハワイには何百通りもの風の名前があった。本物のハワイ人かどうか見極めるには、土着の風と雨の名前についてクイズを出すのがいいだろう。

たとえば朝、ベランダから空を見あげて、吹きわたるナイル風やアマゾン風を見ることができたらどんなにすばらしいだろう。周囲の空よりもかすかに濃い青色で、ちらちら光って、ところどころ濃紺の筋が入っていて……そんな風が故郷の北の空でねじれたり、輪を描いたり……そして昼どきになると南の空に移動するのをこの目で見ることができたなら、人生の楽しみは確実に増えるはずだ。空気の川は、太陽以外で地球の空を彩るもっとも劇的な現象である。ドナウ川やミシシッピ川、長江など、地上の文明も川のそばで発達し、川を題材にした文学も多い。ジェットエンジンにイギリスの河川(スペイ川、トレント川、ティ川)にちなんだ名をつけて、ピストンエンジンのせわしなさを中和しようと考えた製作所もある。

ジェットストリームが目に見えたなら、人類は空の川を崇拝の対象として、壮大な神話を編んだのではないだろうか。ジェットストリームは東から西に地球を周回している。イギリスでは川や通りが途中で名前を変えることもめずらしくないので、ジェットストリームの物語にもやはり地域性を持たせたい。たとえばアメリカの上を吹く風はワイリー・ポストまたはポスト風と呼ぶことにする。アメリカ出身の片目の飛行家ワイリー・ポストは、世界一周単独飛行の記録を樹立し、ジェットストリームの発見にも貢献した（ポストは一九三五年、ユーモア作家のウィル・ロジャースを乗せてアラスカを飛行している際に墜落し、わずか三六年の生涯を閉じた）。ニューヨークのジョージ・ワシントン・ブリッジのてっぺんには、ポストとロジャースの名前を冠した古いナブエイドがあり、ふたりを偲《しの》ぶ光は西向きに飛ぶ航空機に対するマーカーの役割を果たしていた。ポスト風が採用された暁には「ポスト風のおかげで、今夜はローリー〔訳注／ノースカロライナ州の都市〕までのフライトが四時間を切った」というような会話が聞かれるようになるだろう。ほかにも北大西洋のジェットストリームは、北アメリカからヨーロッパの移動を助けるので同盟風と呼んでもいい。第二次世界大戦中の補給経路と重なるからだ。こんな具合に、世界中にジェットストリームの物語ができたら、空の旅はますます楽しくなるだろう。

仕事で地図に風を描くことがある。747のコックピットでは、紙の地図がほぼ電子地図に置き換えられてしまった。それでも使い捨ての世界地図は残っていて〝プログレス・チャート〟と呼ばれている。子どもの頃、客室に地図のカーボンコピーが積みあげてあったのを覚えているが、今思えば、あれはプログレス・チャートだったのだ。青い海と黄色い大地の上に、空の道が濃い灰色のジグザグで記されていた。実家に戻れば、当時、客室乗務員にもらった地図がまだ何枚か残っているはずだ。

プログレス・チャートには日付と便名のほか、パイロットの名前と階級を書く欄がある。

これが船乗りの時代なら、荒れた海の上で、机に覆いかぶさるようにして、オイルランプか真鍮製の航法器具でチャートの端をおさえて記入したのかもしれない。ウェイポイントのあいだに、濃い緑や青いインクでまっすぐな線を引くのは楽しい。国や山や海の上を、ペンでなければ航空機でしか実現できない速度となめらかさで越えていく。コンピュータに飛行経路上の主な風を表示させることもできるが、手書きを好むパイロットは、いまだに風と乱気流が予想される空域をプログレス・チャートに描きこんでいる。

紙を無駄にしたくないパイロットなら、行きのチャートを帰りの便までとっておいて、今度は別の色で描く。着陸後、コックピットに見学者があるときは（とくにそれが子どもなら）記念に持って帰ってもらう。いつの日か、プログレス・チャートも古いジェット時代の遺物になるだろう。しかしあらゆる意味ではかない風の地図はまだ健在だ。人の手で描かれた、その日だけの、風によって形づくられた旅の地図。ときに私たちの行く手を阻み、ときに祝福し、助けてくれる、名もない空の大河の地図である。

高高度を飛行する旅客機に大きな影響をおよぼすのは、高度と風に加えて気温と速度だ。一般的に高度があがると気温はさがる。山頂の気温がふもとよりも低いのと同じ理屈だ。高高度帯に上昇した旅客機は、平均気温がマイナス五七度という厳寒の世界に入る。

気温は機体のあらゆる部分に影響をおよぼす。エンジンの燃焼効率が落ち、着氷によって翼周囲の空気の流れも阻害される。風速冷却（風によって実際の気温よりも冷やされる現象）も問題だ。加えて旅客機ほど高速になると風速加熱ともいえる現象にも悩まされる。高速の空気が機体にぶつかって圧縮され、急激に熱せられるのである。これはしょっちゅう自転車のタイヤに空気を入れる兄にもおなじみの現象だ。〝ラム・ライズ〟と呼ばれることもあり、スリップストリーム内に突きでた温度計は、外気温よりもかなり高い値を表示する。

コンコルドでは、ラム・ライズによって機首と翼の前縁が一〇〇度を超す高温になることもあった。海抜ゼロメートルなら水が沸騰する温度だ。その影響でフライト中の機体は二五センチメートルほど膨張したという。７４７の速度はコンコルドの半分もないため、影響はもっとおだやかだ。それでもスリップストリーム内の温度計は平均すると外気温より三〇度以上も高くなる。よって高速で飛行する旅客機の温度計が示す気温を機体表面温度またはＴＡＴ（タット）と呼んで、真大気温度またはＳＡＴ（サット）と区別する。ちなみにＳＡＴは機体周囲の圧縮されていない空気の温度で、客室のスクリーンにはこちらが示される。

ＳＡＴを実際の気温とし、ＳＡＴとＴＡＴの差を誤差と捉えるのは、量子物理学的には適切だ。測定行為が結果を歪めてしまうからだ。しかし温度をより繊細に捉えるなら、誤差ではない。航空機の翼の前縁や機首は〝よどみ点〟といわれるが、よどみ点はすべて温度計と同じように加熱効果を受けているからである。

超音速ジェット機の開発者にとって、風速加熱は厄介な問題だが、うまく利用することもできる。たとえば旅客機の翼に入っている燃料について考えてみると、高高度の低温域を長時間飛行すれば、燃料は著しく冷却されるが、一定の温度以下になるとよろしくない。燃料の凍結温度はマイナス四〇度以下で（この温度は摂氏と華氏の交差点でもある）、ＳＡＴはこれを下まわる場合が多い。しかしＴＡＴ（圧縮によって加熱された温度）はずっと高い。よって飛行中における燃料の温度低下を防ぐもっとも単純な方法は、速度をあげることになる。

空を飛ぶと距離、高度、温度に関する常識がことごとくひっくり返るが、なかでも速度は地上と完全に切り離して考えたほうがいい。地上における速度の概念は、地表に対してどれだけの速さで動くかという一点に絞られる。しかしパイロットに旅客機の速度を尋ねたら、少しためらってから「場合による」などと答えるだろう。

空には四つの速度の概念がある。第一は〝指示対気速度〟で、車で移動しているときに窓から手を出して、手を押す空気の感覚に近い。指示対気速度と相容れないのが〝真対気速度〟つまり航空機を包む空気に対する航空機の速度である（非常に限定された状況であれば指示対気速度と釣り合うこともある）。三つ目は〝対地速度〟で、航空機の移動を地表に換算した速度だ。これは地上の速度の定義にもっとも近いが、空中を移動する航空機にとってはあらゆる点で異質であり、指示対気速度や真対気速度と時速数百マイルの差がでることもめずらしくない。最後は〝マッハ〟だ。同一空域内の音速と比較した航空機の真対気速度である。

四つの速度はどれも独特なので、動きに関する別々の概念として整理するべきだ。コックピットでは、これら四つの速度が異なる場所もしくは異なるタイミングで表示される。コンピュータは不要になった速度のフォントを自動で小さくしたり、フライトの段階に合った速度表示に変更したりする。スイッチを押して表示速度を切り替えることもできる。

数学者が抱く疑問のひとつに、数学の発展は創造がもたらしたものなのか、もとからあった概念を発見しただけなのかという問いがあるが、速度について、私も同じような疑問を抱いている。飛びはじめる前の自分は〝指示対気速度〟をどのように捉えていたのだろう。そもそもどうしてわざわざ対気速度《エアスピード》などというのだろう。ただの速度《スピード》ではだめなのか？　速度を計器で測定するのは当たり前なのに、わざわざ指示〔訳注／Indicated Air Speed の Indicated は〝計器に指示した〟という意味〕をつけるのはどうしてなのか？　漠然としているようで、厳密なようでもある。まるで計器が示した以外の速度があるかのようだ。ひょっとすると航空機を空中に留める力を、速度と呼ぶことからしてまちがっているのだろうか。

車の窓から手を出したときの感覚を例に、指示対気速度と真対気速度のちがいを考えてみよう。海抜ゼロメートル地帯で無風の日に、たとえば時速八〇キロで走行すると、窓から出した手に一定の風圧がかかる。続いて高い山の山頂に近い道路を走ると、海抜ゼロメートル地帯よりも空気が薄いので、車の速度は変わらず時速八〇キロでも手に受ける風圧は少なくなる。表面にぶつかる空気の量が減るからだ。時速八〇キロは変わらなくても、手に感じる速度は時速六〇キロかもしれない。こういうとき、真対気速度は時速八〇キロでも、指示対気速度は六〇キロになる。

航空機の対気速度計《スピードメーター》は、窓から出した手と似た働きをする。機体側面から突きだした突起部分にぶつかる空気の圧力を測定するのだ。そうして得られた数値から静止している大気の圧力を除く。つまりガリレオが発見した空気の重さ（気圧高度計が処理する空気の重さと同じ）を引くわけである。よって指示対気速度は、速度が空気に与える圧力にすぎないといってもいい。走っている車の内と外で手にあたる空気の量のちがいだと。

指示対気速度は、地表の速度とはまるで異なる。いわば体感スピードであり、空気を介した動きの感覚といえる。〝空気力〟とか〝空気感覚〟と呼ぶほうがわかりやすいかもしれない。実際、古い旅客機になると対気速度計そのものがコックピットの外についているものもある。スリップストリームにさらされるように小さなパネルをつりさげて、その下の目盛りを読むという、なんとも牧歌的な方法だ。

このように指示対気速度は不完全かもしれないが、役立たずというわけではない。むしろパイロットが求めているのは指示対気速度だ。翼の揚力を決定するのは真対気速度ではなく指示対気速度だからである。よって対気速度計は複数あり、計器の故障や表示された数値の不一致は、機材トラブルのなかでも緊急度が高い。また、風の強い日にエンジン出力が頻繁に切り替わる理由も指示対気速度に関係している。車を運転しているときに突然強い向かい風に襲われたら、窓から出した手にかかる圧力が増し、速度が増加したと感じる。旅客機も同じで、強い風を受けると対気速度計の数値がぐんと振れる。それを見たパイロットは推力を絞って目標値まで速度を落とす。風が弱まって指示対気速度が減ると、ふたたび推力を足すことになる。

空を飛ぶときは地上の常識を捨てなければならないので、指示対気速度と真対気速度の差が低高度では小さく、高高度では大きいと知っても驚きはしない。高高度を飛行しているときに低高度と同じ揚力を得るには速く飛ばなくてはならないからだ。たとえば高高度で真対気速度が五〇〇ノットだったとしても、空気が薄いために対気速度計は約半分の二七〇ノットを表示することもある。よって一定の指示対気速度を保って上昇する旅客機は、実際には継続的に増速していることになる。この魔法が解けるのは下降のときだけだ。

〝対地速度〟は真対気速度に風の影響を加えたものだ。つまり空気中を移動する旅客機の速度だけでなく、地表に対する風の速度を考慮しなければならない。対地速度の名が示すとおり、伝統的な地上の速度の概念にもっとも近く、だからこそ客室のスクリーンにはこの速度が表示される。流れの速い川を、川上と川下に向けて進む船を思い浮かべるとわかりやすいだろう。二隻の水面に対する速度（つまり真速度）は同じでも、川岸を基準とした速度は異なる。川上へ向かう船は流れに逆らうので、川岸からはゆっくり進んでいるように見える。逆に下流に向かう船は水流の分だけ速くなる。

空中でも、同じ高度を反対方向に飛ぶ二機の航空機がいたとする。一機は強いジェットストリームと同じ方向に、もう一機はジェットストリームに逆らって飛ぶ。翼やスピードメーターにあたる空気の量が同じなら、同じ指示対気速度で飛行していることになる。さらに周囲の空気の気圧が同じなら、真対気速度も等しい。それでいて対地速度では時速四八〇キロ以上の差が生じる。ジェットストリームが一方の航空機を加速させ、もう一機を遅らせるからだ。強い追い風を受ける航空機の対地速度が静止大気の音速を超えることがあるが、航空機自体はジェットストリームに完全に包まれているので、実際に音速で旅をしていることにはならない。

対地速度は、フライト中はあまり関係がないが、陸と空の狭間にあるときは非常に重要な概念だ。離陸時、いつ飛べるかを決定するのが指示対気速度だとしても、いつ滑走路からはみだすかを決めるのは対地速度だからである。滑走路の標高が高かったり、空港の気温があがったりすると、空気が薄くなり、航空機はより長い距離を滑走するか、推力をあげるか、その両方によって翼にあたる空気の量を増やさなければならない。標高の高いデンバーや猛烈な熱さのリヤドを指示対気速度一七〇ノットで離陸した航空機は、海抜ゼロメートル近いボストンを指示対気速度一七〇ノットで離陸するときよりもずっと速く滑走している。中東を出発する長距離便が夜、気温がさがってから飛びたつのはそういうわけである。

風も、離着陸を複雑にする。地上を離れたとたん、風は一種の枠となる。たとえば熱気球が一定の風に乗って飛んでいるとき、気球に乗っている人にとって周囲の空気はとても静かで、動いていないように感じられる。水平方向で考えると、熱気球は対気速度ゼロで、真対気速度もゼロだ。しかし対地速度は風の速さに等しくなる。同様に飛行中の航空機も風の枠のなかで動く。実際、旅客機の計器は対気速度と風を区別できない。計器にしてみればぶつかる空気は同じだからだ。風のある日にタクシーをすると、向かい風のときは速度計の針が大きく振れ、進行方向を変えるともとに戻る。車輪が動いていないうちから針が振れることさえある。風の強い日に停車している車から手を出しているのと同じで、旅客機はとまっていても、計器はぶつかる空気を感じている。

こうなると追い風は有利だという一般的な考えがくつがえされる。旅客機を運航するうえで追い風はありがたい。しかし、それは滑走路を遠く離れてからの話だ。先ほどのたとえの熱気球のように、機体が風のなかにあって、旅客機の速度に地表に対する空気の流れが加算されるときに限る。なぜなら離陸する際にいちばん避けたいのは追い風だからだ。航空機が一〇ノットで滑走路を走るとき、一〇ノットの追い風があると対気速度はゼロになってしまう。滑走路末端がどんどん近づいてくるのに、静止しているのと変わらない。一方、向かい風はありがたい。とまっている航空機に一〇ノットの向かい風が吹く場合、動く前から離陸体勢にあるようなものだ。

離陸のときと同様に、着陸時の向かい風も大歓迎だ。航空機の対地速度を増す追い風は、着陸においては必要な滑走路の長さをのばす厄介者にすぎない。向かい風が望ましいからこそ、空母は風に合わせてこまめに向きを変え、速度をあげる。離陸と着陸の両方で向かい風を求め、風がない場合はみずから風を起こすのである。話を陸に戻すと、通常の滑走路は両方向に使えるうえ、空港によっては風向きによって複数ある滑走路から最適のものを選べる。著しく風向きが変わったときは、到着時刻も出発時刻もやや遅れる。管制官が発着する航空機の流れを逆転させるからだ。目に見えない空気の流れが旅客機の動きを支配している。初めて訪れた都市をどの角度から見おろすかを決めるのも風の神なのだ。

もうひとつ、パイロットが頭に入れておかねばならない速度がある。〝マッハ〟という言葉には、初めて耳にしたときから変わらない未来的な響きがある。マッハは空気の塊のなかを飛行する航空機の真対気速度を、同じ空気の音速との比率で表したものだ。特異な速度で、あくまで比率なので単位はない。

学校の授業で初めて音速について教わったときは、音で情報をやりとりする人間にしか意味を成さない概念だと思った。または遠くの雷の光が、音よりずいぶん早く到着する理由を説明するときくらいしか役に立たないと。しかしベートーベンから雷まで、あらゆる音が人の耳に届く時間と、航空機の速度を対比するのには理由がある。

音はあらゆる媒体に伝わる。空気はもちろん、鉄にもゴムにも木にも伝わる。しかもそのすべてにおいて空気中の伝播速度よりも速い。〝音〟とは伝播する波長の一種で、オペラ歌手の声も、雨音も、ジェット機のエンジン音も波長である。

かき分けられた水が左右に分かれる速度よりも速く船が動くとき、船首波が生じるように、航空機が音速を超えると衝撃波が生じ、地上の私たちに衝撃音として届く。船自体の速度が船首波よりも速いので、水鳥は近づいてくる船に気づくことができない。同様に空を飛ぶ鳥も航空機の接近に気づかない。航空機の速度をマッハで測るのは、音速によって設けられた限界、つまり私たちを包む空気の基本的特性に対して適切な速度を守るためである。

コンコルドが引退して以来、マッハ一（つまり音速）を超える旅客機はない。しかし翼の上を越える空気の流れはマッハ一に達し、あるいはマッハ一を上まわることもある。旅客機自体は音速に達していないのに衝撃波が生まれるのである。よって設計上の限界を超えないために、ふつうは〇・七八から〇・八六のあいだで飛行する。747の通常の巡航速度は〇・八五、つまり音速の八五パーセントで、ポイント・エイト・ファイブかデシマル・エイト・ファイブ、マック・エイト・ファイブもしくは単にエイト・ファイブと読む。同じ航空路を進む旅客機がいて、あとの旅客機が前の旅客機に追いつきそうなとき、管制官は後方の航空機に「イン・トレイル（あとにつけ）」と指示する。「リデュース・トゥ・エイト・フォー（〇・八四まで速度を落とせ）」などと言われることもあるだろう。

低速で飛行しているときは表示すらされないマッハだが、速度が増し、パイロットいわく〝マッハの国〟や〝マッハの領域〟に入ると、速度を表すもっとも重要な概念になる。たとえば加速しながら上昇すると、低高度を低速で飛行していたときは対地速度が表示されていた場所に自動的にマッハが表示される。速度を落として下降しているときは逆に、マッハから指示対気速度へ切り替えが起こる。マッハの敷居をまたいで降下してくる航空機を順番に並べるとき、管制官は空の異なる速度領域を使い分けなければならない。「スタート・ザ・ディセント・アット・マック・エイト・ツー（〇・八二で降下を開始せよ）」などと言ったあと、「ゼン・オン・コンヴァージョン（またはトランジッション）、フライ二七五ノット（速度切り替え後は二七五ノットで飛行せよ）」とつけ加える。

さらに興味深いのは、マッハそのものが流動的だということだ。音速は気温によって変わる。気圧高度や指示対気速度と同じように、マッハも時間や場所によって変化するのである。

ただし変動があったからといってマッハの価値が減じられることはない。むしろ変動するからこそ価値がある。同じマッハで飛行していても、気温がさがれば遅くなり、気温があがれば速くなる。それでも一定のマッハを保つことによって、空気力学上は一定の状態が保たれる。音速は心地よい旋律のように流動的だ。高高度の旅は、すべてマッハを基準に調律されているのである。

Water:

水、海、川

一四歳の私は、スカイブルーに塗られた747の窓側の席に座っている。ベルギーの親戚の家で夏を過ごす前に、まずはアムステルダムに寄って、家族の友人のところに数日間滞在するのだ。両親なしで旅客機に乗るのはそれが初めてだった。

アムステルダムの友人はもともと父の友人なのだが、私にとってのいちばん古い友人でもある。一四歳の少年にも対等に接してくれる女性だったからだ。私たち家族にとってかけがえのない人物で、父と母が出会うきっかけをつくってくれた。ニューイングランド地方で生まれ育ったこの友人は、一九六〇年代後半に夫とともにブラジルのサルヴァドールへ渡り、貧困について研究し、そこで宣教師である私の父に出会った。当時、父はすでに次はアメリカへ行こうと思案しており、ひょっとするとアメリカに定住するかもしれないと予感していたらしい。それを決定的なものにしたのが、彼女との出会いだ。彼女がいたからこそ、ブラジルを出た父はボストンにやってきた。父が母に出会ったのは、ボストン近郊のロクスベリーで、ブラジルにおける宣教活動について講演をしたときだ。マーティン・ルーサー・キング が暗殺された週の、週末のことだった。

それから二〇年ほどのち、一四歳になった私はひとりでオランダへ飛んだ。ボストンを出た友人が移住した国へ。前の晩、ケネディ空港まで両親に送ってもらった。出発前に両親は、緑のトヨタ車の前に立つ私の写真を撮ってくれた。

旅客機が降下を始めると、私はリュックに手を突っこんで、パスポートがちゃんと入っていることを確かめた。アムステルダムまであとたったの三〇分。友人はすでにスキポール空港の到着ロビーで待っているだろう。私にとってこれが初めての、保護者なしの旅だと知っているから。

買ってもらったばかりのウォークマンで音楽を聴きながら、窓の外に目をやる。空を飛んでいるときに音楽を聴くのは初めてだった。回転する世界と音楽の組み合わせは、その後空の旅でも欠かせないものとなる。一時停止や巻き戻しをして、迫ってくる地上の風景に曲の山場を合わせ、車輪が滑走路についた瞬間にとっておきの曲が終わるようにしたかった。

ところが窓側の席に座れたのはいいが、天候には恵まれなかった。一時間ほど前に日の出を迎えたというのに、下界はのっぺりと白い。旅客機が厚い雲のなかを下降しはじめると、空さえ見えなくなった。霧のなかに旅客機の騒音だけが響く。ときおり小さな揺れがなければ、飛んでいることさえ忘れてしまいそうだ。

旅客機が最初にふれた高層の雲の縁は神々しい白だった。やがて白は灰色に変わり、旅客機の降下に合わせて少しずつ光量が絞られる。地上の天候が姿を現しはじめたのだ。
「雲は、私たちが考えているようなものではない」という、ある教師の言葉がよみがえった。
「あれは気体になった水ではないんだ。気体になった水ならば、つまり空中の湿度ならば目に見えないはずだからね。雲は、気体ではなく氷または水滴だ。紅茶のカップから立ちのぼる湯気は、周囲の空気に冷やされ、水滴になって初めて見えるようになる。つまり紅茶のカップから昇っているのは、キッチンで生まれた雲といえる」

下方に一隻の船が見えて、私は目を瞬いた。船がこちらに向かって上昇してくるように思えたからだ。雲のなかを垂直に昇ってくるみたいだった。一瞬あとで、そんなふうに見えたのは747が大きくバンクをとったからだと気づく。やがて雲が濃くなり、船は見えなくなった。さらに降下を続けると雲が切れ、白波の立つ海が見えた。遠くに一本の線があり、たった今抜けてきた雲と眼下の海がそこで合流していた。オランダの海岸だ。雲の下に出るまでは、あらゆる時代のあらゆる場所にいると妄想できたのに、雲の下には揺るぎない現実が待っていた。今日は今日という日で、今いる場所はオランダの沖。私たちの旅客機《シップ》は、海を越えてオランダにやってきたたくさんのシップのひとつにすぎなかった。

パイロットになって、意外にもたくさんの水を見るようになった。実は旅客機のパイロットは、どんな船乗りにも負けないほど大量の水を見る。地球の七〇パーセントは水に覆われているからだ。747が飛行する航空路の下には、たいてい雪か氷に覆われた大地が広がっている。加えて、世界の三分の二は常に雲に覆われているのである。旅客機の下に水を見ないことなどめったにない。

霧のベールの下に横たわるヨーテボリ沖の灰色の海も水ならば、スコットランドの丘陵地帯に沿って広がる薄い雲も水だ。雲は、それ自体が海面のようにうねっている。亜熱帯のバハマの波打ち際は、虹の青い部分だけを拡大したかのように、薄い青から濃い青へ美しいグラデーションを描いている。一方で極地は大部分が雪に埋もれ、分厚い雲や氷に蓋をされた海と見分けがつかない。空の旅はいつでもどこでも、ときには最初から最後まで、水一色だ。

地表の気温の範囲内で、人の手を介さずに個体、気体、液体の三つに変化するのは水だけだ。固体と気体と液体の三つがそろっていわゆる〝水界〟ができる。空から見ると、水界は荷馬車の車輪のように愚直に、これ以上ないほど原始的な循環を繰り返している。一三世紀の中央アジアの詩人ルーミーは〝あなたという太陽の光が、私という水滴に届きますように。あなたのぬくもりで、この魂を雲のように天へ昇らせてください〟と詠った。水の分子が空中に留まる期間は平均して九日間で、バカンスで行く海外旅行と同じくらいだ。

雲の上の世界に行けるというのは、パイロットが得る特権のうちでもかなりの上位を占める（寒くてどんよりした土地の出身者にとってはとくに）。現役で飛んでいるあいだは、ほぼ毎日、雲の上で太陽の光を浴びることができる。たとえ空一面を雲が覆っていても、じきにその裏へ行けると思うと気分がちがう。地表の背景幕ともいえる雲は、光あふれる天上を隠すカーテンでもある。冴えない冬の都市の上で、雲の都市が生まれ、移動し、崩れ、太陽の熱で消えるというサイクルを繰り返している。光と水が生む国はどんな概念にもとらわれず、自由に形を変える。パイロットはそのなかに身を置いて、この上なく満ち足りたひとときを過ごすことができる。

地表の森や牧草地は、降りそそぐ太陽光の二〇パーセントを反射するが、雲に至っては九〇パーセントを反射することさえある。下層の雲に向けて高度をさげるときや、ごく稀だが巡航高度まで雲が張りだしているときは、コックピットに注意深くシェードをめぐらせて、蛍光灯のような白い反射を遮断する。またはサングラスをかけて、神々しい光に一対のレンズで抵抗する。雲の上ではサン（太陽）グラスというよりむしろクラウド（雲）グラスとでも呼びたくなる。

これが砂漠地帯となると、雲が出ていることはほとんどなく、長いフライトのなかで視認できる土地の大部分は砂漠が占める。砂ばかりが目につくので、地球は実際よりもだいぶ乾いているのではないかと心配になるほどだ。大地の上に町を見つけると、その近くには湖だったり、ダムだったり、波打つ緑の草木に縁どられて蛇行する川だったりと、何かしら水場が見つかる。そういう場所の水は、血液のように神聖なものに映る。チグリス川、ガンジス川、ミシシッピ川。命を育む川の上を旅客機が飛ぶ。大地にのびるリボンを夕日が赤く染める頃、川岸に灯りはじめる光は、フライングしたいちばん星のようだ。あれは水が投げかける文明の光。噴水のようにちりばめられた光が、バグダッドになり、ワーラーナシーになり、メンフィスになる。

747の前身であるDC3のパイロットは、ときとしてコックピットでレインコートや長靴を身に着けなければならなかったという。飛行高度の低さと隙間風が原因だ。下界の天候に煩わされない高度を当たり前のように飛行する現代のコックピットは、航空史の初期と比べて格段に快適である。おまけに完全ではないものの、気象レーダーがかなりの精度で前方の天気を予報してくれる。気象レーダーは雲を突きぬけ、大きな水滴などの塊にぶつかると跳ね返ってくる。それがコックピットのスクリーンに反映される。生まれたての嵐は、色分けされた水たまりのようだ。赤の外側は琥珀色で、さらに外側は緑に塗られている。くっきり描かれた航空路やナブエイドと、生まれたばかりの嵐の対比が、実験器具の先が映りこんだバクテリアの顕微鏡写真を思わせる。

夜間は、遠くの雷光がコックピット内をまぶしく照らす。サンダーストーム（嵐）のスイッチを押すと、雷に目がくらまないよう、コックピットの照明がもっとも明るい設定になる。頻繁に飛ぶ経路の印象は、水もしくはその不在から成っている。ヨーロッパを覆う灰色の雲、サハラの透明で深い夕暮れ、西アフリカ上空の雲をちかちかと照らす雷、カラハリ砂漠の乾いた亜麻色の日の出。水は、航空路の景色を特徴づける要素でもある。

太陽が出ているとき、輪郭のくっきりした雲から落ちる雨は光の筋に見える。嵐が発生し、雲が生まれ、上方へ膨張しては消えるのを、何度も眺めた。そのたびに新たな雨が海に降りそそぐ。氷河の上空では、大昔の雪の塊が太陽の光にあたためられて崩れ、北極海のあざやかな青い海に転げ落ちていく。また別の海には白い筋が走っているが、その白く濁った水の筋が、風に鞭打たれて崩れる波頭なのか、氷の頭なのか、上空からは判別がつかない。

北だろうが南だろうが、海の上は雲が多い。ただし洋上であっても、厚い雲の底がふっと抜けることがあり、そうすると旅客機は青を映す二枚の鏡に挟まれる。太陽の光が大気中の分子に反射し、海に落ちて、水の分子のあいだを転げまわる。そうやって見本のような青が生まれる。上も下も同じ色だ。自由の青であり、瞑想の青でもある。〝野性的な青〟であり〝深い青〟であり〝切ない青〟でもある。旅客機から見ると、海の色と空の色は完璧に釣り合っていて、水平線がなければどちらが水でどちらが空か見分けがつかない。

ロバート・フロストは十代のときノースカロライナ州の海岸を訪れた。ライト兄弟の空の努力が実を結ぶ一〇年ほど前のことだ。のちにフロストは「キティーホーク（Kitty Hawk）」と題した詩に、カロライナの海岸で過ごした時間と、そこから飛びたった飛行機のことを綴った。

……だがその夜
私はこっそりと
大西洋が一丸となって打ち寄せる
果てない浜に出た……

私たちは無限の空間に
道を開いた
ある意味で無限を、
自分たちのものにした……

人類の初飛行に、浜辺よりもふさわしい場所があっただろうか。ライト兄弟が浜辺を滑走路に見立てたことで、人類の空の旅は海の旅と同じように浜辺から始まった。そしてパイロットも船乗りも大地《ランド》に着陸《ランド》（上陸）する。

シャーリー・テンプルが歌った『ザ・グッド・シップ・ロリポップ』のシップが旅客機だと知っている人は少ないかもしれないが、年配の機長は空港の電源から旅客機の電源へ切り替えるとき、いまだに「シップの電源に切り替えろ」と言う。ほかにもパイロットの会話には「シップ由来の」とか「シップの位置」などという言いまわしが頻繁に登場するし、機長はスキッパー（船長）を短縮してスキップと呼ばれる。「おはようございます、スキップ」といった具合だ。副操縦士である私はエアライナー（空の定期船）のファースト・オフィサー（一等航海士）だし、乗務員として搭乗するのはパーサー（事務長）で、ほかにもフォアワード（船首）やアフト（船尾）、キャビン（客室）、ギャレー（調理室）、バルクヘッド（隔壁）、ホールド（船倉）、ヨーク（横舵柄）、マニフェスト（乗客名簿）、タッキング（船首を風上にまわすこと）、コーミング（縁材）、それからトリムも、もとは船のバランスを意味する用語である。航空機を数えるときはハル（船体）というし、私がエアバスに乗っているのか、ボーイングに乗っているのかわからない同僚は、どのフリート（船隊）にいるのかと質問してくる。地上を低速で移動している際に操作する小さなハンドルはティラー（舵柄）と呼ばれる。航空機にラダー（方向舵）は欠かせないが、フロート水上機には、海に戻った海洋哺乳類の再進化した四肢と同じようにウォーターラダー（水中舵）があったりする。

旅客機のアンテナや配水管を支える突起をマストという。また指示対気速度を測るプローブはピトー管と呼ばれ、一八世紀にローマの水道橋を研究してセーヌ川の水流を測定した河川工学の専門家が考案した。この専門家も、まさか自分の発明がパリをはじめ世界の空を舞うことになるとは予想もしなかっただろう。パイロットの制服のモデルは海軍の制服で、パイロットという言葉自体にも、本来は〝船の舵をとる者〟という意味がある。世界で初めて海軍ふうの制服を採用したパンナム航空の設立者ファン・トリップは、元海軍の航空士だった。トリップはさらに自社の航空機にクリッパー（快速帆船）というあだ名をつけた。747の主任設計士の野望は、旅客機に大型定期船の風格を与えて大洋をひとまたぎすることだったというし、航空交通管制の初期においては、地図上に船形の駒を置いて航空機の位置を把握したそうだ。また航空法規ではエンジンつきの航空機はグライダーに道を譲らなければならないが、これは水上で〝蒸気船が帆船に針路を譲る〟のに倣《なら》っている。

フライト・コンピュータはアビーム・ポイント（船の真横の位置）を掌握する。たとえば

〝ルアンダのアビーム〟と表示された時点で、旅客機とアンゴラの首都にある空港との距離は最短になり、現在針路を維持して飛行すると今後は遠ざかっていくことがわかる。私はときどき地上で道順を教えているときも、無意識にアビームという言葉を使ってしまう。「あの赤いサイロのアビームに来たら私道が見える」というように。

筋状の雲にヘリングボーン（ニシンの骨）とかマカレル（サバ）といった名前をつけた人はセンスがいい。空の海の魚類学である。左舷《ポート》と右舷《スターボード》も空でよく聞く。豪華さを意味するポッシュ（posh）という言葉は、イギリスからインドへ向かう船で日陰になる側（ポート）が好まれたことに由来するという。〝行きはポート、帰りはスターボード〟が合言葉だったとか。実際はどうだったのかわからないが、語源としては愉快だ。〝行きはポート、帰りはスターボード〟の精神は現代のコックピットでも生きている。旅客機の機材はほとんどが二重に装備されていて、どちらを使うかはスイッチを左右に倒して選択する。片方が故障したときすぐにわかるよう、順番に使うのが決まりだ。７４７で飛びはじめたとき、ロンドンを出るときは左のシステムを使い、復路では右を使うのが習慣になっていた。まさに〝行きはポート、帰りはスターボード〟である。マニュアルにもそう書いてあるのだ。帰りは右舷側の席がいいというのは、少なくともヒースロー空港に向かっているときには当てはまる。西風のとき、ロンドンの市街地は右舷側、つまり副操縦士の席の側に見えるからだ。チャーチルが〝この強大な帝国の都〟と呼んだ眺めに励まされて、副操縦士は機長に昇格する日を待つのである。

パイロットは席を立つとき、同僚のパイロットに「ユー・ハヴ・ザ・コン」と声をかける。シップはあなたのもの、フライトデッキの統制を任せたという意味である。客室からの内線に答えるときにも「ブリッジのマーク」とか「エンジン・ルームのナイジェル」というように船の言葉が使われる。ある日、小型機を飛ばしている友人が、今日は丘陵地帯の風が強いので飛ばないつもりだと電話してきた。空は荒れ模様で〝川面に突きだした岩にぶつかってしぶきをたてる水のように〟風が吹いているという。ちなみに山脈を越えて吹きおろす風を〝マウンテン・ウェイブ〟と呼ぶ。

北から南へ向かって飛ぶと熱帯収束帯をまたぐ。北の貿易風と南の貿易風が気圧の低い赤道付近に集まる地帯だ。旅客機の下の海を渡る船乗りたちにとっては、目立った風の吹かない海域という意味で熱帯無風帯と呼ばれているが、集まった風は湿気を含んだ上昇気流となるため、嵐が発生しやすい。

残念なことに高度と水深は別の概念ではあるものの、航空機の速度はノットで表し、航空機が飛んだあとにはウェイク（航跡）が残る。旅客機に乗りこんでいちばんにするのはテクニカル・ログ（技術航海日誌）の確認だ。そしてログにたいした記述がない機体をクリーン・シップという。空と海で重複する用語は、空が海の伝統を引き継いでいることと、世界の基本を成すのはあくまで水なのだということを思い出させてくれる。

二〇〇二年九月、私はオックスフォード北のキッドリントンにいて、民間の操縦免許を取得するために必要な筆記試験と実機試験の大半を終え、最後の難関に挑もうとしていた。

飛行訓練は有視界飛行と計器飛行に分かれる。有視界飛行は外を見ながら、山の尾根や道路や鉄道を目印に飛行する。一方の計器飛行は、計器のみを頼りに雲中を飛ぶ。ヨーロッパで訓練を受けるパイロットの大半は、年間を通して雲の少ないアリゾナで有視界飛行訓練をする。アリゾナは晴天続きで、農場もたくさんあるので、イギリスのコメディ番組『テッド神父』の〝操縦桿を倒すとウシが大きくなり、引くとウシが小さくなる〟を実際に体験することもできる。有視界飛行訓練を終えるとヨーロッパへ戻る。イギリス上空はいつもどんよりとしていて、農場のウシは白くかすみ、計器飛行にはうってつけだ。

計器飛行の基本となるのはインストルメント・アプローチ（計器進入）だ。計器と地上の無線航法援助装置を参考にして滑走路にアプローチし、着陸直前に有視界飛行に切り替える。最後の最後だけはコックピットの外を見ながら着陸するわけだ。もちろん滑走路と滑走路灯が充分に見える場合に限る。最低高度はおおむね地表から数百フィートで、それまでに計器飛行から有視界飛行に移行するだけの視程が確保できるかどうかを判断する。高度をさげても雲が切れないとか、変幻自在の水（雪や大雨や霧など）が滑走路の視認を阻んでいるときは、着陸を断念する。ゴー・アラウンドして、ミスト・アプローチするのである。そうして最初からアプローチをやり直すか、天候が回復するまでホールディング・パターンに入るか、別の飛行場へ向かうかを決める。

ただ、いくらヨーロッパ北西部とはいえ、いつも最低高度で都合よく雲が切れるわけがない。そこで教官は〝最低気象条件〟を模擬するためにあれこれ手を尽くす。コックピットの窓を不透明なスクリーンで覆ったり、訓練生の視界を遮るために〝フォグル〔訳注／フォグ・ゴーグル。上半分が半透明で下半分が透明なゴーグル〕〟なるものを着用させたりする。ハイテクが売りの航空業界でたまに見かける原始的手法だ。窓がスクリーンで覆われると、訓練生は計器パネルしか見えなくなる。最低高度が近づいて教官がスクリーンをとればアプローチを続行し、スクリーンがそのままならゴー・アラウンドする。双発機の場合はゴー・アラウンドで高度をあげるときに、教官が片方のエンジンをアイドル状態にすることもある。フライトのいちばん難しい局面で、エンジントラブルを模擬するのだ。

計器飛行の試験の日。滑走路の直上で、試験官がスクリーンの片側に手をかけた。私は試験官がスクリーンをとるものだと思いこんでアプローチを続けた。実際に、スクリーンの下から滑走路の一部が見えたのだ。ところが教官は途中でスクリーンから手を離した。そして私のほうを向き「充分な視程が確保できないまま、最低高度を切って降下を続けたな。重罪だ」と言った。

翌日、同じ試験に挑戦し、今度はそこそこうまくやれた。これで操縦免許がとれると思った。しかしさらに翌日、教官から電話があった。免許申請の手続きで問題が生じたのだ。ログブックに記載された飛行時間が規定に少し足りないという。「あがるぞ」と教官は言った。あと三時間一三分以上飛ばないと、操縦免許がとれない。

飛行場へ到着してすぐ、教官に行き先を尋ねた。「きみの好きなところでいい」教官はそう言ってにっこり笑った。日々のカリキュラムをこなすので精いっぱいの訓練生にとっては夢のような言葉だ。イギリス南部の空も私を祝福するように晴れあがっている。決まった目的地もない。友人を誘ってもいいとさえ言われた。

離陸後、海岸線を目指して南へ針路をとった。英仏海峡の端に沿って、イーストボーン、ヘイスティングス、ドーバーを通過する。「カンタベリーへ行ったことは?」と教官が尋ねた。ない。そこで北西にバンクをとった。遠くにカンタベリー大聖堂が見えてくる。午後の日射しに熱されて、そこここに積雲ができはじめていた。北へ針路を変えてテムズ川河口を目指す。右手には海、左手にはこれから何度も眺めることになるテムズ川が蛇行してのび、遠くのほうでロンドンの靄《もや》にのみこまれていた。エセックスとサフォークを越えてノーフォーク、そしてフェンズ。海を渡ればそこはもうオランダだ。

近隣の米軍基地からあがった戦闘機が後方から追いかけてきた。さながらペニーファージング〔訳注/一九世紀後半に流行した自転車〕とポルシェの競争だ。戦闘機がものすごい勢いで横をすりぬけていったとき、あまりの速度差に、自分がうしろ向きに飛んでいるのではないかと錯覚したほどだった。

オックスフォードに戻る途中、午後の日射しに招集された白い雲が、野原に咲くタンポポのようにあちこちにかたまっていた。そのあいだを飛んだ三〇分間は、今までに空で過ごした最高の時間だったかもしれない。右へ左へ小気味よくバンクをとって、太陽と大気と地球の見えない駆け引きが残した雲の隙間を縫うように飛んだ。傍《はた》から見たらSF映画で小惑星帯を渡る宇宙船を連想するだろうが、乗っているほうはむしろダウンヒルスキーの爽快感だった。そのくらい雲が近いのだ。左右へ大きく身体を振ってコブをよけながら斜面をすべっているみたいだった。後席の友人が笑って両手の親指を立てた。教官も楽しんでいたのはまちがいない。その証拠に着陸後、訓練も試験も関係なく、純粋に飛行を楽しめるなんて、教官である自分にとってもめったにないご褒美だったと言われた。

雲の近くを飛ぶ感動は、その後も何度か味わった。人間には狭くて危険な場所を素早く通りぬけようとする本能があるので、白くて優美で、視覚的には山と同じくらい存在感がある雲の合間をすりぬけるのが快感なのだろう。

雲のなかを突っきるとさらに楽しい。うねりながらそびえる壁に向かって、ともすれば実体のないのは自分たちのほうだといわんばかりに突っこんでいく。新米パイロットにはたまらない経験だ。旅客機よりも小さい雲もあれば、町ほど大きな雲もある。三次元で回転する白い縁に忍び寄った次の瞬間、視界は完全にホワイトアウトする。空の湖に飛びこむような感じだ。抵抗はないが適度な揺れがある。ホワイトアウトと同時に起こる振動は、異世界に入ったことを示す合図であると同時に、そこに雲ができた理由を教えてくれる。雲を抜けるとたちまち視界が晴れ、世界がふたたび現れる。

ちなみに私のお気に入りはふっくらした積雲だ。天国に届くかと思うほど高くそびえて、ゆっくりと空を渡っていく。ロココ絵画にもよく描かれていて、ニューヨーク公共図書館やヴェルサイユ宮殿の天井に描かれた偽天窓に登場する。かなり活発に形を変えるくせに、せかせかした印象はない。積雲に接近して雲が少しずつ成長する様子を間近に見ると、地上では味わったことのない感動を覚える。いちばん近い経験はクジラ見物のクルーズだろうか。巨大な雲は、人間みたいなちっぽけで神経質な存在には目もくれず、空の海をゆったりと移動していく。私が心を惹かれるのも、積雲が、現代社会が失ったのんびりした時間の流れを象徴しているからかもしれない。

もちろん747は夏の積雲とたわむれたりしない。離陸と着陸の短い時間を除いて、満ち足りた様子の積雲を高い高度から見おろすだけで辛抱しなくてはならない。雲相手のちょっとした楽しみが、予期せぬしっぺ返しをもたらすこともあるからである。巡航高度から見ると、積雲は驚くほど地表に近いところにある。花火と同じで、旅客機にとっては積雲も基本的には地上の出来事なのだ。

いつもは見あげる雲を見おろしていると、曇っているのは空ではなく、地球なのだとわかる。パイロットを引退していちばん懐かしくなるのはきっとこの感覚だ。日々、空と水のひさしの下にある地表を眺めてあれこれ思いをめぐらせる時間にちがいない。

低層の雲は、地面から上昇する熱が引き起こす。747に乗りはじめたばかりのある夏の午後、ロンドンからニューヨークへ向かって西に飛んだ。コーンウォールにも、デヴォンにも、サマーセットにも、ウェールズの南海岸にも雲がぽつぽつと浮かんでいた。しかしいずれの都市も海側の空は真っ青に開けていた。雲は、すぐ下の大地の熱を利用して空に絵を描く。それは水滴による正確な大地の地図であり、午後を知らせる空の時計でもある。洋上に点在する島国も自力で雲の群島を生む。モデルとなった島を遥か遠方から確認できる空の地図だ。

また別の日、陸から遠く離れた場所にもかかわらず、海の上に点々と積雲が浮かんで、それぞれが青い海に小さな影のプールをつくっていた。周囲に雲を生む陸地はない。「どうしてここにあるのだろう？」草原にぽつんとそびえる木を見たときと同じ問いが頭に浮かんだ。

コントレイルは圧縮された道《コンデンセーション・トレイル》の略で、飛行機雲のことだ。航空機の往来が激しい空域では、空の五パーセントがコントレイルで覆われることもあり、もはや人工の雲と呼んでもいい。逆の現象もある。航空機が雲の上端をかすめ飛び、エンジンから吐きだされる熱の渦で雲に穴を開けるのである。この場合は青い空に白い筋を残すのではなく、白い雲に青い筋を残す。このめずらしい眺めを、私たちはアンチ・コントレイルと呼んでいる。

コックピットを振動させる乱気流が、前をゆく航空機が残したコントレイルを散らすこともある。まっすぐな白線が、のたうつ筆記体に変わる。また高高度に吹く一定の風が、コントレイルをのせて丸ごと一方向に移動させることもある。すると同じ航空路を飛んでいるのに前の機が残したコントレイルを離れたところに見ることになる。空を漂うコントレイルは、それを生んだ航空機のタイムカードのようなものだ。風によって移住させられたコントレイルは地上からも見える。視界のなかに電線や、あるいは木の枝といった動きの少ないものが入っていれば、風に流されるコントレイルの速さを実感できるだろう。

風がないとき、コントレイルは生まれた場所にしばらく留まる。よって旅客機が頻繁に通る航空路ではコントレイルが何本も、まるで柵のように並ぶことになる。月の輝く夜、上に一本、下に一本のコントレイルが遠くまでのびて、その先に小さな光が見えるとき、まるで一方の光とコントレイルが鏡写しになっているように見えることもある。

アメリカ南西部やグリーンランドやイランなど、絶景と讃えられる場所や初めて飛行する土地の上空で、地上が雲に覆われているとがっかりしてしまう。最初から最後まで雲しか見えないフライトもある。ただ、そういう日は、雲は地球を封じているというより、地球と天空とを仕切っているのだと感じる。旅客機に乗れば、どんより曇った灰色の朝や、だらだらと続く会議や、郵便局の長い行列を脱して、光あふれる天空に行くことができる。

機体が重いときや雲と雲の境があいまいなとき、旅客機はまるで海の底から浮きあがるように、雲のなかからゆっくりと上昇する。地上と天上がゆるやかに切り替わる。逆に機体が軽く、雲の境がくっきりしていれば、プールのなかで放たれたビート板のように、勢いよく雲を突きやぶる。雲は乱気流や上昇気流と関係していることが多いので、雲から出るということは、澄んだなめらかな空に入ることでもある。大気が安定しているからこそ雲がないのだ。

パイロットのキャリアと、雲中フライトにはある種のパターンがある。飛行訓練を始めたばかりのパイロットは雲を避ける。ところが訓練が進み、計器を使って雲のなかを飛ぶ方法を学ぶと、そのおもしろさに目覚める。そして旅客機のパイロットになった暁には、毎回のように雲の遥か上方を飛ぶことになり、計器飛行訓練を始めたばかりの頃を——初めて雲のなかを飛んでもいいと告げられたときのことを懐かしむのだ。それはイギリス南東部を通過する世界の旅客機と、初めて同じ周波数で交信した日でもある。〝ロンドン・コントロール〟を呼びだした日だ。

色合いや明るさの異なる雲は何層にも積み重なって、神秘のベールで地球を覆っている。旅客機はひとつの雲から別の雲へ、階段をのぼるように上昇する。高層の雲は薄く、下層の雲を透かし見ることもできる。かなりの速さで流れているので、見た目は風に飛ばされる砂浜の砂か、車のヘッドライトに映しだされた雪片のようだ。有機的で、幾何学的な感じがする。高度が変われば雲が流れる速さも変わる。世界を覆う水のパネルが——どれもそれだけで空と呼べるほど大きなパネルが、互いの上をすべっていく。

パネルの層の下には海があり、鋭い角度で海面を裂く氷山が浮いていることもある。旅客機の窓からは数えきれないほどのすばらしい光景が見られるが、どれも本物の景色でありながら、抽象画のようでもある。私たちの思い浮かべる世界も、そうした抽象的な場面の集まりである。

もっとも美しい夕日を思い浮かべて、最高にどんよりした天気の上に当てはめてみよう。忘れがちな事実だが、曇りの日でも日は沈む。日の入り頃に離陸して、雲の階段をのぼり、モノクロの下界から目もくらむような光のドームに入ることもある。そんなとき夕日はほぼ真横から射してくる。赤い光は、光そのものが特殊な雲に思えるほど存在感があり、紅に染まる雲は拡大したヒトの組織細胞のようにも見える。

画家のジョージア・オキーフは高所恐怖症だったが、空で見る雲に魅せられ、信仰心に近い熱心さでそれを描いた。「ごく普通の日に飛んだとしても奇跡を見ることができる。夢ではないかと思うほどすばらしい色彩に出会える」という言葉を残している。

しばらくフライトがなかった一一月、寒くて雨まじりの夕暮れどきに買い物に出た。食材の詰まった紙袋を抱えて歩きながら、どんよりした雲を見あげる。それでもあの裏側にはオキーフのいう光の湖があると思えば、曇り空もちがって見えた。

有視界飛行で高度を落とし、着陸するとき、地上の風景が迫ってくるとともに、目的地が徐々に現実となる。これを到着影響《アライバル・イフェクト》と呼ぶことにしよう。アライバル・イフェクトには垂直方向と水平方向がある。まず高度をさげると、世界は垂直方向に姿を現す。降下すればするほど細部が見分けられるようになる。それと同時に町と町のあいだの空間が広がり、水平方向の景色も変化する。森林が耕作地になり、耕作地が郊外の家並みになって、その中央を走る大通りが都心へ向かってのびる。空からある都市へ到着するということは、垂直と水平の二方向の変化を経験することである。

前にも述べたとおり、プレイス・ラグは現在地に対する私たちの認識が旅の速度についていけないがために生じる。視程が抜群の日に目的地を眺めながら着陸すると、プレイス・ラグはいっとき収まる。移りゆく景色に視覚的な流れがあり、地理が連続して変化するので、筋が通っているような幻想を抱くからだ。ところが視程の悪い日に、最後の雲が切れていきなり空港が現れると、視覚的な衝撃が、心の状態と並ぶ。

一四歳の頃、初めてひとりで旅客機に乗ってアムステルダムへ行ったとき、せっかく窓側の席がとれたというのに、ろくに地上が見えなくてがっかりした。しかし、旅の最後の最後になって窓の外に見えたオランダの景色は、その後も長いこと心に残った。海面を船が行き交い、浜辺には風に吹かれて散歩する人たちがいた。濡れて色の濃くなった道路にラッシュアワーの車の列がうねり、郊外の緑の大地と、何棟も並ぶ温室の屋根が見えた。雲がかかっていなくて景色が段階的に展開していたら、あれほど強い印象を受けなかったのではないだろうか。あれはいわば雲がもたらした贈りものだ。だから今は、雲で外が見えなくてもがっかりすることはない。

シンガポールなど熱帯の都市は、いつも垂直方向にのびる雲の塔に囲まれている。巡航高度から下降して、水滴がつくった円柱をいくつもよけて、ようやく高層ビルや滑走路が見えてくる。雲の塔のあいだを進むのが、コンクリートでできた大都市にたどりつく正規のルートであるかのようだ。

ロンドンの場合、ヒースロー空港へ至る経路はたいてい何時間も前から濁った白に覆われていて、初めて目にする地表がいきなり町の中心部だったりする。再開発された高層ビル群が、忙しい都会の朝の風景の上に巨大な帆のようにそびえている。

多くの旅行者はこうした雲の出迎えに無関心だ。地球を横断してきた惰性で雲を抜けると、床に広げた新聞の活字のようにぎっしりと建物や通りが並んでいる。旅のあいだずっと雲に覆われていた地表が、スタジアムから上空にのびる光線のように華々しく現れる。ここがロンドン、これが現代のロンドンだ。私には、そんな叫びが聞こえてくる。

低高度に発生する霧は地表のすべてを消滅させる。しかし上空から見ると、大地を覆うガーゼのように薄く、地上の人が立ちあがったら、ひょっこり頭が出るのではないかと思うほど低い。

滑走路の視程は〝滑走路視距離〟といい、複数の〝視程計〟で計測するのだが、視程計は地表から突きでた一対の潜望鏡のような外観をしている。首を振って、相方を見つけたところでそのまま固まってしまったみたいだ。新しい空港を建設するうえで、霧が発生しにくいことは重要な前提条件だ。よって空港ができる遥か前に〝視程計〟が設置されることもある。ある機長から、空港建設に反対する近隣住民が、事前調査用に設置した視程計に大きな袋をかぶせて、濃い霧が発生したように錯覚させたという話を聞いたことがある。遠方でデータを受信する技術者たちにしてみれば、建設予定地が突如として空港にはまったく向かない土地に変わったように思えただろう。

霧は旅客機の離発着に遅れを生じさせる。この遅れは一日を通してほかのフライトに伝播し、別の空港にも波及する。そのあいだも上空は完全に晴れわたっている。裏を返すと、さんさんと太陽が照る上空で、パイロットが霧のなかの着陸に備えることもある。渦を巻く霧に包まれるのは、フライト終盤のわずかな時間で、そのときばかりは世界も滑走路も消滅し、窓に灰色のシートをかぶせられたような状態になる。

滑走路の一部だけが霧に覆われているときは、複数の視程計の値を確認してアプローチの可否を判断する。いつだったか快晴のエディンバラに着陸したとき、滑走路を三分の一ほど走ったところで前方が完全にホワイトアウトした。そして数百メートル進んだところでふんだんに降りそそぐ日射しの下に戻った。狐につままれた気分というのはああいうことをいうのだろう。ゴールデンゲートブリッジを自転車や車で渡っているときに似た経験をしたことはあるが、滑走路ではその一度きりだ。

最近、秋の朝霧に包まれたロンドンへアプローチした。南側の滑走路に、従来よりも明るい、新型の灯火が設置されたばかりだった。管制官は私たちをヒースロー空港の真上に誘導したあとで、最終アプローチの前に東へ向けた。ロンドンの中心街がある方向だ。空港上空でバンクをとったとき、滑走路の一部に霧がかかっているのが見えた。霧はゆっくりと押しよせる白波のように移動していて、有史以前の荒地《ムーア》から、遠い宇宙時代へつながるタイムトンネルだと説明されたら、納得してしまいそうなほど謎めいていた。霧がかかった部分は白くかすんで、灯火がぼんやりと見えるのに対し、周囲はすっきりと晴れて、新型ライトの光が、母港へ帰ってきた空のシップをまぶしく歓迎していた。

夜明け前に都市の光を覆う霧は、空で遭遇する眺めのなかでもひときわ荘厳だ。四方に広がる光の上に、ある場所は濃く、ある場所は薄く、霧が積み重なって漂っている。霧は潮の流れに似ていて、氷河が土地に刻む季節の鼓動を早送りで再生しているようにも見える。霧はスローモーションで動く水だ。薄い霧はピントの合わないレンズの役割を果たし、誘導灯のような強烈な光もやわらげる。幹線道路がぼんやりした光の筋になり、密集する家々は夜の野に咲く小さな花になる。街全体が、新雪の積もったクリスマスツリーのようなやわらかな雰囲気を帯びる。

計器飛行訓練の最後に実機試験を受けたときは、最低高度まで降下してから滑走路の視程を確認して着陸の可否を決断した。ところが最新装備を搭載した旅客機が、最新装備を備えた空港に着陸する場合は、もうひとつの選択肢がある。自動着陸だ。これはある意味、なかなかの見ものである。なぜならほとんど何も見えないからだ。

自動着陸モードで滑走路にアプローチすると、世界の音量が絞られたような感覚に陥る。コックピットに満ちる緊張感のせいもあるが、霧深い世界特有のおだやかさのせいでもある。静けさは単なる印象ではない。霧のときは航空機同士の距離を広めにとるため、対空無線の交信も少ない。霧が発生する日の大気自体もおおむねなめらかで、機体を揺さぶる空気の凹凸や、乱気流がない。霧のなかを下降するあいだ、コックピットで動くものといえば高度計の針だけだ。すべての窓を灰色のシーツで覆ったような天候はフライト・シミュレータがもっとも得意とする状況で、シミュレータで何度も訓練しているので、いざ本番となると、後席にメモ帳を手にした試験官がいるような気がしてしまう。

静寂のなか、電波高度計のカウントダウンが始まる。やけに通る声で、機体の真下にあるものとの距離が読みあげられる。離陸のとき、つまり機体が地面から離れていくときには、こうした読みあげはない。

「ツー・サウザンド・ファイブ・ハンドレット」エアバスで初めて聞いた読みあげは、低い男性の声だった。747は同じ高度で、女性の声がまず機材名を告げる。「レディオ・アルティメター！」続いてロケット発射時のカウントダウンのような威厳を漂わせて、正式な読みあげが始まる。数字はだんだん小さくなり、高度がさがるとともに間隔が短くなって、地上との接近率まで再現される。「ワン・サウザンド」の次は「ファイブ・ハンドレッド、フィフティ、サーティー、トゥエニー、テン」一瞬あとでタッチダウンだ。

高度のカウントダウンの最中に、もうひとつ重要な声が響く。滑走路もしくは灯火が視認できない状態で降下できる最低高度、つまり〝決心高度〟を知らせる声だ。非常に重要な節目なので、その高度に近づくとまず「フィフティ・アバブ」の声がかかる。地上まで五〇フィートという意味ではなく、〝決心高度〟まであと五〇フィートということだ。次は〝ディサイド・コール〟で、747は明るく、きっぱりと通告する。「ディ・サイド」――地上が充分に見えますか？ 〝決心〟してください。地上と空のどちらかを選んでください、と。

初めてディサイド・コールを聞いたのはパイロットになるずいぶん前、着陸時にコックピットの見学をさせてもらったときのことだった。大学院を辞め、就職して間もなくの頃だ。あとになって、人生に起こるさまざまな場面にもディサイド・コールがあればいいのにと、たびたび思った。日常の小さな判断を先延ばしにしている自分にいらいらしたとき、747の独特なアクセントと抑揚で「ディ・サイド」とつぶやいてみる。私から747の〝ディサイド・コール〟のことを聞いた友人も、私がくだらないことでくよくよしていると「ディ・サイド！」と励ましてくれる。彼らのディサイド・コールは747のコールに似て、霧や暗がりの向こうに前方へのびる誘導灯の光が見えますように、という明るい気持ちが感じられる。

自動着陸のあとは必ず自動操縦装置を解除しなければならない。忘れたまま滑走路を離れようとすると、機体が滑走路のセンターラインに留まろうと抵抗するからだ。自動操縦装置にわかるのは、最後に命令された場所にいなければならないということだけなので、あくまで役目を全うしようとする。

そして濃霧のなかのタクシーは、濃霧のなかを飛行するよりずっと難しい。冬のデリーなど霧のかかりやすい空港では、滑走路を出る際にフォロー・ミー（誘導車）と呼ばれる小さな車両がやってきて旅客機を先導してくれることもある。管制官の指示は「フォロー・ザ・フォロー・ミー（誘導車に従え）」である。誘導車は当然ながら旅客機よりも機敏なので、あっという間に前方の霧に消える。コックピットからはタクシーウェイの標識すら見えないので、慎重に旅客機を停止させ、誘導車が引き返してくるのを待つ。霧の向こうにふたつのヘッドライトが見えてきたら、パイロットは運転手に、もう少しゆっくり走ってほしいと頼む。

雲を構成する水は、フラクタル〔訳注／たとえば小さな三角形が集まって大きな三角形を作るように、部分と全体が共通していること〕で、抽象的で、ほとんど質量がない。全体像を捉えがたく、それでいて独特の美しさを持つ全体から一部を抜きだすことも難しい。風と大気のうねりの結晶だ。詩人のメアリー・オリバーの言葉を借りるなら雲は〝銀の水〟であり、太陽に打たれる翼も雲から削りだしたのではないかと思えることがある。

視線を下に向けると、上空から見る大海原は波打つ青のページだ。波の頂《いただき》はうねりながら一定の速度で広がって、遠くの岸に到着するまで砕けることがない。オーケストラが奏でる旋律のような広がりとともに海を渡っていく。風に呼び覚まされた水が垂直方向に成長して、取っ手をつくり、それを風がつかんでさらに大きく成長させる。科学者によれば、風が波を育てる仕組みは、スリップストリームが旅客機の翼の上部に揚力を起こす仕組みと同じだそうだ。波と翼がよく似た空気の作用で持ちあげられると思うと痛快だ。縞状の雲を見るとき、大気にも波があることを思い出す。

海岸の近くでハイキングかドライブをして、うっそうとした森を抜け、道路のカーブを曲がったときに、いきなり視界が開けた経験はないだろうか。空と海のドームが遠い水平線で重なっている。世界でも青天の多い、険しい海岸線が多くの人を集めるのは、風に吹かれるふたつの青が同時に見られるからだと思う。

イギリスを拠点とするパイロットは日常的に英仏海峡を越える。ちなみに世界で初めて飛行機で英仏海峡を越えようとしたのはフランス人飛行家のユベール・ラタムだ。その結果、彼は世界で初めて海に墜落した。そのときラタムは機体に座って悠々と煙草に火をつけ、救助を待ったという。

ある晴れた夏の早朝に、ヨーロッパ大陸からロンドンへ飛んで高度をさげているとき、英仏海峡で航空母艦とそれをとりまく何隻もの艦艇が、大西洋に向けて南西進するのを見た。各艦艇のうしろにのびる白く長い航跡を、太陽の光が横切っていた。海軍の、ひいては国家のバーコードだ。機械で読みとったらパワー（力）、ドーン（曙）、フリート（艦隊）などといった意味になるにちがいない。機内放送で、空母が見えることを知らせたので、着陸後に乗客の何人かが「いいものが見られた」と声をかけてくれた。ブルー・ウォーター・ネイビー（外洋海軍）という表現は、遠く、公海へ派遣される海軍戦力を意味するので、私も大洋を渡る朝はブルー・ウォーター・デイ（外洋の日）と思うようにしよう。

海の近くの空港を出発して、離陸後すぐに洋上に出るとき、旅客機は海と空の領域に同時に入ることになる。目的地も海岸沿いの都市ならば、やはり海と空の両方から陸に戻る。降下している最中も海しか見えないので、雲中のアプローチと同じように、ようやく見えた陸の景色が強い印象を残す。陸上では、高度がさがるにつれて視界に入るものが変わる。農場があり、道路があり、建ち並ぶ工場が見える。しかし洋上にはこうした変化がなく、海面との距離がゆるゆると縮まるだけだ。私たちの目はこの流動的な変化を追いかける。所望の高度に降りるまでの二〇分ほどで、抽象的な青だった海に三次元の波が立つ。心安らぐ青が、ふくれてはしぼむ現実の海となる。

かつて洗礼式に立ち会った女の子が「地球儀を見ると、海がひとつだとわかるからいい」と言ったことがある。一回のフライトでひとつ以上の大洋を渡るとき、彼女の言葉がよみがえる。たとえばロンドンからロサンゼルスへ飛ぶと、まず飛行するのは大西洋だが、目的地であるロサンゼルスとその向こうに広がる太平洋を思うと、大西洋の存在はかすんでしまう。フライトの最後に太平洋へ出てから空港にアプローチすることもある。全体の飛行距離からするとごくわずかではあるが、ロサンゼルスができたのは、そこに太平洋があるからだ。ということは私たちがはるばるロンドンから飛んできたのも、そこに海があるからだといえるのではないだろうか。着陸後にビーチへ行くと、自分も、旅客機も、ロサンゼルスという町も、アメリカという国の歴史も、すべてが西を向いていることがわかる。そこは終着点であると同時に、新たな冒険の始発点でもあるのだ。ロンドンから丸一日かけて西に飛んで、新たなスタート地点に立っただけなのかもしれないとも感じる。

西に面したビーチが夕日に染まると、太陽から自分に向かって海面を光の線がのびてくる。同じ現象はコックピットや窓側の席でもよく見られ、光は飛行する旅客機を追いかけてまで水平線との橋渡しをしてくれる。サン・グリター（太陽の輝き）と呼ぶこともあるが、私にはむしろ道に見える。沈みゆく太陽と私たちの目を結ぶサン・ロード（太陽の道）だ。サン・ウェイク（太陽の航跡）と呼ぶのもいい。

月でも同じ現象が起こる。いわゆるムーン・ウェイクだ。海に反射する月もきれいだが、カナダ北部など湖の多い地方の夜間飛行ではいっそう趣のある光景に遭遇する。旅客機と月を結ぶ線上に湖が入ると、ちらちら揺れる白っぽい黄色の光が湖面に宿るのだ。光は揺れながら湖面を伝わって反対側の岸までのび、暗闇に消える。そしてまた次の湖が現れ、五線譜に記された音符を奏でるかのように月の光を宿す。

かつて大陸の端は、旅行者が休み、ひとつの乗り物から別の乗り物へ乗り換える場所だった。今は旅客機があるので、大陸の端など知らないうちに飛びこえてしまう。大地と水の境界、種と生態系を形づくり、国と言語を分けた大いなる分かれ目を、旅客機が注目に値しないものにしてしまった。

機内放送で、遠くに海岸が確認できたと知らせることもある。アイルランドやニューファンドランド島にこれからランドフォール（上陸）すると。しかしランドフォールという言い方は、やはり船にこそふさわしい。長い歴史を持つこの表現の神髄は、陸や島を同じ目の高さに見て、そこへ小舟で近づき、浅瀬に飛びこんで波にもまれながら、たどりついた新世界の土を自分の足で踏みしめなければ味わえないのかもしれない。旅客機から見おろす岩がちな海岸は物語の挿絵のようで、現実味に欠ける。

高校時代、私は日本の金沢で夏を過ごした。金沢は日本海に面した情緒ある町で、金沢城と隣接する庭園が名所だ。そこで日本人ホストファミリーの家に滞在して、地元の大学で日本語を勉強した。あの頃、いつか外国に住みたいか、住むとしたらどこがいいかと尋ねられたら、きっと、日本に住みたいと答えただろう（のちにエアバスからボーイングに機種転換するときも、パイロットとして日本に行くという夢があったので、すぐに決心がついた）。

二十代後半のある初夏のこと。私は大阪へ向かう機内にいた。私が日本にホームステイしたことがあると知った会社の上司が、日本の顧客に向けた新しいプロジェクトを任せてくれたからだ。フライトスクールの授業料を貯めようとビジネス界に入って一年目か二年目のことだった。

ボストンから大阪へ向かうため、まずダラスへ飛んだ。チェックマークのような軌跡で飛ぶことになるが、ハブ空港の概念に照らすとこれが効率的なのだ。おもしろいことに最新の航空輸送の世界では、たとえばニューイングランド地方から日本へ向かうもっとも効率のいいルートが、最短距離である大圏航路を大きく歪めて、テキサス北部の平野を通過することになる。ダラスまでの最後の三〇分は、窓の外に広がる景色を眺めて楽しんだ。船が点在する湖がいくつもあり、〝サン・ウェイク〟が楽しめた。

ダラスの巨大な空港に到着し、カフェでノートパソコンを開いて二時間ほど仕事をするあいだも、MD-11に乗れると思うと落ち着かない気分だった。初めて乗る、三発式の大型ジェット機だ。念願かなって搭乗したあとは、ビジネスマンらしくしばらく仕事をして、昼食をとった。隣に座った年配の男性は一九六〇年代から日本で商売をしていて、じきに引退すると話してくれた。客室乗務員に大阪でお薦めのレストランも教えてもらった。パイロットのひとりが乗客にあいさつをしにきたので、私は大阪の新しい空港の感想を尋ねた。〝KIX〟という空港コードが気に入ったと伝えると、パイロットは愉快そうに笑って「新空港は湾内の人工島にあるんですよ」と教えてくれた。元海軍パイロットだった彼にとっては、ちょっと豪華な空母に着陸するような感じがするという。数分ほど話して、私たちはそれぞれの仕事に戻った。モニターを眺めるのは同じでも、パイロットと私の日々はずいぶんちがうと思った。

ノートパソコンを開く前に、窓の外に目をやる。旅客機は切りたった海岸線を通過するところで、森があり、黄褐色の険しい頂が連なっていた。とても人が住めるとは思えない。いくつも続くゆるい弧を描いた湾は、高級紙を手で裂いた切り口のようで、あとで調べたところカリフォルニアのビッグ・サー〔訳註／西海岸沿いの山岳地帯〕だとわかった。険しい土地の終わりと同時に、水平方向にも垂直方向にも北アメリカが終わり、太平洋が始まった。

意外かもしれないが、航空機が大洋をまるまる横断する機会はあまりない。旅が開始してすぐに陸とお別れし、最後まで陸に会う機会がないフライトというのはめずらしいのだ。アメリカの東海岸からヨーロッパへ向かうフライトは大西洋横断の代名詞と思うかもしれないが、経路の半分は陸上を飛ぶ。ロンドンからシアトルへのフライトもたしかに大西洋を渡るものの、地理的にも視覚的にも、石から石へ飛び移るようなイメージのほうが正しい。まずはイギリス、ヘブリディーズ、アイスランド、グリーンランド、オーディンとトールという神の名を冠した頂を持つバフィン島。続いて氷に覆われたフューリー海峡とヘクラ海峡が、バフィン島とカナダ本土を分け、北西航路の一部を構成している。それからカナダ楯状地、ロッキー山脈、カスケード山脈、そしてシアトルである。壮大な旅だが、大西洋横断とはいえない。

もっと気候のよい、スケールの小さな島めぐりもある。乗客としてアテネからロドスへ、エーゲ海を越えたときのことだ。あらゆるところに島があって、海と険しい海岸線が見事に融合していた。ギリシャの群島が砕けたガラスの破片のように散らばっている。海の青があまりに美しいので、空の青も同じように海岸線によって仕切られているのではないかと思えるほどだった。太古の歴史が編まれ、国ができ、伝説が生まれたのもうなずける。あそこまで乗客がそろって窓に張りついていたフライトも初めてだった。

ケープタウンはアフリカの南西端にある。北半球も五分の三は水に覆われているが、南半球になると水の面積が五分の四に増える。だからこそケープタウン（オランダ語とアフリカーンス語でカプスタッド、コサ語でイカパ）という入植地ができたのだ。ケープタウンは地質構造上（または浸食により）偶然できた歴史のちょうつがいのようなもので、植民者たちの最果ての定住地だった。すばらしい地名というのは上空から見たとき、いちばんしっくりとくるものだが、五〇〇年前に喜望峰(カボ・ダ・ボア・エスペランサ)を発見したバルトロメウ・ディアスは、はじめカボ・ダス・トルメンタス(嵐峰)と呼んだ。ちなみにディアスは喜望峰発見の一二年後、ブラジル探検隊に参加し、船の難破で命を落とした。

夜どおし飛んで迎えた朝、シリアルを食べ、コーヒーを飲んでから、同僚とともにケープタウンに向かうフライトの締めにとりかかる。ヨーロッパは春真っ盛りだが、南アフリカは秋で、空は暗く、雨まじりの風が吹いていた。ケープタウンの空港の主要滑走路はおおむね南北に走っていて、市街地やフォールス湾からもそう離れていない。強烈な北風が吹いているため、管制官は空港と町を通過し、アフリカ大陸そのものも越えて、私たちを南の海へ誘導した。洋上のある地点で一八〇度の方向転換をする。五二〇〇マイルにおよぶ旅の最後に、旅客機は初めて北向きに、ロンドンの方向に針路をとった。

管制官がかなりの低高度を指示してきたので、当然、最優先で着陸させてくれると期待したのに、別の機で体調不良者でも出たのか、滑走路上に動物でもいたのか、なんらかの理由でふたたび南へ向かうよう指示された。

雲間からケープ・ポイントがちらりとのぞく。コックピットのスクリーン上にも、景色と対応する大地の形が、四角いドットの集まりとして映しだされた。もちろんスクリーンの表示からは、それが歴史上、重要な意味を持つ断崖だなどということはまったく読みとれず、地名すら載っていない。私たちの機はふたたび洋上へ出た。スクリーンの上方に南極のなだらかな曲線が見える。肉眼では見えないが、そこは強風吹きすさぶ氷の海、吠える四〇度と呼ばれる海域である。ケープ・ポイントはアフリカ最南端ではないものの、シドニーやサンパウロよりも南極に近い。この予期せぬ南進によって、乗客のほぼ全員が人生史上の最南端を経験することになった。私自身、ブエノスアイレスへ飛ぶまでこのときの記録が破られることはなかった。

強風で機体が揺さぶられる。雲の塔が点在して、その下だけ雨が降っている。降ったりやんだりを繰り返す雨の下を抜け、一瞬、太陽の降りそそぐ真っ白な空域に出た。光が灰色の海に落ちて、小さな青い水たまりができていた。しかしすぐにまた雨と霧にのまれ、機体が上下に揺さぶられる。そしてつかの間の太陽……実は低高度ではこういう天候がめずらしくない。適当な緯度と経度で三〇〇〇フィートまで降下すると、多くの場合、似たような天気に遭遇するはずだ。陸は影も形もなく、海面には高波が立ち、あちこちに戦艦のような雲が浮いている。

一隻の貨物船が、建物の屋根ほどもありそうな波のあいだでシーソーのように揺れていた。海の領域の乱気流は空よりも激しいのだ。管制官からようやく旋回の指示が出た。まずは東へ、続いて北東へ針路をとる。最後に急旋回して、ついに雨と霧を貫いて空港から届いた誘導電波を捉えた。この電波をたどっていけばアフリカ大陸に戻れる。

着陸後、ホテルの部屋で昼寝から目を覚ますと、雨はやんでいた。クルーと約束した夕食の時間まで余裕があるので、車でケープ・ポイントへ向かう。ケープ・ポイントは人気の観光地で、絶壁から壮大な海を望むことができる。いつもなら旅客機の乗客を見かけるのだが、ぱっとしない空模様のせいで人影はまばらだった。私は灯台へ足を向けた。石壁から身を乗りだすと、白くけぶる崖面を、海鳥がかん高い声をあげながら垂直に上昇してくるのが見えた。下から吹きあげる風は、それまで感じたどんな風ともちがう。砕ける波を見おろしたあと、その向こうの大海原に目をやった。太陽と雲の影に彩られた海面は、いろいろな青が混ざった万華鏡をのぞきこんでいるかのようだ。その上を、次のにわか雨をもたらす雨雲が回転草のように流れていく。

灯台の近くに矢印がいくつもついた看板が立っていた。どれも遠くの場所を示している。異国の都市の名が記された矢印をかすかな疑いとともに見あげると、強烈なプレイス・ラグに襲われた。一本の矢は南極大陸を示していた。およそ反対側を向いた矢印にはロンドンとある。今朝も、この断崖に誰かが立っていたのかもしれない。その人はアフリカ大陸の先で旋回する747を見て、風に散らされた雲の合間から、エンジンの発する音を聞いたかもしれない。

父がコンゴを出たのは一九五八年の六月で、まず旅客機でカイロへ行き、そこに九日間滞在して、ベルギーへ向かった。ベルギーで神学を学んだあと、ブラジルへ派遣されることになったときは船旅を選んだそうだ。

船に乗るために、まず汽車に乗らなければならなかった。アントワープで乗船を希望したのが父ひとりだったために、ハンブルクまで来てもらえないかと船会社に頼まれたからだ。

そうすれば船会社は寄港地をひとつ減らすことができる。父の雑記帳には〝ハンブルクの港は冷たい一月の霧に包まれていた〟と記されている。乗船した最初の夜は、頻繁に霧笛を聞いたそうだ。大西洋を斜めに横断する長い船旅の途中、夕食のために用意されたフォークやスプーン、皿などが残らず床に落ちるほど海が荒れることもあった。給仕係は無言のまま片づけをしてテーブルを整え直し、それから水差しをテーブルクロスの上に置いて、重しにしたという。

父が乗った船は〈サンタ・エレナ〉号といった。〈ハンブルク南米汽船会社（Hamburg Südamerikanische Dampfschifffahrts-Gesellschaft）〉が運航していた船だ。生涯を通じて複数の言語を習得した父は、こういう長ったらしい綴りが大好きで、〈ハンブルク南米汽船会社〉の場合は、連続した三つのfを当世風に省略していないところがいいと言っていた。〝ポルトガル語の母音は、ドイツ語の子音のように居心地よさそうに並んでいる〟とも書き残している。

母がアメリカからパリに向かったときは〈フランス〉号に乗船した。〈アトランティーク造船所〉で造られた、史上最長の旅客船だ。アトランティーク造船所……航空機メーカーもこういう名前をつければいいのにと思う。「〈シアトル・スカイヤード〉の技術者です」なんてか「トゥルーズの〈シャンティエ・デュ・シエル（空の造船所）〉で働いています」と自己紹介してみたい。一九五〇年代の終わりになると、ヨーロッパとアメリカを旅する人は船よりも旅客機に乗るようになった。母も一九六四年に、旅客機でアメリカへ戻った。母にとっては初めての空の旅だった。

航空機を船舶の後継と考えたい気持ちは理解できるものの、正しい認識だとは思わない。定期客船が次々と消え、一方の航空産業は、国家経済規模に照らすと世界で一九番目の国に等しい経済力を持つまでに成長した。それでも貨物船や油槽船の数はいまだに増加しており、現役で世界の都市をつないでいる。一般的に考えられているほど、船舶輸送は衰退していないのである。年々、拡大する世界の貿易を担うのは、航空機ではなく巨大船舶なのだ。

パイロットは誰よりもこの現実を理解している。船舶で混み合う港を目の当たりにするからだ。空の旅がどれほど快適になろうとも、港には時代を問わない活気がある。港の近くを飛行すると、そこに働く人々に受け継がれてきた歴史を感じる。旅客業界ではなかなか得られない感覚だ。ただ、パイロットにとって港は別世界ではなく、むしろ原点に近い。船でにぎわうアントワープや香港やロングビーチの上を飛行すると、旅客機のパイロットというのは遠くの都市をつなぐ職業のいちばん新しい形態にすぎないと思い知らされる。

ボストンは歴史的にも対外的にも第一義は港町なので、波止場はたいへんにぎやかだ。ライト兄弟が初飛行をしたキティーホークに倣って、海のすぐ近くに滑走路を設けたため、ボストンにやってくる現代の船乗りたちは、空港と港が一体化したような錯覚に陥るのではないだろうか。一方、旅客機の乗客も、いつまでたっても海しか見えないので、ひょっとすると自分が乗っているのは水上飛行機で、このまま洋上に着陸するのではないかと思うかもしれない。昔、アイルランドのシャノンからボストン行きの旅客機に乗客として乗ったことがある。海に向けて離陸し、そこから南下して沿海州を通過し、ふたたび海からボストンにアプローチした。六時間ほどのフライトで陸上を飛んだのは三〇秒以下だった。

ボストンに住んでいた頃は、ノースエンドのウォーター・フロントにある会社まで徒歩で通勤していた。会社はアトランティック・アベニューという通りにあり、屋上にはガラス張りのラウンジがあってカラスの巣《クロウズ・ネスト》と呼ばれていた。誰でも使ってよかったので、そこでプレゼンの準備をしたり、休憩時間にノートパソコンを開いて、内湾とその向こうの空港のパノラマを眺めながらフライト・シミュレータをやったりした。

ボストン行きの747を初めて操縦したときのことだ。空の上からかつての職場を見つけた。747はまずボストンの南へ向かい、サウスショアへ向かう交通量の多い高速道路の上で東に旋回して、それから北東方向にのびる滑走路に進入した。空港に向けて高度を落としているとき、湾内を航行するたくさんの遊覧船と帆船を見た。縦横無尽に横切る船の航跡と比べると、その先にのびる滑走路は、少し遊び心が足りないように見えた。

ボストンの要である港は、最新の旅客機のコックピットでも確固とした存在感を放っている。計器飛行の場合はとくに、空港近くを航行する船舶のマストなど、予期せぬ障害物を考慮しながら降下しなければならない。

その日は低い雲がなかったので、早いうちから高いマストを備えた帆船を発見できたが、それでもマストの先が747の腹をこするのではないかと不安になった。甲板にいる人々が空を行く巨体に仰天するとき、コックピットからはすでに船が見えない。帆も空気力学の産物で、一種の翼だ。旅客機が起こす風の一部が下降して帆布をはためかせるだろうし、旅客機の航跡が、帆船が海に引いた白い航跡と共鳴することもあるだろう。木造のマストと金属の翼、共通する構造……ボストンの歴史が交差する瞬間だ。

定期的にイスタンブールへ飛んでいた頃は、空港が混み合っているとよくマルマラ海を遊覧飛行した。航空管制官に洋上でホールドを命じられるからだ。マルマラ海の船はどれも悠然と待機していて、まるでビザンツ帝国時代の海を眺めているようだった。月のない夜、海は深みを失くし、上空の暗闇を映す黒い鏡となる。そこに船の明かりだけがぽつりぽつりと浮いている。平原に身をひそめる夜行性の動物の目のような迫力をたたえて。

イスタンブールに着陸するのは夜なので、だいたいホテルに直行する。海に面した高層ホテルだ。上階の部屋のすりガラス越しに外を見ると、停泊している船の光が宙に浮いているように見えて、ボスポラス海峡に光の門が現れたかのようだった。最終便の航法灯が、ホテルの前を通過したあとで空港に向けて引き返し、船の光とまじり合った。

アムステルダム行きの便で北海を飛行すると、ロッテルダムの巨港へ向かう船舶を多数目撃する。二四時間ひっきりなしに出入りする商船は、規模の変遷こそあれ、永遠の海洋国家オランダを象徴するにふさわしい。旅客機は無数の船舶を飛びこえてスキポール（ship-holが語源という説もある）空港に着陸するために高度を落とす。海面よりも下にある空の港だ。

アムステルダムからユーラシア大陸を挟んだ対角線上にシンガポールがある。イギリスの植民地開拓者トーマス・ラッフルズが、オランダ海上帝国に対抗するために築いた砦だ（ラッフルズは洋上で生まれたというが、彼が生を受けた一七八一年のジャマイカでは、船上出産にどんな手続きが必要だったのだろうか。旅客機のコックピットにはフライト中に出産した人が記入する書類があり、出産時刻はグリニッジ標準時で、出産場所は航空機のおおよその位置を記入することになっている）。シンガポールに着陸するときもオランダと同様、周辺海域を航行する船舶の数に圧倒される。空から見ると、ラッフルズがシンガポールに砦を築いた理由がよくわかる。貿易の中継地点とするのに、地球上でここほどふさわしい場所もないだろう。港としても都市としても理想的である。

本で得た知識が、上空からの眺めで初めて腑に落ちることもある。たとえば世界の商船の四分の一（海上輸送される原油に至ってはそれ以上の割合）がマラッカ海峡を通過するという情報だ。マラッカ海峡は比較的水深が浅いため、ここを通過できる最大の船舶サイズはマラッカマックスと呼ばれる。ペルシャ湾のどこかの都市へ飛んだあと、シンガポール便を担当することもある。石油を積んだタンカーが、霧に包まれたペルシャ湾から世界の都市へ向けて出港するのを目撃した数日後に、シンガポール近海で似たようなタンカーを見かけると、ひょっとするとあれはペルシャ湾で見た船ではないか、あのタンカーの船倉に、シンガポールの空港で747のタンクを満たす燃料が積まれているのではないかと思えてくる。

シンガポール海峡は空港の近くにあり、信じられないほど混み合っている。あの光景を言葉で説明するのは難しい。台所の床にばらまかれた何百ものマッチ箱にしか見えず、そのひとつひとつが船であるはずがないと思えてしまう。しかし上空の混み具合も負けてはいない。遠くの都市から飛来して旅を終えようとしている航空機は、地球上でもっとも混雑した海峡の上を飛行し、シンガポール・チャンギ国際空港の、これまた混雑した滑走路に降りる。海と空の光景が完璧にシンクロする。

コックピットですべきことも船の仕事とシンクロしており、それは用語の面だけではない。到着用の航空図には、高さのあるマリタイム・ベセル（海の船）に注意せよと書かれている。海の船とはまわりくどい表現だがエア・ベセル（空の船）のパイロットとしては誤解がなくてありがたい。ロンドンに帰る便の離陸は、積み荷はもちろん長いフライトを支える燃料で、どうしても重くなる。それでも周辺海域に高さのある船舶がいる場合は、早急に高高度へ昇らなければならない。旅客機と船が競合する空間のエア・ドラフト（空の通り道）は勾配がきついのだ。

雪と航空機は相性がいいとはいえないが、雪と空港よりはましだ。雪に起因するもっとも恐ろしい航空事故は（私の経験では）空ではなく地上で起こる。着陸後、または離陸前のタクシーウェイ上で……。雪が舞っている程度で、着陸は問題なくても、ターミナルにたどりつくまでに三〇分かそれ以上も待たされたことも何度かある。タクシーウェイが凍ったり、舗装部分と草地の見分けがつかなかったりするからだ。北極の上空で、凍った大地と海のちがいがわからないのと同じである。風の強い空港では、雪がやんでも強風のせいで、滑走路とタクシーの除雪作業が難しい。

サミュエル・テイラー・コールリッジの詩「老水夫行（Rime of the Ancient Mariner）」で、暴風にもまれる船は北極の〝霧と雪の世界〟に向かって進む。そこでは〝マストほども高さのある氷の山が流れて〟くる。海面はもちろん、船そのものも氷が覆うような光景を見ると、なんと遠くまで来たのだろうとしみじみ思う。水そのものが形を変えるほど、遠くまで旅をしてきたのだ。フライトスクールで〝霧氷（Rime）〟という言葉を習ったとき、私はコールリッジの詩のタイトルを思った。氷には白霜やアクティブ・フロスト、厄介者のクリアアイス、着氷性の霧雨、凍雨、着氷性の霧などがある。それぞれ用語の定義は平易で明確だ。たとえば雪あられは落下すると跳ねて、砕けることもあるが、粒雪はそうならない。小学校の運動場を連想させる定義もあって、べた雪は雪合戦に適しているが、さらさら雪なら丸めようとしても崩れてしまう。

フライトスクール時代、有視界飛行訓練を行ったのはアリゾナ州のフェニックス近郊で、晩秋から初冬にかけての時季だった。昼の時間を有効に使うために、夜明け前から飛行準備をしなければならなかった。フェニックスは温暖な気候で有名だが、冬が近づくと砂漠の夜が明ける頃、翼に分厚い霜が降りる。ただし太陽が顔を出して片翼を照らした瞬間、霜は溶ける。曇った鏡にドライヤーの熱風をあてたときのようにあっという間だ。片翼が溶けると、同期と手分けして翼の係留索を外し、機体を一八〇度反転させる。すると太陽が反対側の翼も浄《きよ》めてくれる。これで飛行準備は完了だ。

飛行中に着氷することもある。パイロットになって最初に操縦したエアバスでは、コックピットから翼の着氷を視認できた。それでも念のため窓のすぐ外にアイスキャッチャーと呼ばれる小さなポールが突きだしていて、鉱山のカナリヤと同じ役目を果たしてくれた。このポールに着氷したら、ほかの部分も着氷しているということだ。夜間でもアイスキャッチャーを確認できるようにライトがついているのだが、あまり明るくないのでもっぱら窓越しに懐中電灯でポールを照らした。どんなに高速で飛行していても、暗闇のなかでは動いているという実感がない。自分が乗っているのは旅客機ではなく深海探査艇で、分厚いガラス越しに膨大な水に向かって光をかざしているのではないかと、心細くなることもあった。

翼の着氷を防ぎ、またついてしまった氷を落とす装置があると知ったときはびっくりした。しかもこの装置は翼の前縁部分、最初に空気を切る部分のみにとりつけられているという。その理由は、翼と速度と空気の興味深い関係にある。ざっくり説明すると、飛行中に〝気流にのって移動する過冷却水〟は翼の上部に留まらないからである。水滴が翼の表面にふれることさえない。まるで翼なんかに興味がないといわんばかりに、後方へ流れていく。着陸後、翼がもはや翼の役割を果たさなくなると、ようやく翼の上にも霜が降り、雪が積もる。

エンジンにも着氷防止装置がある。雲中では、空気が異常に冷たいときだけでなく、異常に熱いときも氷が生じるからだ。雨、霧、雪、雲など、目に見える水分はすべて着氷の原因になる。747ではフライト中に自動で着氷防止装置が作動するが、エアバスは手動だった。雲に入るたびにシステムをオンにして、雲から出るとオフにする。慣れたら雨が降ってきたときに車のワイパーを動かすのと同じくらい無意識の行為になった。窓の外が白くなったらオン、青に戻ったらオフ、である。

アメリカ西部山岳地帯の気象予報を聞いていると、高度と対になって〝雪線（スノウラインもしくはスノウレベル）〟という言葉が登場する。これは雪が雨になる高度で、大気を水平に二分する。雪線は上空で独特の重要性を持つ。山の雪線は船の喫水線のようなもので、地球のカレンダーといってもよく、冬になるとさがり、春になるとあがる。雪が舞いはじめた都市に着陸して、自分もこの雪とともに空から降ってきたのだと思うこともあれば、雪のなかを飛行したのに雨の空港に着陸することもある。周囲に山がないので確認できなかったが、空中のどこかで気象予報士が告げる雪線をまたいだのだ。冷たい冬の雨をうらめしく思うことがあれば、そう遠くない上空の吹雪を想像してみるのもいいかもしれない。

夜に空から山を見ると、影の上にできた影のように暗い。しかし雪をかぶった山は星の光さえ反射し、とくに月の美しい夜などは積雲のようにあざやかな存在感を放つ。神秘的で静謐な頂を、神の毛布が覆っている。アフガニスタンやパキスタンの山岳地帯を飛行するのはたいてい夜間だ。雪を頂いた高地と、雪が降らないか、降っても溶けてしまった深い谷がシマウマ模様をつくっている。平地でさえ、雪に覆われると変貌する。たとえばミネソタ州と聞いていちばんに思い浮かぶのは冬の夜間飛行だ。月と星の下で、街明かりがなんともあたたかい印象だった。町の明かりが消えても、月や星が雪に反射する。雪に閉ざされた冬のミネソタが完全な闇に包まれることはない。

大雪は視界を遮るが、夜となればなおさらだ。霧のときと同じで滑走路の視程を細かく確認し、場合によっては自動着陸を選択する。高度が高いうちは航法灯が、人でごった返すダンスホールのライトのように点滅し、それに合わせて暗闇に雪片が浮かびあがる。時速何百マイルもの速さで飛ばされているはずの雪片が、静止しているように見えるから不思議だ。そこだけ時がとまったようである。

さらに降下すると、主翼の前縁付近にある着陸灯がついて、強烈な光で航法灯の点滅をのみこんでしまう。雨なら仮に見えたとしても窓の表面にへばりつく水滴でしかないが、雪はちがう。光のなかを前方から後方へ、途切れることなく流れ、旅客機の速度を視覚的に示してくれる。飛行中にもっとも近くで見られる速度の尺度といってもいい。競馬場のコースを疾走する馬のような勢いで飛び去る雪は、ＳＦ映画で高速移動を表す、暗い背景に尾を引く星の筋そのものだ。

ときどきカナダ上空から期間限定の氷の道を見おろすことがある。固体になった水の上にのびる道を勇敢なドライバーが走っていく。氷の道はおおむね直線なので、大自然を何時間も見つめてきたパイロットの目はたちまち吸い寄せられる。自然界にまっすぐな線はないからだ。風にいたずらされる前の飛行機雲のようで、まちがいなく人の手を介していることがわかる。

また、ヘルシンキでは水の道を見た。滞在したホテルの給仕係に、どんなに寒い日でも砕氷船は動くと聞いて、機長と一緒に出かけたのだ。星もない亜北極地帯の夜、スオメンリンナ行きの砕氷船に乗る。スオメンリンナは凍結した港の沖合にある要塞の島だ。砕氷船はヘルシンキの町と同様にひっそりしていた。パイロットだと告げても船長はにこりともしなかったが、操舵室に入れてくれた。ほとんど客のない砕氷船は、真っ黒な水面に浮かぶ車ほどもある氷を右や左へ押しのけて進む。視覚的には積雲のなかを飛ぶのに似ているが、雲とちがって固い氷にぶつかるたびに音と振動が伝わってくる。「新しいルートを切り拓くより、もとからある隙間をたどるほうが楽だ」と船長が言った。白く硬い氷を貫く水路は、カナダの氷の道の対極の存在、氷を砕いて造る水の道だ。

同じ冬のある晴れた日、サンクトペテルブルクへ向かうフライトの途中でフィンランド湾を飛行した。空の高みから、ヘルシンキ湾で見たのと同じような水の道が目についた。かなり太い。バルト海フェリーが築いた海の幹線道路が、凍った湾にゆるい弧を描いてのびているのだった。実物大のフェリーの航路図だ。形状といい弧の描き方といい、海底ケーブルの敷設図や、機内誌の裏に載っている都市間を結ぶ航空路にそっくりだった。

秋が冬に変わり、北アメリカと北アジアの広大な地域が白く染まる。冷たい領域の上空を飛ぶと、生涯、できれば経験したくない気温に思いを馳せることができる。快適な機内温度を保った旅客機が弧を描くのは、白一色の陸と海の上だ。それはメルヴィルが『白鯨』に綴ったクジラの白であり、ホッキョクグマや、幽霊や、伝説の馬、さらに信天翁《アホウドリ》の〝大天使のような大いなる翼〟の白さである。さらに〝すべてが白い北極大陸〟や船乗りを心底震えあがらせる〝乳白色の海〟の白さでもある。上空から見おろす雲と同様、まぶしくてサングラスに手をのばさずにいられない。

父がかつて、ベルギーで育つと、隣村の出身者もアクセントで区別できると言っていた。人口の多い温帯地域を飛行して植生や地形を眺めているとき、少なくとも近代国家や教育制度が確立する以前は、言語も生態系と同じように、ひとつの地域から別の場所へ、言葉から言葉へ、ゆるやかに変化しながら広がっていったのだろうと考える。〝等圧線〟は地図上で、同じ気圧の地点を結んだ線だ。そして〝等風速線〟は平均風速が同じ場所をつないだ線で、〝等偏角線〟は地磁気の偏角が等しい地点を結んだ線である。同じように〝等語線〟は言語の特徴による地理的区分で、単語やアクセントや文法の境を示す。

ヨーロッパやアジアの人口が多い地域を飛びながら、下ではどんな言語が話されているのだろうと思いをめぐらせてみる。ある土地が起伏して別の土地につながるとき、言葉や発音にどのような影響が生じるのだろうと。ときどき、空にいながら疑問の答えが得られることもある。ロンドンからスコットランドやアイルランドの管制局に移ると、管制官のアクセントが明らかに変わるのだ。ケベックとカナダのほかの地方もちがうし、アメリカとカナダの国境を越え、アメリカを北から南へ飛行するときもアクセントの変化を耳で確かめることができる。これが極北の僻地となると、無人か、住んでいたとしてもほとんどゼロに等しいくらいの人数しかいないために、地域による発音のちがいなど頭をかすめもしない。おまけに、そういう地域の対空無線に応答する管制官は、かなり離れた管制局にいることが多い。

ある日、シベリア上空で一本の川を見た。見渡すかぎり凍りついていた。家に帰って川の名前を調べてみたところ、レナ川だった。ウラジーミル・イリイチ・ウリヤノフはこの川にちなんでレーニン（レナ川の人）というあだ名を授かったという。リンカーンやチャーチルがミシシッピ川やテムズ川にちなんだ愛称を得るようなものだ。春になるとシベリアの大地は川に悩まされる。まず源流にあたる南側の氷が溶けはじめるのだが、川の多くは北に向かって、つまり氷のダムに向かって流れているので、気温があがると南側の土地は水浸しになってしまう。

冷たい水が支配する地域を観察する気象学者は、専用の撮影技術を用いるのだろう。通常の衛星画像では、海上の氷と上空の雲の見分けがつきにくいからだ。たとえばカナダのラブラドール海岸沖には無数の流氷が漂っている。旅客機の高度から見ると流氷はあまりにも小さく、密集していて、たとえば手についたペンキをこそげおとしたとき、流しに降り積もったカスくらいにしか見えない。漂白されたように白い曲線や起伏を見分けることができてようやく、それが雲ではなく、小さくて不完全な氷の集まりだとわかる。

海に浮かぶ氷のあいだを一本の青い線が貫いていることもある。線をたどって、そこに人の手が生んだ金属製の何か（砕氷船）を探すが、青い線の終点は船ではなく巨大な氷山だ。氷山の大部分は海中に没しているため、流氷パズルを運ぶのが大好きな風も容易には動かせない。結果として小さな流氷が氷山を迂回するように流れ、風下に青い筋が残るのだ。青い筋は氷山の海面下に沈んだ部分がいかに大きいかを示しているともいえる。

グリーンランドの眺めを世界一と評価するパイロットは多い。ヨーロッパから北アメリカへ向かう長距離線のパイロットは、日常的にグリーンランドの上を飛ぶ。ドラマチックな眺望が現れるのは、離陸後、三時間ほどしてからだ。スコットランドやアイスランドを覆っていた雲は跡形もない。グリーンランド東海岸の垂直に切りたった海岸線の手前で、ぱたりと雲が途切れるのである。

コックピットのディスプレイ上にグリーンランドが見えてくると、さほど間を置かずして窓の外に本物の海岸線が姿を現す。船で近づくときに見える陸の輪郭と同じように、水平線の向こうから、ゆっくりと稜線が昇ってくる。

海岸沿いに連なる山々に打ち寄せる海は固く凍りつき、紙のように白いかネオンブルーで、青い海には生まれたばかりの氷山の白点が散らばっている。氷河の角から産み落とされた氷山の産声がコックピットまで届くことはないが、急に海に放りこまれたのだから悲鳴をあげているにちがいない。長くせりだした角から絶えず落ちるしずくが、なだめるようにビートを刻み、そのリズムは日射しに急かされるとペースをあげる。大きな氷山ならば自前の影でみずからの半身を覆うこともできるし、かなり上空にいる旅客機からも垂直に切りたった斜面を確認することができる。

ロンドンとロサンゼルスを結ぶフライトを終え、美しい夕焼けが見えるホテルにチェックインした。開け放たれた窓のそばで、ついさっき飛んだ世界の言葉を並べてみる。定着氷、二年氷、タイド・クラック、ニラス、アイス・キール、ポリニヤ、それからイルリサット、ウペルナビク、テューレーといった小さな集落。今日、自分がその上で昼食を食べたことが現実とは思えない。

グリーンランド上空ほど、水の循環が際立つ場所もない。海岸沿いの山間を流れる氷河はくっきりと見えるのに、終点である海には低層雲が張りだして、まるでフィヨルドから雲へ、白い流れが連続しているようだ。氷の川と雲の川の境は不明瞭だ。内陸には氷が溶けてサファイア色の池ができ、空と同色の川へ注いでいる。洋上に雲がなければ、氷山の旅立ちを見守ることもできる。氷山にとって、海は旅の始まりであり、終わりでもある。水は、永遠の循環のなかにいる。

グリーンランドは山に囲まれたボウルのような形状をしているが、岩や土の色を見ることはほとんどない。ボウルの縁にあたる雲をまとった峰々は隙間なく雪に覆われている。積雪量が多くて地面がまったく見えないので、上空からは光と影でしか地形を判別できない。まるで地球規模の影絵を見ているようだ。ところどころにしわの寄った白い大地が、強烈な太陽にさらされて水蒸気をあげている。目に映るすべては、白の上に白が投げかける影であり、降り積もった雪の高さであり、空と氷にくるまれた海の恐ろしく澄んだ青である。グリーンランドの眺めは最高だ。ここよりすばらしい場所はない。しかし私たちが見ているのは、結局、すべて水なのである。

Encounters:

出会い、遭遇

初めて旅客機に乗ったのはおそらくベルギーへ家族旅行をしたときで、私は七歳だった。経営コンサルタントになって、出張で旅客機に乗るようになってからというもの、見るものすべてに目を真ん丸くしていた少年時代をよく思い出した。ノートパソコンと刷りあがったばかりの名刺、スーツが入ったガーメントバッグを持って旅客機に乗るビジネスマンの自分とは、ずいぶんかけ離れた存在に思えた。

子どもの頃は旅客機に乗るたびにコックピットを見学したいと希望したものだが、就職してからは言いだしにくくなっていた。機内でも仕事をしなければならないし、到着後すぐに会議があるので仮眠も必要だ。同僚に、飛行機オタクだとか、子どもっぽいとか思われるのがいやだったせいもある。

それでも今回の出張は特別だ。友人とシェアしているボストンのアパートメントで地図を広げ、何週間も前からあれこれ計画を練った。きっと、一生記憶に残る旅になる。宇宙から撮影した地球の写真や、地球儀を見るたびに思い返す旅になるだろう。そういう予感があった。行程はまずボストンから日本へ飛び、そこで数週間滞在して、ヨーロッパへ行き、最終的にボストンへ戻る。つまり旅客機で世界を一周するのだ。

経営コンサルタント業界では、就職試験の面接で、ぜったいに答えがわからない質問をする慣習がある。カナダには木が何本生えているかといった類の質問だ（ちなみにこの質問については、今でもカナダの北方林帯の上を飛行するたびに反芻《はんすう》している）。経営コンサルタントは、クライアントから無茶な質問をされたときも、筋の通った推測に基づいてそれなりの答えを出さなければならない。私の面接試験では、アメリカにバイオリンは何挺くらいあるかと質問された。私はまず、自分の通っていた学校にバイオリンがどのくらいあったかを思い出して、それを州規模、さらに国家規模に換算した。自分が面接官を務めたときは、世界で航空機に乗ったことのある人は何割くらいいるかと質問した（アメリカ人とイギリス人のざっと八割が一度は航空機に乗ったことがある。世界規模の調査は行われていないが、おそらく二割を遥かに下まわるのではないだろうか。この二割以下という値は、一九六五年にアメリカで航空機に乗ったことがあると答えた人の割合と等しい）。

人類が誕生してから今までで、世界一周をした人はどのくらいいるか、という質問も考えられる。出発地から同じ方向に地球を一周して、出発した場所に戻ってこなければならない。するとと頻繁に空の旅をしている人はもちろんパイロットでさえ、世界一周を成し遂げた人はそうそういないのである。

今、私は世界一周の中継ぎの空にいる。東京からロンドンへ向かう747の機内だ。前の晩、新宿区内の高層ホテルで夜景を眺めているときから、このフライトが待ち遠しくてたまらなかった。一二時間、五二〇〇マイルにおよぶ空の旅を経て、ある島国の大都市からアジアとヨーロッパを越え、別の島国の大都市へ飛ぶのだ。

東京を離陸してそろそろ五時間。窓の外は白一色だ。大地を覆っているのは雲ではなく雪だと思うが、断言はできない。旅客機はおそらくシベリア上空を飛行している。シベリアを飛ぶのは初めてだった。ほかの乗客はシェードをぴったりと閉めて眠っている。窓の外の明るい太陽は、私たちがロンドンに到着してかなり経つまで沈む気配すら見せないだろう。客室乗務員が通りかかったのでノートパソコンを閉じ、コックピットを見学させてもらえないだろうかと訊いてみた。数分後に客室乗務員が戻ってきて、にっこりしながらどうぞこちらへと言った。私は彼女のあとについて階段をあがった。747のコックピットに入るのは初めてだ。それどころか上階デッキにあがることからして初体験だった。そう遠くない未来にこの旅客機を操縦して、東京とロンドン間を飛ぶことになると言われても、そのときはとても信じられなかっただろう。

機長に促されて座席に座る。副操縦士のひとりにお仕事は何ですかと尋ねられたが、私はむしろ彼の職業の話を聞きたかった。副操縦士はスクリーンを指さし、画面上部へ続く赤紫色の線が航空路だと教えてくれた。中央のコンソールから経路上の気象情報が印字されたレシートのようなものが出てくる。そこに書かれたロシアの町の気温は、この世のものとは思えないほど低かった。副操縦士は昼夜におよぶパイロットの仕事について、ユーモアと情熱を込めて語ってくれた。週末にロンドンと東京を気軽に往復する人生が、いかに普通とかけ離れているか。長時間のフライトの合間に休息をとるのがいかに難しいか。いくつものタイムゾーンを越え、日の出と日の入りを繰り返して、体内時計がすっかり狂ってしまうことについて。機長が、帽子のなかから折りたたまれたスケジュールをとりだした（のちに私も真似して帽子にスケジュールを挟むようになる）。そこに書かれているアルファベットと数字を解読すると、この機長は一週間後にはケープタウンにいて、さらに一〇日後はシドニーにいる。話に夢中になるうちに二〇分ほどが経過した。長居しすぎたことに気づいた私は、うしろ髪を引かれる思いで立ちあがり、礼を言った。

自分の席に戻って少しだけプレゼンの準備をしたあと、窓の外を眺め、うとうとした。数時間後、別の客室乗務員が私のところへ来て、もうすぐヒースロー空港に着陸するのでコックピットへいらっしゃいませんかと誘ってくれた。彼女が話し終わるよりも前に、私は立ちあがっていた。

ふたたびコックピットに入ってヘッドセットをもらった。パイロットたちと話をしているあいだにも、窓の向こうに異国の都市がせりあがってくる。細部まで完璧に再現したミニチュアのような風景が、海の上にのっている。私はそれを指さした。「あれはコペンハーゲンとエーレスンド海峡ですよ」パイロットはにっこりしてそう言うと、デンマークとスウェーデンの境を手で示した。アイザック・ディネーセンが生まれ、亡くなった海岸近くの地名を思い出そうとしたが、だめだった。コペンハーゲンはイギリスを拠点とするパイロットにとってなじみの景色だ。機上からこの都市が見えたらもう故郷《ホーム》は近い。パイロットになってからというもの、コペンハーゲンとロンドンの距離がぐっと縮んだ。ユーラシア大陸の上空で過ごした勤務時間の終わりを告げる区間だ。この星における両都市の存在は、高速の出口標識と同じくらい見落としようがない。

機長がフリースラント諸島を指さした。オランダ海岸の北に弧を描く島々の眺めに、十代の頃に好きだった本のことが思い出された。何百もの言語を紹介した本には、フリースラント語が存在することも、英語と似ていることも書いてあった。管制官がパイロットに「コール・ロンドン」と告げた。なんだか旅客機が言語の変化をたどっているような気がしてくる。フリースラント諸島を見て、外国語訛りの管制官のしゃべり方を聞くだけのために空を飛んでいるような錯覚にとらわれる。やがてイギリス人管制官が対空無線に出てきて、降下を指示した。

着陸をコックピットで体験するのは初めてだった。この午後のことは、あとで何度も新鮮な感動とともに思い返すことになる。自動操縦を解除したときに鳴り響く警報音がなんなのか、当時の私にはわからなかった。滑走路からの高さを告げる、例のコンピュータの声にも驚いた。さらに高度二〇〇フィート、イギリスの大地まで一五秒の位置で響く「ディ・サイド」の声にも。

警報音や音声以上に強く印象に残ったのは、降下しはじめて間もなく、飛ぶことの本質のようなものを垣間見た気がしたことだ。子どもの頃、ジョン・F・ケネディ国際空港でサウジアラビアの旅客機を見たときのことがフラッシュバックした。霧にかすむ東京の朝は、すでに記憶のなかに埋もれている。気づくと私たちは、さっきまで下にあった午後の雲に包まれていた。雲はうねりながら機体の周囲を流れ、やがてその下にロンドンの街並みが召喚される。もの心ついた頃からずっと飛ぶことに憧れていたというのに、その瞬間まで、私はパイロットという仕事の真のすばらしさを知らずにいた。都市の眺めがこうもたやすく、平凡な一日を特別なものに変えてくれるということを。

四年後、私はロサンゼルス空港内をぶらついていた。すでにパイロットになっていたが、その日は乗客としてロンドン行きの便に搭乗する予定だった。ふいに東京とロンドンを結ぶフライトで親切にしてくれた副操縦士らしき人を見つけた。声をかけ、あいさつをして、あのときの礼を言う。副操縦士はしばらくきょとんとしていたが、しまいに思い出してくれた。それからしばらく立ち話をした。私が歳月を経て同じ世界に入ったと知って、彼は自分のことのように喜んでくれた。そしてふたたびロンドンまで、私を乗せて飛んでくれたのだった。

三年後、東京郊外のバーにいたとき……いや、北京かシンガポールのカフェにいたときだったかもしれない。また副操縦士を見かけて声をかけた。私は747に移ったところで、彼も相変わらず747で飛んでいた。そういう意味で、私は前回よりも彼に近づいた気がした。しばらく話してから別れた。また数年後に、サンパウロのシュラスカリア（ステーキハウス）で遭遇するかもしれない。そして一緒に食事をして、おしゃべりして、別の都市での再会を楽しみに別れるのだ。

彼との再会がこうも印象的なのは、初めてコックピットで経験した着陸の感動もあるだろう。そしてこんなふうに続く絆が（パイロットでない人からすれば絆といえるほどの関係でもないかもしれないが）非常に貴重だからでもある。航空業界に入って時間や場所の概念がひっくり返り、人づきあいも大きく変わった。常に移動しているので継続した関係を築くのが難しく、だからこそ数少ない友だちは大事だ。時差や地球の大きさに薄まることのない友情が何よりの宝に思える。

いつだったか、パイロットは空港内のどこにいるのかと質問されたことがある。車で出勤するならどこに駐車するのか、フライトの何時間前までに出勤しなければならないのか、同じ便で働く同僚とはどこで会うのか、ひょっとして機内で初めて顔を合わせるのか、といったことだ。

長距離線を担当する日なら、空港に着いてまず手荷物を預ける。それから到着ロビーと出発ロビーのあいだにある広々としたオフィスフロアへ向かう。この際、私は意識的に階段を使う。離陸したら半日以上もコックピットでじっとしていなければならないので、身体を動かせるうちに動かしておきたいからだ。オフィスフロアはコンピュータのある事務所と、ミーティング・ルームと、職員専用のカフェでだいたい三等分されている。まずはコーヒーを片手にコンピュータの前へ行き、最後に職場を出てから今までに発行された文書にざっと目を通す。新しい運用手続きや新型の機材に関する文書もあり、747に新しいコンピュータ・システムが搭載された場合も、技術上の改良点とそれに伴う手順の変更などをこうした文書で確認する。

出勤してから文書を確認するまでのどこかで、IDカードをシステムに読みこませて、空港内にいることを知らせなければならない。さもないとレポート時刻（長距離線の場合は離陸時刻の九〇分前）に、誰かが私の携帯を鳴らし、車輪がパンクして道路で立ち往生していないか、スケジュールをまちがえて家のソファーでコーヒーを飲んでいないか確かめることになる。

レポート時刻になったら、指定されたミーティング室へ行き、そこで初めてほかのパイロットや客室乗務員と顔を合わせる。よくある誤解に、旅客機のクルーは数人のパイロットと客室乗務員で編成する固定されたチームのようなもので、多少の入れ替えはあってもだいたい同じ顔ぶれで働いているのだろうというものがあるが、少なくとも私の会社ではまったくちがう。747のクルーは一六人から二〇人のあいだだが、ミーティング室に行って、これからともに世界を横断しようという面々が残らず初対面のこともめずらしくない。クルーが名札をつけているのは、乗客のためだけではないのだ。

飛行前ブリーフィングは二部構成だ。まずは全体ミーティングで、その日のフライトの概要を打ち合わせる。客室乗務員が乗客について説明する。たとえば目の不自由な人が大勢乗っているかもしれないし、王室の誰かが搭乗しているかもしれない。最近ではチャリティマラソンに参加する数百人の警察官を乗せたこともある。

パイロットから、飛行時間と乱気流が予測される空域およびその時間帯を伝える。乱気流の発生場所は、高層風からだいたい予測できる。さらに飛行経路にシベリアやカナダ北部、大西洋のど真ん中、山脈地帯などの僻地が含まれる場合、それも周知する。飛行中にトラブルが発生したときの対処が変わるからだ。続いて目的地に関して、たとえばマラリアの流行などがあれば連絡するし、クルーの友人や家族が搭乗している場合も全員で情報を共有する。クルーの家族や友人はひそかに（だが愛情を込めて）クリンゴン人〔訳注／『スタートレック』シリーズに登場する架空のヒューマノイド型異星人〕と呼ばれる。最後に忘れてならないのは駐機場所だ。大きな空港では大事な情報である。

そのあとマニュアルの変更点を再確認し、飛行安全に関する手順を復習する。緊急時、コックピットの内と外でお互いにとるべき対処を共有するためだ。たとえば機内の気圧が保てなくなったとき、パイロットにはパイロットの、客室乗務員には客室乗務員のやるべきことがある。緊急事態が起きてから調整しようとしても、お互いに余裕がなく、機内は広い。山岳地帯で気圧低下が起こった場合は思うように降下することもできないので、酸素マスク越しに意思疎通しなければならないだろう。コックピットと客室の模型が置かれた訓練センターで定期的に訓練し、それぞれの立場から手順を見直し、話し合いをしてはいるが、飛行前ブリーフィングはそれを復習するよい機会だ。新しい顔ぶれで、ほんの数時間後にそういう事態に遭遇するかもしれないのだから。

客室乗務員とのブリーフィングが終わると、パイロット同士でフライトに関する細かな打ち合わせに入る。飛行経路、経路上の、閉鎖中または一部の機能が使用できない空港の有無、それから航空機の軽微な（運航に支障のない）不具合について分厚いマニュアルで確認する。天候は重要だ。ブリーフィングではたいてい、ルート全体の地図が表示される。たとえば日本へ向かう北まわりのルートは北極が中心で、南北のどちらを上に表示するかはそのときの好みだ。地図に散らばる気象記号はヒエログリフにちなんで〝メトログリフ〟とでも呼びたくなる形状で、ジェットストリームの位置や、乱気流や嵐や着氷が予測される空域を示している。記号ひとつがヨーロッパの一国ほども大きい。台風とハリケーンは円の両端からくるりと巻いた尾が生えていて、航空機のマニュアルに登場するポンプの記号に似ている（申し合わせたわけではないだろうが、区分は合っているのではないだろうか）。火山を表す記号は頭頂部のないピラミッド型で、てっぺんからどろりと溶岩が垂れている。放射能関連の記号もある。たくさんの記号が飾る世界の上を、誰かのペンが秒速何百マイルの速さですべっていく。「ここに乱気流がある」「ここは着氷に注意」コーヒーが一滴、地図の上に染みをつくる。「ここにも乱気流が予報されていて、間の悪いことにちょうど乗客に朝食を出す頃にぶつかるかもしれないな」「ここには嵐、ここは火山……」

次に目的地と周辺空港の天候を確認する。参考にするのは航空気象だけではない（ちなみに航空気象はコードと数字だけで構成される。職業柄、すっかりこの形式に慣れたので、今では自宅周辺の天候も航空気象を参考にしている）。それぞれのパイロットの経験も大事だ。たとえば私にとっては初めての空港でも、ほかのパイロットが知っているかもしれない。サンパウロは急に大雨が降ることで有名だ。サンフランシスコは通常の大気の特性に反して、地表近くで風が強い。また地表近くの風は乱気流にはなりにくいものだが、成田空港に着陸するときは、たいした風でもないのに驚くほど機体が揺れることがある。経験を積むと世界の都市の気象を、気難しい同僚の性格のように把握できるようになる。

コンピュータが算出する燃料の消費量は実際よりも多めになるが、風の予報が外れたり、タクシーに予想以上に時間がかかったりするとすぐにぎりぎりになる。天候のせいで最適高度で飛行できないかもしれないし、空港が混雑していて着陸が遅れる場合もある。そこであるルートを飛行するのに必要な燃料に、不測事態が起きた場合の予備を加えて給油する。機体ごとのフューエル・ファクター（燃費）も考慮される。これはゴルフのハンディのようなもので、同じ機種でも燃費の悪い機体には余分に燃料を入れる。その日の燃料搭載量が決まると、ミーティング室の外のコンピュータ端末に数値を入力し、燃料班に知らせる。長距離線の給油はかなり時間がかかるので、クルーが旅客機に乗りこむ遥か前から給油を開始しなければならない。

どのパイロットにも〝初単独飛行〟という節目がある。教官なしで、初めてひとりで空を飛ぶ瞬間だ。単独飛行を祝う儀式もたくさんあって、着陸時、新米パイロットはバケツの水をかけられたり、シャツの裾をはさみで切られたりする。私も飛行訓練の初期に、アリゾナ州フェニックスの近郊で儀式を経験した。

単独飛行が終わると、有視界飛行訓練は単独飛行と教官同乗が半々の割合になる。有視界飛行訓練も終わりに近づいたとき、教官から思いがけない事実を指摘された。「イギリスに戻って計器飛行訓練が始まったら、毎回、教官と一緒に飛ぶことになる。今日が最後の単独飛行だ。存分に楽しむといい」よく晴れた午後、練習機に乗りこもうとした私に向かって、教官はそう言った。今後は、個人的に飛ぶのでないかぎり、一生ひとりで飛ぶ機会はないのだと。

実際、そのとおりになった。旅客機をふたりのパイロットで操縦するのは万が一の予備ではない。設計からしてふたりのパイロット、つまり機長と副操縦士で操縦するようになっているのだ。機長も副操縦士も操縦に関してほぼ同じ役割をこなすが、機長はフライトの前後でたくさんの書類にサインしなくてはならないし、馬車の御者と同じくコックピットの左側の席に座り、乗客と貨物に対する管理責任を負い、クルーの指揮官として最高位の法的権限を有する。

操縦は〝操縦（パイロット・フライング）〟と〝モニター（パイロット・モニタリング）〟のあいだできっちり役割分担されており、それは自動操縦のときも同じだ。機長と副操縦士は順番に〝操縦〟と〝モニター〟の役割をこなす。ふたりのパイロットが互いの監視役となって事故防止に努める優れた方式だ。

フライトの前に機長が操縦の順番を決める。その際いくつか考慮すべき事項があり、たとえば〝技量維持〟のために必要とされる操縦時間や着陸の回数が足りていない者を優先させることもある。天候にも左右される。たとえば副操縦士である私は、霧などで自動着陸する場合は操縦を担当できない。ロンドンとニューヨークを往復するとき、復路で霧が予報されていれば、機長は「きみがアウトで、私がホームにしよう」と言うだろう。アウトはニューヨークへ行くとき、ホームはロンドンに戻るときに操縦するという意味だ。さらに長距離になると副操縦士がもうひとり増え、増えたパイロットは〝ヘビー（荷物）〟と呼ばれる。ふたりの副操縦士を前にして、機長はどっちが〝ヘビー・アウト〟でどっちが〝ヘビー・ホーム〟にするかと尋ねるだろう。長距離線で、ふたりの副操縦士がそろって技量維持のために着陸の経験を必要としている場合など、機長はアウトもホームも操縦しないこともある。最長のフライトとなるとさらにヘビーが追加され、ぜんぶで四人のパイロットが交代で勤務する。ふたりが操縦しているとき、もうふたりは夢の世界を漂う。

操縦とモニターの仕事は細部まできっちり決められている。操作手順だけでなく、各段階で発する台詞まで決まっているのだ。たとえば操縦者が脚をおろすと判断したとする。操縦者は自分でレバーに手をのばすことはせず、代わりに〝ギア・ダウン〟と言う。モニターは聞きまちがえを防止するために指示を復唱し、それから指示に対して速度と高度が適切かどうかを確認する。そうして初めて実際にレバーを動かす。このような役割分担は、アメリカ式の長距離ドライブに似ているかもしれない。どちらかが運転するあいだ、もう一方は道順を指示し、BGMを決め、室内温度を調整する。軽食や飲みものを運転手に手渡して、スマートフォンで近くの町でいちばんいいダイナーを探し、モーテルに電話をして空き室の状況を調べる。

近年、旅客機のパイロットが飛行安全のために用いているチェックリストが、他の分野にもとりいれられるようになってきた。とくに医療分野では（たとえば動脈や静脈にカテーテルを挿入したあとの感染予防など）チェックリストの導入によって単純なミスの発生率を劇的に減らすことができたという。旅客機においてチェックリストは驚くほど厳格に実行されている。

飛行安全にかかわるチェックリストを確認する際は、例外なくふたりの人間を必要とする。ひとりが項目を読みあげ《チャレンジ》、もうひとりが答える《レスポンド》。まず操縦者がリストの名前（ランディング・チェックリストなど）を言う。モニターは該当するリストをホルダーから抜き（今では多くの航空機で電子チェックリストが使われているが、やっていることは同じ）、タイトルを読みあげる。次に最初の項目、たとえば「スピードブレーキ」などと声に出して言う。すると操縦しているパイロットはスピードブレーキがアームド（作動）になっていることを確かめ「アームド」と答える。モニターのパイロットはこの答えがリストと一致していることを確認して次の項目に移る。

コックピットでは責任の所在が明確だ。操縦しているときにちょっと立って足をのばしたいと思ったら、モニターのパイロットを振り返って「ユー・ハヴ・コントロール」と言う。

今からあなたが操縦する、という意味だ。相手が「アイ・ハヴ・コントロール」とか「アイ・ハヴ・ディ・エアプレイン」とかと答えれば、そこで初めてシートベルトを外すことができる。

こうした仕事の進め方は、客室乗務員のあいだにも、客室乗務員とパイロットのあいだにも存在するが、ほかの職場ではあまり聞いたことがない。狭い機内で、綿密に組みあげられた役割分担が、面識のないクルーをつないでいる。夜の大西洋でも、サハラ砂漠の上空でも、私たちには互いしかいない。遠い外国の町で、ほかに知った人もなく、夜遅くまで食べたり話したりすることもあれば、翌日、何人かで集まって見知らぬ土地を歩きまわり、レンタカーを借りて郊外へ出かけ、誰かの趣味につきあったりすることもある。そしてその夜もしくは翌日の夜には、また厳正な連携のもとに旅客機を飛ばす。

母空港に戻ったら手荷物受取所で荷物を受領し、同僚と笑顔で握手を交わし、いいフライトができたことに感謝する。水平線の彼方まで行って、戻ってきた。これ以上の絆があるだろうか？　それでも、この別れを最後に、二度と言葉を交わさない可能性も充分にある。再会したとしても数年後で、最初に仕事をしたのがどこ行きの便だったか、それがいつのことで、長いフライトのあいだに何を話したのか、まったく覚えていないかもしれない。半年前や数年前のフライトで何時間も語り合ったというのに、話の内容を何も覚えていなくて気まずい思いをするのは私だけでないはずだ。逆に名前と顔は記憶になくても、家族が抱える健康上の問題や、パートナーが経営しているペットショップについて、はたまた海釣りが好きだとかいう個人的なエピソードを聞いて、この人とは以前に会ったと気づくこともある。相手の人生における印象的な出来事は覚えているのに、顔はまったく記憶にないのだから困ったものだ。フライトを繰り返すたびに人間関係が上書きされて、断片しか残らない。単純に、記憶力が追いつかない。

有史以前の人間は、ちっぽけな集落を全世界だと思っていたという。旅客機のパイロットとして、日々、巨大都市を飛びまわる自分とは大ちがいだ。何より、仕事仲間として一時的にチームを組み、細かく決まった手順に従って共同作業をこなし、あっさり別れを告げるクルーの人間関係は、古の人間関係の対極にある。

パイロットになる前に、こんなにも短い出会いと別れを繰り返す職業だと知っていたら、それは空を飛ぶ代償だと思ったかもしれない。しかし仕事仲間の顔や名前がわからないからこそ、親切が身に染みることもある。初めて顔を合わせる同僚について、わかっていることはふたつしかない。ひとつは相手が定められた仕事を果たすのに必要な資格を持っていること。もうひとつは、じきに出発時間だということ。そういう状況では、自然な思いやりや親しみが必要だし、それが当然のようにやりとりされている。お互いに気持ちよく働くための、シンプルな善意の交換なのである。

ほかにもこの仕事ならではのやりがいがあって、それは新聞配達をしていた十代の頃に感じたやりがいと似ているように思う。たとえば氷点下で雪がちらつく朝など、仕事に行くのがいやだったけれど、つらいからこそ世界がまだ眠っている時間帯に、誰に褒められるわけでもなく新聞を配っている自分にささやかな誇りを持てた。注目されるのは遅刻したり欠勤したりしたときだけで、普段は誰にも気にかけてもらえない。そういう環境で世界が滞りなく動くように、朝早くから（または夜遅くまで）働くことへの誇りは新聞配達もパイロットも同じだ。きっと電力会社の社員や、除雪車の運転手も共通した思いを抱いているだろう。

地上勤務員との絆もいい。互いの技術と知恵を出し合って問題を解決し、定刻どおりに旅客機を離陸させ、着陸させる。搭乗受付から搭乗案内、整備、配膳、清掃と、多岐にわたる空港業務のなかでも、パイロットがいちばん親しく働く地上勤務員がいる。呼び名は国によっても航空会社によっても異なるがターンアラウンドマネージャー（またはコーディネーター）もしくはディスパッチャーと呼ぶことが多い。私の職場では〝レッドキャップ〟という愛称で呼ばれており、それは彼らがかぶっている派手な赤い帽子に由来する。

レッドキャップの仕事はさまざまだが、なかでも旅客機の離陸準備の責任者として、手荷物の積みこみから給油、配膳、乗客の搭乗全般を統括する。三七〇トンの旅客機をできるだけ早く目的地の方向へ〝ターンアラウンド（方向転換）〟させるのが使命だ。レッドキャップはコックピットに入って自己紹介をすると、離陸までに解決しなければならない山のような問題に対処しながら断言する。「時間どおりに送りだしますから任せてください」と。

外国の空港にいるレッドキャップは現地スタッフとも連携しなければならない。ある意味、古代帝国の通訳のような存在で、パイロットよりも遥かに国際化されている。海外の空港には英語を話せない現地スタッフも多いので、レッドキャップは英語に加えて外国語を（二カ国語、三カ国語と）操ることができる。いくら電子メールや会議通話が世界をつないでも、ロンドンにいながら、シカゴやアクラに着陸する747に必要な調整などできるわけがない。手荷物コンテナの寸法が合わなくては困るし、燃料や新しい毛布が用意されていないといけない。メールが届かなかったなどと言い訳する猶予はないのだ。人も貨物も、風や雪や赤道付近の強烈な日射しに耐えながら、空の向こうにジェット機が現れて、目の前に駐機される瞬間を待っているのだから。

レッドキャップは常に動いている。搭乗口にいたかと思えば旅客機の下に現れ、コックピットに入ってパイロットと話し、客室乗務員と打ち合わせをして、何時間も何千マイルも離れた本部に電話し、そのまま清掃員や配膳係の作業状況を監督する。ぼうっとしている姿など見たことはなく、彼らの携帯は常に鳴っている。

毎年、感謝祭になると、私はアパートメントに友人を招いてパーティーをする。アメリカ人として感謝祭の伝統をイギリスに紹介するとともに、子どもの頃から嫌いだったパンプキンパイを（イギリス人に気づかれないように）感謝祭の伝統メニューから抹殺しようとたくらんでいるのだ。家庭用の小さなオーブンで大量の料理を焼いたり、あたため直したりするのは至難の業だ。パーティーの日もフライトが入っているときなどは輪をかけて忙しい。ある年、夜にラゴスから戻って大急ぎで料理をし、イギリス産の七面鳥はどうしてきれいに羽がむしられていないんだとぶつくさ文句を言っているときに、ふと思った。家族にレッドキャップがいれば、どんなパーティーも滞りなく進むのだろうと。

たまに同じ航空会社の同僚に、職場の外で会うことがある。たとえば仕事ではなく個人で旅行をしているときだったり、共通の友人がいたりした場合などだ。そういうとき、私は彼らに特別な親近感を覚える。一ヵ月後に自分がどこにいるのかわからない。クリスマスを遠い異国で過ごすかもしれないし、大晦日もフライトで『オールド・ラング・サイン〔訳注／蛍の光、英語圏では年が切り替わるときに歌う〕』を口ずさむタイミングを逸するかもしれない。そういう気持ちを説明しなくてもわかってくれるからだ。旅客機のクルーは「次のケープタウンは八月だ」とか「来週はナイロビになった」などと時間と場所をセットで言う癖がある。ボンベイとかレニングラードといった都市の旧名をうっかり口にしても、クルーが相手なら怪訝な顔をされない。なぜならフライトスケジュールはもちろん、社内のあらゆる書類に記入される空港コードがBOMやLEDのままだからだ。世界有数の大都市、東京のことを私たちが成田と呼ぶのは、東京の空港コードが空港のある千葉の地名にちなんでNRTとなっているからである。

初めて訪れる都市で、パイロットの友人とレンタカーで観光するときなどは「これだからパイロットにハンドルを握らせると面倒なんだ」と冗談を言う。次の標識や曲がり角、目的地とそこまでのおおよその距離はもちろん、できればその次の標識や曲がり角や目的地まで掌握したがるからだ。パイロットがそういうふうになるのは、計器飛行訓練で、未来を時間と距離で考える訓練をしたからかもしれない。さもなければ人生や車の運転に対して先読みしたがる人が、パイロットに向いているのかもしれない。

意外にも、絶え間なく変わる顔ぶれがこの仕事の魅力になることもある。サウスダコタ州やサマルカンドの上空を何事もなく飛行しているときや、デリーの上空で朝食をとっているとき、眺めのよいコックピットで交わされる会話はバラエティに富んでいる。軍から民間の航空会社に移ったパイロットはとても多いが、空とはまったくかかわりのない前歴を持つ人もいる。客室乗務員の経歴はさらに多様だ。同僚が語る戦争体験や、西ベルリンの狭いコリドーを通過したときの話、イギリス最北の地ノーサンバーランドにある父親の経営するパブの話、インドで過ごした幼年時代に、ダージリンでテンジン・ノルゲイと会った話、モンゴルに携帯電話システムを導入しようと奮闘した日々のこと、湖水効果雪《スノウスコール》のなか、水上飛行機に石油の樽をくりつけて、カナダ北部の閑散とした湖の畔のキャンプ地まで運んだ話などを聞くと、飛行とはまた別の意味で視野が広がる。

出身地も年齢も経験も異なる同僚がこれだけ集まれば、もはやひとつの知的資源といっていい。あまり飛ばない飛行経路や空港、天候についてもさまざまな意見を聞くことができ、実務の面でも助かっている。また客室乗務員は正真正銘の歩くガイドブックなので、旅慣れた乗客は現地の情報を訊きだしていく。私の口から出る冗談の九割も同僚に教えてもらったものだ。旅客機のクルーはミーム〔訳注／生物の遺伝子のように再現や模倣を繰り返して受け継がれる社会習慣や文化〕の発信源であり、旅客機内で発せられた情報は、同僚や乗客を介して世界に波及している。

同僚の顔がわからないからこそ、小さな親切が心に響くこともある。たとえばフライトのあとは、次に使うパイロットのためにコックピットを整えるのがマナーだ。顔を合わせることもない相手のために、対空無線の周波数を離陸用チャンネルに合わせ、太陽の動きを予測してシェードをおろし、コックピットに熱がこもらないようにする（高温になると冷ますのに何時間もかかるからだ）。着陸用の高度設定を離陸用に設定し直す。孤独な夜間飛行を始めるとき、冷たい器材に囲まれた無人のコックピットで、そうした心遣いに出迎えられるのはいいものだ。

ここまでの話を読んで、旅客機のパイロットは職場の人間関係が希薄だと思うかもしれない。しかし、そういう環境だからこそ強い絆が芽生えることもある。世間が休暇のときはだいたい仕事で、機上の人でなかったとしても自宅から遠く離れた土地にいることが多い。クリスマスをリヤドで過ごさなければならなかったり、新年をイスタンブールで迎えたりすると、クルーの連帯は自然に強まるものだ。かつて身内が危篤になってアメリカ行きの便に乗客として搭乗した。ヒースロー空港を離陸する前に、上司が客室乗務員に私の事情を話してくれた。その日のクルーに面識のある人などひとりもいなかったし、それっきり顔を合わせてもいないが、ごく親しい友人にしか期待できないようなあたたかな思いやりを示してもらった。移動の多い仕事をしていると家族の緊急時にどんな思いをするか、みんな身に染みているからだ。

暴風雪やハリケーンや洪水で、特定の空港や地域が数日間から数週間、機能不全に陥るようなことがあると、さらに団結が強まる。異国のホテルが一時的な家になる。家族のもとに帰れないという思いは、ほかの何よりもクルーの結束を固くする。

フライトの中休みでケープタウンにいるとき、アイスランドの火山が噴きあげる灰でヨーロッパ上空が広く飛行不能になったことがあった。当初、南アフリカには二泊の予定だったが、最終的には一〇日になり、帰国できることを知ったのも離陸の数時間前になってからだった。

気の遠くなるような待ち時間に、私たちは慰み半分で航空機の消えたヨーロッパについて話し合った。空を飛ぶ以外の方法でどうやって帰ればいいのかについて。そのときほどアフリカ大陸の大きさ、そして世界の大きさを痛感したことはない。ケープ・カイロ鉄道はどうなった？　バイクでアフリカ西海岸を北上して、すり切れて埃まみれの制服のまま、カサブランカで見かける亡命者のようにヨーロッパへ渡る船を待つのはどうだなどとアフリカを縦断する経路を言い合ったり、ロンドンの本部に電話して、朝の運動がてらクルーをテーブルマウンテンに連れていってもいいか訊いてみようとか、いや、どうせならナミビアのスケルトン・コーストまで行きたい、ヴィクトリアの滝もいいかもしれないと、妄想をふくらませたりもした。そのあいだも747は、ケープタウンの空港で辛抱強く待っていてくれた。

私ともうひとりの副操縦士は、朝から一緒にドライブに出かけ、日々、西ケープ州の新しい土地を開拓した。飛ぶことや人生について語り、ホテルへ戻って夕方のニュースを聞いては、ヨーロッパの空が相変わらず閉鎖中であることに苦笑いし、明日はどこへ行こうかと相談した。あれ以来、彼とは飛んでいないが、遥か北大西洋の気まぐれな火山活動のおかげで、職場でもいちばんの友人を得たわけだ。ふたたび火山灰が空を覆うとき、747のコックピットやどこか大都市のレストランで会うことがあったら、いろいろ思い出話ができるだろう。

家族が代々、空にかかわってきたというパイロットはたくさんいる。父親がコンコルドの整備員だったり、大叔父が第二次世界大戦のとき手柄をたてた戦闘機乗りだったり、祖父が同じ航空会社のOBパイロットだなどという話はよく耳にする。パイロット同士または客室乗務員と結婚するパイロットも多く、夫婦がそろって同じ便に乗り合わせることもある。ちなみに私の会社には兄弟のパイロットと姉妹のパイロットがそれぞれ二組ずついるらしい。父親と息子が一緒に飛ぶこともたびたびある。最近では娘さんが同じ機種で飛びはじめたという機長に会った。

かつてパイロットとして記入が義務づけられている正規のログブックのほかに、手書きの日記をつけているという年配の機長と組んだ。日記には何を書くのですかと尋ねると、一緒に飛んだ同僚の名前と、彼らに聞いた話のなかから印象的だった事柄をいくつか書きとめておくのだ、という答えが返ってきた。「二度と一緒に飛ぶことがなかったとしても、忘れてしまいたくはないからね」と機長は言った。日記があれば、長いキャリアのある一日に、一緒に飛んだ人やその人の話を思い返すことができる。機長がつけていた日記は、私にとってもよい記念になった。日記をつけていた機長のことは、ぜったいに忘れないだろう。

旅に日記帳を持っていったことはないが、パイロットになって最初の数年は、昔ながらの布装のログブックを持っていた。分厚いログブックには、経歴管理のために必要なフライトの情報（日時、機長の名前、航空機の登録番号、出発地と到着地、夜間か昼間か）を記録していた。ある年の暮れ、母が亡くなる少し前のこと、ついに紙のログブックから電子ログブックに切り替えることにした。クリスマスを前にマサチューセッツの実家に戻って、母と一緒にお気に入りのコーヒーショップへ出かけ、熱いココアを片手に何時間か過ごした。本を読んだり地元紙を読んだりする母の横で、私は数百ページにおよぶ過去のログをノートパソコンに打ちこんでいった。単調な作業で、母は顔をあげるたびに同情の笑みを浮かべていたが、今思えばなんと贅沢な時間だったことだろう。機長の名前を打ちこんでは窓の外の雪景色に目をやって、数年前の秋の夜にローマやリスボンやソフィアへ一緒に飛んだ人の顔を思い浮かべた。そこで語られた会話の断片を捉えようとした。大事な冬の記憶だ。

パイロットにとっていちばんの絆はフライトスクールで培われる。アメリカ以外の多くの国では、旅客機のパイロットを養成する学校は全寮制で、一八カ月ほどの課程を終えて卒業すると、たいてい同じ航空会社に入社する。一年半も助け合って過ごした仲間が一生の仲間になるわけだ。

ある日、私は香港にいた。蒸し暑い日で、昼飯どきだった。前の日に香港に入り、その日は九龍地区にある無料インターネット接続ができるカフェにひとりでいた（パイロットと客室乗務員は、無料インターネット接続のできる場所に関してバックパッカー並みに鼻が利く）。フライトスクールの同期からSNSの投稿があった。「飛行訓練を受けていたとき、夜中にカイロの中華料理屋でひとり、地元バンドがソフト・ロックを台なしにするのを聞きながら飯を食う日がくるなんて、誰も教えてくれなかった」と書いてあった。パイロットなら誰しも似たような孤独を経験している。だから共感と励ましのコメントを送る。たとえば北京のエジプト料理店から……。

ごく稀に、海外でフライトスクールの同期に会うことがある。たまたま同じ日に、同じ空港に飛来したのだ。それに輪をかけて稀なのは、同期と同じ便になること。これまでのキャリアでも一〇回ほどしかないが、いずれの機会も何週間も前から胸が躍った。常に新しい顔ぶれで仕事をし、家族や友人にもなかなか会えないのだから、仕事で同期と一緒になるのがどれほど特別なことかわかっていただけるだろう。どんな職場でも友人と一緒に働くのは楽しいだろうが、インド洋に沈む太陽やグリーンランドの海岸山脈を一緒に眺められるとなれば格別だ。友がいて、愛する仕事があれば、それ以上望むものなどない。

有視界飛行訓練をしたアリゾナでペアを組んだパイロットとは、今でもよい友人だ。ときどき相方なしにソロで飛ぶこともあったが、教官と飛ぶときは必ずどちらかが後部座席にいた。

ある朝、私たちのどちらにもソロフライトが組まれていた。順番にタクシーアウトして、離陸したあとでお互いを見つけ、フェニックスからツーソンまでそろって飛んだ。ツーソンでたっぷりした食事をとったあと、小型機に燃料を入れて、ふたたび連なって空に舞いあがった。互いが見える距離を保ちながら西へ向かう。カベッサ・プリエータ国立野生動物保護区の、黄褐色の見事な山景の上を追いかけっこするように飛び、コロラド川に沿ってユマへ、アリゾナ州とカリフォルニア州とメキシコが交わるあたりまで行った。

私たちは対空無線で、眼下の景色について、その夜、別の同期が計画しているバーベキュー・パーティーについて、近々見にいく映画について話した。そのときばかりは対空無線も、管制官からの指示や気象通報ではなく、青い空の下で友人と会話するだけのために存在するように思えた。だから航空機に最初に搭載された電子機器が対空無線だったのだと。親友と一緒に小型機を操縦して砂漠を越え、日常のたわいもない話をした冬の日のことは、ぜったいに忘れない。

旅客機を操縦しているとき、対空無線から知り合いの声が聞こえてくることもある。お互い世界を飛びまわるパイロット同士、同じ時間に同じ空域にいるよう、あらかじめ手配することなどできるわけがない。たとえば私がニューヨークを離陸してロンドンに向かって高度をあげているとき、ロンドンからニューヨークへ飛来して、高度をさげている友人の声を聞くこともある。もう少しで顔が見られたのにと思うと、両都市のありがた迷惑な均衡のようなものを、私と友人だけが背負わされたような口惜しさがある。対空無線で友人の声を聞いたとき、他機の交信の邪魔にならなければ、早口であいさつを交わす。友人の操縦する機体がどこにいるのかわからないし、どこに向かっているのか見当もつかない。やがてどちらかが周波数を変え、別れの言葉もなく対空無線から消える。闇のなかですれちがった二隻の船のように、私たちは遠ざかっていく。

パイロットと客室乗務員がインターコムで交わす会話のひとつに、数週間後に引退するクルーの連絡がある。形骸化しつつあるものの、世界中の大型旅客機で行われている儀式のためだ。引退するクルーの名前を聞いたパイロットは、機内に一〇カ所以上あるインターコムを順番に呼びだして当人を捜し、ロンドンに着陸するときにコックピットへ来ないかと誘う。朝食の機内サービスが終わると、当の客室乗務員がコックピットへやってくる。その日は私がヘビー・ホーム、つまり予備のパイロットだった。操縦しているパイロットたちのうしろに客室乗務員と並んで座って、油絵に入ったひびのようなチルターン丘陵の生け垣が、翼の下をすぎていくのを眺めた。前日に見たバンクーバーの日の入りや、夕焼けに染まるカナダの山々の白い頂はすでに遠い記憶になっている。引退する客室乗務員に、最近、着陸のときにコックピットに入ったことがあるかと尋ねると、客室乗務員は首を横に振った。「ずいぶん久しぶりだわ。夫も747のパイロットだったの。数年前に夫が引退してからは、コックピットで着陸を見ていなかった」

夫婦そろって現役のときは一緒に飛ぶ機会もあったのかと尋ねると、彼女はうなずいた。

「ケープタウン、シンガポール、香港がお気に入りだった」そう言ってにっこりする。遠くない未来、私たちが乗っている747も引退する。私は、すでに引退した客室乗務員の夫のことを思った。もうじき彼女が引退し、いつか私の番も来るのだ。

常々、フライトのたびにあっさり解散する人間関係から解放されたらほっとするのではないかと思っていたので、引退したご主人は現役時代を懐かしがっているかと質問すると、彼女は、窓の外を流れる風景を眺めながら答えた。「ええ、もちろん。恋しがっているわ。何よりみなさんに会えないのがさみしいと言うの」〝みなさん〟というのは長いキャリアのなかで出会った何百人ものパイロットのことか、それとも地上勤務員のことか、と重ねて質問した。ひょっとすると乗客のことだろうか。「あら、ぜんぶよ、ぜんぶ」彼女は声をあげて笑い、左側の窓の外に広がるウィンザーに目をやった。前方に滑走路が現れ、巨大な車輪がおろされた。

他社のパイロットのことはよく知らない。対空無線で話すときも管制官を介する。だからといって管制官のことも知っているとはいえない。

ただ母空港の管制官の声は、それがヒースローのような混雑する空港であっても覚えてしまうものだ。ヒースロー空港の管制塔を見学して、耳になじんだ声に名前と顔がついたときはうれしかった。外国で長い時間を過ごして帰ってきたとき、降下する旅客機の窓から見るリッチモンド公園やレイズバリー貯水池と同じように、母空港の管制官の声は故郷《ホーム》のぬくもりを届けてくれる。一方で、海外の空港や、出発地と到着地のあいだの空域を担当する管制官の声は、いつまで経っても識別できない。

二機の旅客機が、同じ飛行経路を同じ時間帯に飛ぶこともある。異なるのは高度だけだ。いずれ速度や風のちがいで離れていくが、離陸して三〇分くらいは互いの機影を確認できる。そういうとき、対空無線で一方のパイロットが他方のパイロットに、写真を撮ったからメールアドレスを教えてくれと言うのを何度か聞いた。旅客機の写真はもちろん好きだし、それが大西洋やナミビアやアンダマン海の上を飛んでいる自分の機の写真となれば格別だろう。しかもそういう写真が、顔を合わせたこともないパイロットから送られてくるのだ。アリゾナ州南部で飛行訓練をしているとき、友人でもある訓練の相棒が小型機を操縦する私を写した一枚は、今でも宝物である。

互いの姿が見えなくても、一二三・四五メガヘルツの共通周波数で近くを飛ぶ航空機と交信することができる。この周波数は同一空域を飛行するパイロットに乱気流の位置を知らせるために使われることが多いのだが、ちょっとした冗談を飛ばすこともあるし、暗黒の大西洋を東向きに飛ぶパイロットに、流星群とか、オーロラとか、金星と木星の大接近を知らせることもある。どこかの国の選挙結果や現在進行中の試合の得点が知りたいときも便利だ。ただしインターネットが空にも張りめぐらされてからというもの、そうしたリクエストは、世界が今ほどつながっていない時代を知るパイロットの思い出話になってしまった。

一九七〇年代に、イギリスの税務当局が対空無線に使用税をかけたことがあるという。対空無線を娯楽の一種と勘ちがいしたらしい。共通周波数ではけたたましい音楽が流れているときもあるし、誰かがカラオケをしていることもある。「歌手デビューなんて夢にも考えないほうがいい」というバックコーラスつきで。

大洋上空では対空無線も静かなので、複数の周波数をいっぺんにモニターする。まずはパイロットの共通周波数、次に試合のスコア以外の緊急事態を知らせる緊急周波数、機長とのインターコム、さらに客室乗務員とのインターコムだ。複数回線を同時に聞くことに慣れていなければ、かなり不協和音に思えるかもしれない。

いつだったかロンドンとニューヨークの中間あたりを飛行していたときのこと。共通周波数で、アメリカ人パイロットが、別の航空会社のある便を呼びだした。一瞬あとで、フランス語訛りの男性の声が答える。アメリカ人パイロットは、自分の妻と娘がそちらの便に搭乗しているのだと説明した。「客室乗務員に頼んで、さほど遠くない空から私がよろしく言っていたと妻に伝えてくれませんか」と。共通周波数から、早口の航空用語か試合の得点、悪意のない冗談以外が聞こえてくるのはめずらしい。半径数百マイルの空域を飛ぶパイロットが残らず聞き耳を立てた。

フランス人パイロットが了解した。そして数分後に聞こえてきたのは、フランス人パイロットの声でも、アメリカ人パイロットの声でもなく、なんとアメリカ人パイロットの妻の声だった。フランス人パイロットが、彼女をコックピットに招き、ヘッドセットを与え、旦那さんに話しかけるよう促したのだった。響いてきた妻の声に、すぐさまアメリカ人パイロットが応じた。照れ笑いのまじった声が、大西洋上の巨大な円のなかにいるすべてのパイロットの耳に響いた。アメリカ人パイロットの人生において、家庭と仕事がこんなふうに重なることは二度とないだろう。青い海の上にいっときだけ、夫婦を結ぶ雑音混じりの電波の橋がかかった。

いつでもどこでも簡単に誰とでも連絡がとれる最新の通信技術は、パイロットや客室乗務員の生活を大きく変えた。仕事をしながら家族ともコミュニケーションがとれるのだから、前時代のクルーからしたら夢のような話だ。一方で、そういう時代だからこそ、人と人を物理的につなげる旅客機の存在は大きい。実際に会うことに比べたら、ほかのどんなつながりも疑似体験にすぎない。インターネットは、ひとりの人間がある都市へ行き、どこかのテーブルについたり、誰かの腕に抱かれたりする、そのときにできる影のようなものだ。

生前、母がロンドンを訪ねてきて、一緒に大英博物館へ出かけたことや、グリーンパークを散歩したときのことを思い出すと、今でも胸があたたかくなる。とりわけ印象に残っているのは、ヒースロー空港の手荷物受け取りエリアの扉が開き、そこに母の姿を見つけた瞬間だ。かつて祖父が亡くなったとき、父は家族よりひと足早くベルギーへ帰った。まだ十代だった私と兄は、数日遅れてベルギー入りする予定だった。ケネディ空港で旅客機に乗り、一週間前には予想もしていなかったヨーロッパへの旅を始めたとき、ようやく親を失った父の悲しみを実感した。

旅客機はふたつの湖のあいだの細い運河のように、遠く隔たった都市の雑多な日常をつなぐ。人はいろいろな理由で旅客機に乗るが、季節や状況によって偏りもある。たとえば国際的な会議があって、コンピュータ・エンジニアや物理学者や考古学者が大挙して移動することもあれば、夏休みなどは初めて外国旅行をするかしましい学生の集団に機内が占拠される。同じグループ旅行でも、年配者が多い時期もある。ロイヤル・ファミリーがよく利用する路線もあれば、セレブが多い便、油田労働者や巡礼者が目立つ便もあり、大規模災害が起きて救助隊員ばかりを運ぶこともある。旅客機のパイロットになったとき、現代人の回遊をここまで目の当たりにすることになるとは思ってもみなかった。パイロットは今日も、人が地球のどこかへ向かうさまざまな理由を目撃する。

長距離の旅は短距離の旅と比べて人生の節目となる場合が多く、乗客の様子からもそれが伝わってくる。長旅は思いつきではできない。なんといっても時間と金がかかる。ターミナルにも、離陸直前の機内にも、これから始まる旅に対する期待感が満ちている。新婚旅行中の楽しげな夫婦や、仕事を引退したばかりの老夫婦はもちろん、出張慣れしたビジネスマンでさえも、そわそわした様子で、長旅に備えて座席まわりを快適に整えるのに余念がない。

数ある旅の理由のなかで、いちばん心を揺さぶられるのが移住だ。自分の父親がヨーロッパからアメリカへ移住し、自分も逆の移住を経験したからかもしれない。どのフライトにも、ひとりは新しい国に移り住もうとしている人がいるのではないだろうか。家族に先だって現地入りしようとしているのかもしれないし、家族はすでに現地にいるのかもしれない。いずれにせよ、ある家族に受け継がれた歴史が大きな節目を迎える。旅客機は、ひとつの家族に受け継がれるふたつの国の架け橋となる。

パイロットは、客室乗務員ほど乗客に接する機会がないので、一緒に旅をする人たちのことをあまり知らない。とくに大型機のパイロットは分が悪い。大型機にはより多くの乗客が搭乗するが、中型機と比べて乗客を見かける機会は少ない。初めて747を操縦した日、まだ誰もいない機内に入って二階デッキにあるコックピットへ行った。四五分ほど忙しく過ごしたあと、レッドキャップが搭乗完了を知らせにきた。機長が署名した書類を受け取ったレッドキャップは、握手をして出ていった。書類によると三三〇人の乗客が搭乗していることになっていたが、私はフライト中、ただのひとりも目撃しなかった。

それでも見知らぬ同僚に囲まれているからこそ、ひと握りとのつきあいを大事にするように、乗客とかかわる機会が少ないからこそ、たまのふれ合いは心に残る。フライトの前後に乗客がコックピットを訪れることがあって、見学者のなかには子どもだけでなく大人もいる。旅客機のコックピットに興味があれば、ぜひ見学を希望してみてほしい。フライト前は忙しくて対応できないこともあるが、フライトのあとなら必ず時間がある。子ども連れの親は、操縦席に腰かけたわが子の写真を撮りたがるが、お父さんたちも座っていただければ写真を撮りますよと勧めて、断られたことはない。

フライト・シミュレータに見学者を案内することもある。シミュレータは一般の人たちがパイロットの仕事を疑似体験し、フライト中のコックピットの雰囲気を知ることができる唯一の場だ。シミュレータは訓練に役立つだけでなく、パイロットとそうでない人たちの交流の場にもなっている。

パイロットとちがって、客室乗務員はさまざまな文化背景を持つ乗客と顔を合わせて対応する。機種によって就航路線を制限されることもないため、どんなパイロットよりも多くの国を訪れる。人類に対してこれほど広い視野を持てる職業もないだろう。上空で乗客が体調を崩したときも、親身になって世話をするのは客室乗務員だ。旅客機の歴史の初期において、客室乗務員は看護師の資格を持っていた（一九三〇年に女性初の客室乗務員になったアイオワ州出身のエレン・チャーチは正看護師で、彼女に続いた女性たちの多くも看護師の資格を持っていた。看護師資格が問われなくなったのは、第二次世界大戦が勃発して看護師不足となってからだ）。

急患に際して、パイロットは間接的な役割を担う。飛行速度をあげ、地上に助言を求め、最寄りの飛行場に着陸することも考慮する。大洋上や僻地を航行する航空機や船舶は、衛星回線を介して本社の医師に連絡し、医学的な助言をもらう。乗客のなかに医師や看護師がいれば協力を求めることもある。医師は頻繁に旅行をするらしく、長距離線で急患が出て、医師が見つからなかったことは一度もない。

アメリカの航空会社で機長を務める友人に聞いた話だが、個人客相手に小型機を飛ばしていた頃は、よく、夜間に遺体を運んだそうだ。故郷から遠く離れた場所で亡くなった人を家に連れて帰るためである。現金化された小切手を銀行が発行者に返していた時代のことで、遺体と使用ずみ小切手の詰まった袋を積んで、夜を徹して飛ぶこともあったという。あるとき自分の機に遺体が積まれていることを書類で知って、この話を思い出した。海外への旅が手軽になった現代でも、やはり異国で迎える死は不憫に思える。自分たちが運ぶ遺体について、名前を含めて詳しい情報は知らされない。亡くなった人を故郷へ運ぶという重大な役目を、見ず知らずの第三者が負うほど、現代社会のつながりと断裂を象徴する出来事もないように思う。

離陸直前、黄色灯を点滅させた公用車が近づいてきたこともある。コックピットに運びこまれたのはピクニック用のクーラーボックスによく似たケースで、中身は移植用の角膜だと告げられた。遺体を運ぶときと同様、提供者や受取人の名前は知らされない。私はたまたまそれを運ぶ役割を任されただけだ。それでも運転免許の更新時や、両親が亡くなったときなど、臓器移植について考える機会があると、必ずそのフライトのことを思い出す。受領したケースをコックピットの床にしっかりと固定して、一目散にロンドンへ向かった日のことを。イギリスのどこかで角膜を受け取った患者の視力が、無事に回復したことを願うばかりだ。

乗客に知り合いがまざっていることもある。家族や友人が乗っていると、機内放送をするとき妙に緊張する。その人だけは私の声を聞き分けるからだ。聞いたほうも「なんだか変な感じだった」とあとで感想をもらす。制服姿も同じような反応を引き起こす。わが家に滞在した友人は、出勤前や帰宅時に私が航空会社の制服を着ていると、納得がいかないように顔と制服を交互に見る。見知った顔と制服の組み合わせが、どうもちぐはぐに映るらしい。

かつて旅客機のなかで、思いがけず近所に住む女性を見かけた。彼女は私がその便を担当していることを知らなかった。客室へ行って声をかけるとき、そこがアパートメントの階段ではなく、大西洋を横断する747の客室だということに、私も違和感を覚えた。彼女はパイロットに声をかけられてきょとんとしたあとで、ぱっと顔を輝かせた。制服姿のパイロットが、よく料理をおすそ分けする隣人だとわかったからだ。

またあるときは、ベルリン行きの便を担当していた。昼間にロンドンとマドリードを往復して疲れていた。今夜はベルリン泊まりだ。現地の天候は晴れ、到着時間はしかじかと機内放送を入れたあと、運のいい方はベルリン中心部の夜景が楽しめるでしょうとつけたした。ベルリンにどの方向からアプローチするか、まだわからなかったからだ。

数分後、客室乗務員からインターコムで連絡があった。機内放送を聞いた乗客のなかに、私を知っている人がいたという。客室乗務員が客の名前を失念したので、ベルリンに向かって降下しながら、いったい誰だろうと首をひねった。

着陸して、ターミナルゲートに駐機する。コックピットを出ると、私を知っているという乗客が、バッグをかついで通路をこちらへ歩いてきた。故郷で同じ高校に通っていた男だと、すぐにわかった。顔を合わせるのは高校時代以来だ。彼は、私がパイロットになったことなど知らなかったが「なんとなく、飛行機が好きだったから、もしかしてと思ってさ」と笑った。ベルリンにいる友人を訪ねてきたという。私たちは携帯電話の番号を交換して、遠い旅の終わりに旧友同士を引き合わせた天の粋な計らいに感謝した。

乗客がいない旅客機を操縦することもある。もちろん輸送機ならそれが普通なのだろうが、そもそも輸送機の役目は人を乗せることではない。乗客のいない旅客機は妙なものだ。悪天候のせいで旅客機が本来の空港とは別の場所に着陸して、そこから本来の空港に戻るときや、整備拠点から（または整備拠点へ）移動させるときくらいしか、そんな機会はめぐってこないし、私もこれまでに片手で数えられるくらいの回数しか経験していない。乗客がいないと張り合いがない。レッドキャップも残念そうに肩をすくめる。彼らの仕事は乗客がいないほうがまちがいなく楽なのに、喜んでいるようには見えない。

乗客のいないフライトには客室乗務員もつかないので、しんと静まり返った客室のドアを閉めるのもパイロットの役目だ。乗降用のドアを安全に開け閉めするのは容易ではない。年に一度行われる客室乗務員との合同訓練で、張りぼての、どこにも続いていないドアを操作するだけなので、手順もおぼつかない。なんとかロックして上のデッキの同僚のもとへ急ぐ。乗客がいないと機体が不自然に軽い。通常より何十トンも軽い機体を操縦すると、大勢の人を運ぶという旅客機本来の役割を再認識する。

客室乗務員が行う機内の安全確認も、このときばかりはパイロットの仕事だ。７４７ほど巨大になると、安全確認は長く孤独な散歩のようなもので、読む人のいない雑誌や使う人のいない歯ブラシやヘッドセットが準備された何百もの座席を抜け、最後部まで行かねばならない。

サンフランシスコからロンドンへ向かう乗客のいない便を操縦していたときは、三人のパイロットのうちでいちばん先に仮眠することになった。せっかくなのでコックピットの仮眠室ではなく、ファーストクラスの座席で眠ることにした。誰もいない客室でまどろむのは初めてだ。私は小さく鼻歌を歌いながらゆったりした座席をリクライニングした。もはや座席というよりも巣のようだ。足まわりは広々としているし、毛布や枕も使いたい放題。その日は乗客こそいないものの、貨物室にはコンピュータや生命工学関係の機器、新鮮な果物と野菜などが詰まっていた。離陸直後に飛びこしてきたカリフォルニア渓谷や周辺の工業地帯の産物だ。窓の外を見ると、夕日が雪をかぶったシエラネバダ山脈を照らしている。見とれていたら仮眠時間が終わってしまうので、さっそく横になって目を閉じた。

次に聞こえたのは仮眠時間の終わりを告げる声だった。仮眠室の場合はコックピットの同僚が遠隔操作のアラームを鳴らす。さほど不快な音ではないのだが、毎回のように夢に割りこまれるとだんだん嫌いな音になる。しかしその日は、アラームの代わりに個人的な機内放送が、空っぽの客室に反響した。

がばりと起きあがった私は、しばらく自分がどこにいるのかわからなかった。窓の外も、客室も暗い。青白い月の光が通路に楕円形のプールをつくっていて、高層風が機体を揺らすたびに、光もやさしく震えた。客室のあいだを仕切るカーテンが引かれていないので、最後部まで見渡すことができる。薄暗い通路を照らすわずかな照明が、液体のはねのように見えた。

ある副操縦士から、大型機の試験飛行をしたときの話を聞いたことがある。まだ内装もすんでいない機体で、客席も、ギャレーも、仕切りもなかったそうだ。操縦輪をまわすと長細いボディがしなり、ねじれるのがわかったという。乗客のいない旅客機の通路を眺めているとき、私はなぜかそれと同じ光景を期待していた。

パジャマ姿で床に尻をつき、エンジンのホワイトノイズを聴きながら、空っぽの座席と、やけに長い通路をしばし眺める。私たちが下界から引きあげた幽霊船は、北極へ向かって飛びつづけている。

〝搭乗する魂の数《ソウルズ・オン・ボード》〟という表現が頭をよぎった。たとえば管制官が、乗客とクルーを含めた搭乗人数を知りたいときなどに使う、古い言いまわしだ。この機体で何万人もの乗客とクルーが飛んだ。今後も何万人という人を乗せて飛ぶだろう。この機体に乗った人は全世界に散らばっている。彼らの現在地を地図に記したとしても、共通しているのが一機の旅客機だということはわからない。パジャマを脱いで制服に着がえる私を、月明かりが照らしていた。いつもはにぎやかな客室も、その日ばかりは窓の外の閑散とした夜景の延長に見えた。

二階デッキへ続く階段をあがり、暗い通路をゆっくりと進む。今夜はパイロットしか搭乗していないので、コックピットのドアも開けっ放しだ。コンピュータスクリーンの控えめな光が、暖炉の炎のようにあたたかく見える。人のいない座席のあいだを抜けてクルーが待つコックピットへ入ると、私の席のカップホルダーに湯気のたつ紅茶のカップが用意されていた。

「さて、私は誰でしょう?」背後からおどけて声をかけると、機長が声をあげて笑った。

Night:

夜、闇

私は、ブダペストへ向けて飛びたとうとする旅客機のコックピットにいる。旅客機のパイロットになって一年、エアバスでヒースロー空港とヨーロッパ各地の空港を行き来する日々だ。ヨーロッパ大陸全体がすっかりなじみの場所になって、航空路も、滑走路の配置も、各地のホテルも、朝食をとるカフェも、そうした細々とした情報から成るヨーロッパの地図も見慣れたものになった。しかしその日のフライトは特別だった。十代の頃に生まれて初めて小型機で空を飛んだときや、アリゾナでの初単独飛行、旅客機での初仕事と同じように、人生における記念すべきフライトだ。初めて父を乗せて飛ぶのだから。

ここ何日か複数の便を操縦し、毎日、別の都市で夜を迎えていた。機長と私で、往路と復路を交代で操縦する。ブダペストまでは私が操縦することになっていた。「もちろんきみが操縦しなさい」父が搭乗すると知ったとき、機長はそう言った。機体の外部点検をすませて、飛行計画も入力した。チェックリストの確認も終わって、貨物用扉も閉めた。プッシュバック要員はすでに機体の下で待機している。乗客の搭乗もほぼ終わったというのに、父はまだ姿を現さない。

一二月で、じきにクリスマスだ。父は一週間ほど前からイギリスに滞在していたので、霜の降りた、薄暗くてあまりぱっとしない日に、そろってケンブリッジを散策した。幸運にも、クリスマスイブに放映されるキングス・カレッジのクリスマスキャロル・コンサートを聴くことができた。礼拝堂にはフランドル地方のガラス職人たちが手掛けた見事なステンドグラスがはまり、これまたフランドル地方の巨匠、ルーベンスの『東方三博士の礼拝』が飾られていた。父はブダペストにしばらく滞在して、その後、ベルギーのフランドル地方に住む親戚を訪ねる予定でいた。

客室のドアのところにようやく父の姿が見えた。最後に搭乗する乗客の一団にまじって、ギャレーにいる客室乗務員に話しかけている。客室乗務員が、父をコックピットまで連れてきてくれた。会社の古株である機長も、あいさつを交わしたあとで、息子の写真を撮る父をにこにこと見守ってくれた。私はスイッチ類について簡単に説明し、今日の飛行経路を電子地図に表示してみせた。長年アメリカに暮らす父はアメリカ人であることに満足していたが、それでも私がヨーロッパの航空会社に入ったことが誇らしいようだった。

客室のドアが、重くこもった音をたてて閉まる。世界中の旅客機パイロットにとって〝よういドン〟の合図だ。私はヘッドセットを手にとり、かわいそうな気がしながらも父を座席に返した。コックピットのドアを閉め、鍵をかける。それから管制官に離陸許可を求め、機体の下にいるプッシュバック要員と話した。プロらしく、一語、一語、マニュアルどおりの用語を使って。「チョーク・アウト（ブレーキ解除）、アー・ウィー・クリア・トゥ・スタート・エンジンズ（エンジン始動可能なら送れ）」機体がゆっくり後方に動きはじめる。「クリア・トゥ・スタート・ナンバー・ツー（ナンバー・ツー・エンジン始動可能）」下から返事があった。コックピットに静寂が落ちる。圧縮空気の流れが空調システムからエンジンへ切り替わったせいだ。低い音が響いてきて、だんだん大きくなる。機長が右翼のエンジンを始動した。手書きのログの左側に現在時刻を記入する。〝ヒースローを出発、一九時四四分〟

一年のうちでも一二月は日の入りが早い。タクシーをする頃には、ヒースローが誇る最新式の灯火設備が活躍していた。緑と赤のタクシーウェイライトが、管制官の指示を反映して、機体の進むべき方向を示している。幸い、待たされることなく滑走路に到着した。スロットルを離陸出力にセットする。速度をあげた旅客機は地上を離れ、上昇しながら南東の洋上を目指し、ドーバーの町、続いて英仏海峡トンネルに続く長いアプローチと広大な車両基地を飛びこえた。夜、英仏海峡トンネルの入口は簡単に見つかる。入口の一点から、ブーケのように光が広がっているからだ。狭苦しいトンネルを抜けた道路が、陸の上をあらゆる方向へ分かれてのびていく。英仏海峡を飛びこえて数分後、いよいよ父の故郷が近づいてきた。

澄みきった冬の夜に、ベルギーのオーステンデの光、そして父が学生時代を過ごしたブルージュの光が見えた。映画『尼僧《にそう》物語』でオードリー・ヘプバーン演じるヒロインは、ブルージュで父が住んでいた家の隣にある修道院からコンゴへ旅立った。父の赴任先へ。しかもコンゴにやってきたフレッド・ジンネマン監督は、父がつくった聖歌隊に出演依頼をした。あの映画の聖歌隊を、カメラの後方から指揮したのは私の父だ。聖歌隊にはヘプバーン本人もまざっていた。指揮をする父の手の影が修道服に映りこんで、撮り直しになったという話も聞いた。

コックピットのコンピュータスクリーンの明かりを絞る。やがて機体の左手にゲントが現れ、続いて操縦席の右側、つまり私の側の窓に、明るく輝くフランドル地方と、父の生まれた小さな町が見えた。

ベルギーの輝きは数分で終わり、旅客機はドイツ南部の上空に入る。リンツ、ウィーン、ブラチスラヴァに続いて、ヨーロッパという光のタペストリーを貫くドナウ川が登場した。ヨーロッパというと海岸沿いの都市ばかり連想する人もいるだろうが、ミズーリ州やカンザス州がアメリカの原風景に位置づけられるように、複雑な国境線と多彩な文化を持つ内陸部の都市はヨーロッパの顔だ。前方に目的地ブダペストの明かりが見えた。747は南側にゆったりと弧を描き、それから針路を北西に戻して、右側の滑走路にアプローチを開始した。

その夜、目にしたあらゆる都市と同じように、一二月のブダペストはしんしんと冷えて、晴れわたっていた。ファイナル・アプローチを開始し、フラップをさげたときも、風の吐息さえ感知できなかった。父を乗せていることを改めて意識する。父を乗せて飛ぶ日が来ようとは思ってもみなかったが、父だって息子の操縦する旅客機に乗るとは予想もしていなかっただろう。滑走路へ続く光の道を父に見せてやれないのが残念だった。父ならきっと、光が描く壮大な眺めと、それを支える最新技術に感激してくれただろうから。

滑走路の端を垂直に分断する灯火は滑走路末端（スレッショルド）を示している。滑走路灯の手前には進入灯がのびているが、進入灯のバリエーションは豊富で、航空図には空港ごとの特徴が細々と記されている。滑走路に向かって閃光灯が走るパターンをランニング・ラビットと呼ぶ。旅客機はさながらウサギを追う猟犬だ。進入灯が半マイルにわたって長々と続くこともあり、洋上にのびた分はもはや船舶用かと思うほどだ。とくに空港が水に囲まれている場合、霧や雪で視界が遮られて、大地の気配が滑走路灯のみの場合もある。輝く筋が滑走路へ向かって幅を狭め、緑の横棒で仕切られる。コックピットの窓に光の案内図が浮きあがる。

ブダペストに向かって降下していくと、自動音声による高度の読みあげが始まった。「ツー・サウザンド・ファイブ・ハンドレッド」の声で脚をおろす。光の織りなす複雑な模様は、もはや前方だけではなく、旅客機の全周にわたっていた。滑走路の中心を表す線が機首の下へ吸いこまれていく。天が、愛する空と家族の邂逅を祝福してくれたのだろうか、私のキャリアのなかでも最高になめらかな着地ができた。ターミナルゲートに機体をつけて、シャットダウン・チェックリストを読みあげる。そしてログブックにこう記入した。〝ブダペスト到着、二二時二分、父、搭乗〟

飛行を文学的に捉え、それが個人の感情をどうかきたてるかについて語るとき、空には必ずといっていいほど太陽が輝いている。この法則を見事に破ったのがサン＝テグジュペリの『夜間飛行』だ。現代よりも暗かった世界の低高度の空に、小型機で挑むパイロットが遭遇する驚異を文章で再現した。あの本には、暗くなったら窓の外など見ようともしない現代の空の旅人が見落としている奇跡が詰まっている。たしかに機上から見る夜の景色は昼よりも地味だ。いくら客室の照明を落としても外のほうがさらに暗く、写真撮影にも向かない。しかも夜の便の乗客はたいてい眠っているか、眠ろうとしている。

しかし自分が操縦するかどうかにかかわらず、私は夜のフライトのほうが好きだ。昼間の日射しは強烈で、サングラスをかけたり、コックピットのシェードをヒマワリのように移動させたりしなくてはならない。そこへいくと夜には繊細な美しさがある。大気もおだやかで、太陽に熱せられた空気が乱気流を生じることもない。

夜間飛行は、低い雲の下にある日常生活やそれにまつわるささいな悩みを忘れさせてくれる。〝魂の暗夜〔訳注／Dark Night of the Soul、十字架の聖ヨハネの詩、邦訳は「暗夜」〕〟と聞くとつらい感じがするが、あの詩は絶望を綴ったものではない。夜だからこそ鮮明になる愛を詠ったものだ。眠りに覆われた大地の上で輝く航法灯は、聖ヨハネの書いた〝ランタンの明るさ〟を連想させ、また〝夜の闇のなか……家は眠りに包まれている〟から始まる清らかな夜の旅を彷彿とさせる。

太陽が出ているときはまったく見えないか、ぼんやりとしか見えず、夜になって初めて存在感を発揮するものもたくさんある。心地よさそうに漂う名もない雲の船は、明るい月夜がいちばん似合う。遠い赤道上で、灰色の嵐の深部から雷が広大な裾を広げる様子も見える。航空機の窓に走るセントエルモの火(青い筋状の静電気)は、「J・アルフレッド・プルーフロックの恋歌」〔訳注/T・S・エリオットの詩〕にある〝スクリーンに映し出された神経細胞〟のようだ。旅客機のすぐ下を、空っぽの大地が流れていく。暗い地表は天国と同じくらい遠く思える。また地表には、人の創った光も自然の炎も思いがけずたくさんある。都市や小さな集落が光によって描きだされる。闇が支配する時間に、光の文字で記された本のページのような地表を眺めていると、夜間飛行は、人間が地上に生んだ光の美しさを再確認するだけのためにあるような気がしてくる。生きとし生けるものすべてが星々に包まれていることを、思い出すために飛んでいるように思えてくる。

かつて絶大な勢力を誇った大英帝国は日の沈まぬ国と呼ばれた。アメリカの大学で世話になったインド人教授は、私がイギリスへ行くと知って「古の帝国の中心で薄暗い数週間を過ごしたら、いったいこの国に太陽が昇ることなどあるのだろうかと思うようになるさ」と冗談を言った。地表では、日の入りを見ようと思っても雲や大気汚染に阻まれる。だいいち地平線や水平線を見渡したいなら、船乗りになるか農場で働くしかない。空が雲に覆われた日は、地球を照らす光源がどこにあるのかさえ定かでない。湿った灰色の空は、時間がくると東からでも西からでもなく徐々に湿った黒に変わり、そして夜が来る。

反対に、高高度の日の入りは常に澄みわたっている。あれを地上で見ることができたなら、誰もが手をとめ、息を詰めて見入るだろう。パイロットになりたいと願う人が、その理由として必ず挙げるのは、毎日のように完璧な夕暮れを、絵葉書に勝るとも劣らない夕日を堪能できることだ。

空を飛ぶと、太陽と地球の関係について地上で得た常識が崩れ、より深い理解を得られる。旅客機の上には通常よりも早く（または遅く）闇が訪れる。闇は不自然なほど長く続くこともあれば、やってきたと思ったら、たちまち去っていくこともあり、長いフライトの最初から最後までずっと明るいこともある。地上の夜は時間と行動をともにするので〝ナイトタイム〟と呼ぶ。しかし空で闇を連れてくるのは時間ではなく〝空間〟だ。闇とは、太陽との位置関係によって陰になった地表の領域であり、旅客機はみずから闇に突入することもできれば、闇から脱出することもできる。昼と夜のサイクルを追い越して飛ぶことも、時計の針を押しとどめて、同じ光を浴びつづけることもできる。

理科の授業の復習になるが、太陽の光のなかに浮かぶ地球の姿をイメージしてほしい。リンゴと懐中電灯で代用してもいいだろう。懐中電灯の光があたっているリンゴの面は常に明るく、裏側は暗い。明るい半球と暗い半球の境目では、朝と夜が始まったり終わったりしている。この光と闇が接する偉大な輪を〝明暗境界線〟と呼ぶこともある。光の始まりと終わりを司る線である。地球の自転によって境界線の西側をまたぐとき、地上は日の出《ドーン》を迎え、東側をまたぐときは日の入り《ダスク》となる。ちなみにアイザック・ディネーセンが飼っていたスコティッシュ・ディアハウンドにドーンとダスクと名づけられた二匹がいて、サファリに行くと〝夜空を駆けめぐる星々〟のように獲物を追い散らしたという。

地上にいると、自分たちは静止していて、明暗境界線が動いているように錯覚しやすい。それによって日の出、昼、日の入り、夜……というおなじみの日照パターンが展開していくのだと。しかし、実際に動いているのは地球であって境界線ではない。回転しているのは私たち自身なのだ。太陽に視点を固定するとわかりやすいだろう。明暗境界線を垂直に立てたフラフープに見立てると、穴の部分は常に太陽に面している。太陽から見えるのは、地球の光のあたっている半球だけだ。つまり明暗境界線は、太陽から見える側と見えない側の境なのである。地球はフラフープのなかを西から東に向かって回転している。大半の地図や地球儀に倣って北極を上とすると、太陽から見て左から右へまわっていることになる。

次に回転する地球のどこかに視点を移す。自分の町がいいかもしれない。太陽の光があたるとき、つまり暗い半球から明るい半球に移るとき、町はフラフープの（太陽から見て）左の縁を通過する。あなたにとっての日の出だ。町はゆっくりとフラフープの穴の真ん中へ進み、やがてフラフープの右縁を通過すると、それがあなたの町にとっての日の入りとなる。

このフラフープは、空における光と闇の関係を、とくに長距離路線を飛ぶ旅客機の夜と昼を理解するうえで役立つ。たとえば旅客機が光の半球を離陸して東へ飛ぶとする。旅客機は東に回転する地球の上を東に飛ぶので、地球の自転に旅客機の速度が加わって、日の入りが早まる。表現を変えれば、一日のサイクルを追い越してフラフープの右縁に到達し、高速で闇の半球に突入するわけだ。よってナイトタイム（夜時間）になったというよりナイトスペース（夜空間）に入った、というほうが適切だろう。ときにはそのまま夜の半球をぐるりとまわって、ふたたび日のあたる半球に出ることもある。たとえばアメリカからヨーロッパへ向かうような東向きの便では、短い夜が多い。

逆に旅客機が西へ飛べば、地球の自転と逆の動きをすることになる。光の半球を飛びたった旅客機は光のなか、つまりデイスペース（昼空間）に留まる。よって昼に離陸する西向きの便は、果てしない昼を体験するのである。出発した都市は東へ遠ざかり、いつもどおりの日の入りを迎えるだろう。たとえばシンガポールからドバイや、マスカットからカサブランカ、アトランタからホノルルへ飛ぶと、出発した空港は何時間も前に暗くなったというのに、旅客機は太陽で熱された午後の大地に着陸する。

マリリン・ロビンソンは著書『ギレアド』のなかで、光の輪と沈まない太陽について、パイロットなら必ず共感できる言葉で綴っている。

朝日を浴びて眠りから覚めたカンザスが、全天に向かって高らかに宣言する。古の平原がカンザスと呼ばれ、またはアイオワと呼ばれるようになってからこれまでの歴史に、新しい有限の一日が加わったと。しかし実際は、すべてが一日のうちに起きたことで、今日は最初の日の続きにすぎない。太陽は常に同じ位置にあり、私たちが光のなかをぐるぐるとまわっているだけなのだ。

旅客機のパイロットにとって、この文章は、その重みと簡潔さによって信仰に近い真理を突いている。ほとんどの緯度において、西向きに飛ぶ旅客機には、燃料がつきないかぎり夜が訪れないのである。

旅客機はこうして昼または夜に、もしくはその境に残る。たそがれどきの空港——ちょうどフラフープの右縁にさしかかった空港から、西向きの便が離陸することもある。ほどなくして空港には夜のとばりが降りるが、西へ向かう旅客機にとっては、つかの間のはずのたそがれがフライトのあいだじゅう続く。昼と同じくらい長い夕焼けのあと、地上におりてようやく夜が訪れるのだ。亜北極地帯で、低い位置にある太陽が雪に覆われた大地をルージュのようなピンクに染めるとき、ほんの少し視線を移動させるだけで、幻影のように迫りくる夜の曲線が見えることもある。

フライトによっては永遠に続くたそがれどきだが、いつも同じ方向にあるわけではない。たとえば秋の午後にロンドンからバンクーバーへ向かうとき、旅客機はまずおおむね北に飛ぶ。このとき太陽は旅客機の左側、つまり西の空に沈みかけている。ところがフライトも中盤になると、機首の前方に夕日が現れる。そして終盤になってバンクーバーにアプローチしようと南に針路をとると、今度は旅客機の右側の空が夕焼けに染まる。フライトを通じて日時計の影のように太陽が回転するわけだ。

フライト中の昼夜は入れ替わりが激しい。もう一度、懐中電灯がリンゴに投げかける光をイメージしてほしい。今度はリンゴの中心に鉛筆を刺す。鉛筆の尻についた消しゴムがリンゴの上側から突きだして、とがった芯の先は下側からとびだしている。つまり鉛筆は北極と南極を結ぶ地軸の代わりだ。リンゴは鉛筆を中心に回転するが、鉛筆自体がやや傾いているので、鉛筆はフラフープの縁にふれない。例外は春分と秋分に、太陽が赤道の真上にくるときだけだ。

一年のうちの一定期間は、消しゴム部分が懐中電灯のほうを向いているので、リンゴの上半分のほうが懐中電灯に近くなる。鉛筆の傾きは四季を生み、一年を通じて昼夜の長さを変える。リンゴの上半分が下半分より明るく、昼の長さも長いとき、北半球には夏が訪れている。そして消しゴムは明暗境界線よりも懐中電灯側に傾いているので、消しゴム周辺部はいくら回転しても闇の領域に入らない。だからこそ北極では夏に白夜を迎える。二四時間連続で太陽が地平線の上に留まる現象が少なくとも年に一度起きる、というのが北極の定義の一つだ。

一方でリンゴの下側の、とがった芯が突きだしている部分は懐中電灯と反対側を向いている。つまり南半球は冬で、芯の周辺部は夜の領域から出られない。南極の永遠の夜だ。鉛筆の傾きは同じ年の後半になると反転し、消しゴムのほうが闇の部分に入る。夏と光は747と同じ身軽さで南へ去り、夏を追って北半球と南半球を行き来するキョクアジサシがそのあとを追う。

地軸の傾きによって、旅客機の体験する昼夜はさらにねじれる。北極が永遠の夜に包まれる期間は、たとえばロンドンを午後に出発して、同じ日の午後にロサンゼルスに到着するデイライト・フライト（お日様便）でさえ夜を体験する。なぜなら大圏航路に沿ってまずは北へ（つまり夜空間へ）飛ばなければならないからだ。旅客機はフラフープを飛びこえて夜空間へ突入する。すぐ下の地上は昼の時間にもかかわらず闇に沈み、空には星が輝いている。やがて大圏航路のカーブが南向きになり、ふたたびフラフープを越えて太陽の側に戻ると、乗客はその日二度目の日の出を迎える。そのころ地上で同じ太陽を見る人は、それを日の入りと呼ぶことになる。

二度目の日の出は数時間から半日続くこともあれば、旅客機が針路を変えたせいで日の出が巻き戻され、そのまま日の入りとなることもある。一回のフライトのあいだに太陽が三度も四度も昇ったり沈んだりしたこともあった。地上では太陽が昇ってから沈むまでを昼と呼ぶが、その定義どおりに数えると、空では一日のうち最大で何度の昼を過ごせることやら……。

北半球が夏を迎え、極北が永遠の光のなかにあるときに、ヨーロッパから極東へ向かう夜の便に乗ると、太陽の動きはさらに混迷を極める。離陸した旅客機はまず北東へ向かう。すると太陽が旅客機の後方に移動する。沈むそぶりは見せるものの完全に沈むことはない。その後、左から右へくるりと回転し、やがて旅客機の北にくる。地球のてっぺんから、光の半球の日の出から日の入りまでを眺めることになるのだ。北の日の入り《ノース・セット》もしくは北の日の出《ノース・ライズ》とでも名づけたくなる現象で、写真家がマジックアワーと呼ぶ黄金色の光が六時間以上も降りそそぐ。

そういうフライトで、太陽が水平線の少し上で赤く輝いているのを見たことがある。私はお代わりした紅茶を飲みながら考える。あの光は日の出と呼ぶべきなのだろうか、それとも日の入りと呼ぶべきだろうかと。何より北側から私たちを照らす光は、昨日の光なのか、それとも明日の光なのだろうか。答えが出る前に太陽は往復移動をやめ、あるべき場所に昇って、おおむね東に位置する目的地（たとえば東京）の朝を祝福するように輝く。

客室では、こうした光の競演がシェードで隠されてしまう。シェードの役割は光を遮ると同時に、空の旅に伴うでたらめな時間の流れを一時的に堰《せ》きとめることでもある。夜に離陸する東向きの便では、ほとんどの乗客が眠りを必要としているので、離陸後、数時間で昇る太陽は隠しておくべきものなのだ（そもそも沈まないこともある）。そういうときの客室は完全な闇に沈み、ほとんどの乗客が目を閉じている。逆にコックピットに引き返してドアを開けると、無理に詰めこんだ戸棚の扉を開けたような勢いで、光がなだれ込んでくる。空中を舞う細かな埃も見えるほどの強烈な光だ。

『嵐が丘』でキャシーは、高度によって光の射し方がちがうことに気づいた。ペニストンの岩山は〝キャシーの心を惹きつけた。ことに岩山の向こうに夕日が落ち、頂の部分だけが輝いて、残りのすべてが陰に沈む時間帯はなおさらだった〟とある。

空高く昇ると、高層ビルのてっぺんから見るのと同じように地平線が後退する。地表にいるよりも遠くまで見渡すことができ、空は広く、太陽は近い。新しい一日は、地表が日の出を迎えるよりも早くやってきて、夕方になると、地表を薄暮が覆ってもしばらく太陽の光が消えない。だから地表から見あげる空は、日の出前から白み、日の入り後もしばらく光が残っているのだ。ひと足先に夜を迎えた地上の人々は、空を飛ぶ旅客機が光を反射する様子や、紅に染まる飛行機雲をうらやましそうに見あげる。旅客機はひと足早く地上を去った太陽の光を浴びながら、どこか遠くへ、一直線に飛んでいく。

薄暮のなかを飛行して、太陽がようやく水平線の向こうに滑り落ちたあと、数千フィートほど上昇するとふたたび太陽が昇りだす。太陽と旅客機のこの粋な共演を目の当たりにすると、光によって時間を規定するという考え方が心底ばかばかしくなってくる。冬にヨーロッパをめぐる便は、暗いうちに離陸して、暗くなってから着陸することが多い。たとえばリヨンやウィーンやパリを早朝に出発して高度をあげると、霜で覆われた暗い滑走路が後方に消え、澄みきった早朝の光に照らされる。上空はすでに夜が明けつつある。そして夕方、水平線の上で輝く美しい太陽をあとにして、日が沈んだばかりの高度へ、さらに下の、闇が支配する大地に着地する。

こうした光のグラデーションを専門的に区分すると、太陽が沈むときに最初にやってくるのは〝市民薄明（シビル・トワイライト）〟だ〔訳注／人工照明がなくても外で活動できる程度の明るさ〕。次は〝航海薄明（ノーティカル・トワイライト）〟で、海と空との境が見分けられる程度の明るさを意味し、昔の船乗りにとっては大事な概念だった。最後は〝天文薄明（アストロノーティカル・トワイライト）〟で、ある程度の天体観測ができる明るさとなる。航法においては、こうした光の定義に基づいて、航空機の周囲や滑走路上で作業をするのに必要な明るさを定めている。たとえば航空法における一般的な昼の定義は〝現地空域において、朝の市民薄明から夜の市民薄明までの時間帯〟となっている。

コックピットには、世界各地の日の出と日の入り時刻を記した冊子がある。不規則に昇り沈みを繰り返す太陽には淡々と対処するのがいちばんだ。航空路の下にある都市の日の出と日の入りの時間を調べることで、あらかじめ上空でどんな光に照らされるかを推測することができる。この冊子は朝刊ほどの厚みしかなく、どのページにも場所と数字が隙間なく並んでいるだけで、一見すると地味だが、それでいてどこか未来を感じさせる。気まぐれな太陽に照らされて飛ぶ旅客機に積まれた、光の本である。

父のブラジル時代の同僚が、ブラジル北東部にある海岸沿いの都市サルヴァドールに住んでいる。エドワルドは八十代だ。幼い頃から知っているので、私も兄も彼のことを「おじさん」と呼ぶ。「エドワルドおじさん」と。父の名前がヨゼフ（またはジェフ）からジョゼになったように、生まれ故郷であるフランドル地方流の発音はちがうらしいが、私にとってはエドワルド以外にありえない。ちなみに私の父はジョゼというポルトガル風の響きが気に入って、アメリカに移住してからもジョゼで通した。

エドワルドは二、三年に一度、サルヴァドールから故郷ベルギーのブルージュに飛ぶ。長い夜間フライトは座席選びが肝心だというのが口癖で、たいてい東側の窓際、つまり北に向かって飛んでいるときに進行方向を正面にして右の窓側の席を選ぶ。理由を尋ねると「日の出もヨーロッパ上陸も見逃さずにすむからな」と答え、つまらないことを訊くなという顔をする。

かつてエドワルドに「旅客機に乗っていると、一時間先の日の出が見えるような気がするんだが、気のせいだろうか」と質問された。気のせいではない。高高度の大気は澄みきっているので、夜と昼が互いの領域に割りこんでくるのだ。まだ星が輝く群青の空に、新しい明るい青が波紋のように広がる光景は言葉を失うほど美しい。「永遠にでも眺めていられる」エドワルドはそう言って微笑んだ。客室乗務員から、まわりの乗客の迷惑になるのでシェードを降ろすよう促されても、エドワルドは窓のまわりに毛布をかぶせ、その下から外を眺めつづける。貴重な眺めを見逃すわけにはいかない。赤道近くにある自宅の、カカオとシナモンの木が茂る庭を出て、母国へ向かう数年に一度の旅なのだから。母国で待つ親戚たちは、エドワルドの時代遅れの語彙やアクセントをおもしろがるという。母国までの物理的な距離と、母国を離れて過ごした歳月が溶け合う瞬間だ。

旅客機に乗っているとき、太陽が自分の座っている側と反対に沈むことがあったら、落胆せずに窓の外に目を凝らしてほしい。上方の空はほぼ白く、視線をおろすにつれてピンク色になり、さらに下へ目をやるとえもいわれぬ青になる。青を表す語彙をぜんぶ合わせても足りないほどの、見事なグラデーションが広がっているはずだ。

パイロットになったばかりの頃は私も気づかなかったのだが、その青には夜の始まりが混じっている。そんなものを見られると知っていたら、高校を卒業してすぐにパイロットを目指したかもしれない。夜の始まりはとても暗い青で、日の入りの方角と反対側の水平線付近に広がっている。ある天文学者の母親は、それを「夜の毛布」と呼んだ。私たちの目の前で、夜の毛布が世界を覆っていく。崇高なダークブルーの帯は、沈みゆく太陽から離れれば離れるほど幅が太くなる。地球の影そのものが、空気のスクリーンに投影されているのだ。この現象は〝ダーク・セグメント〟と呼ばれることもあり、条件が合えば地上でも観察できる。

イラン最後の王《シャー》だったスレイマン一世は、〝地上における神の影〟という古いイスラムの階位を保持していた。現代において神の影を見るのは難しいだろうが、空に映る地球の影なら見ることができる。月食の際に月を覆う影と同じように、地球の影はわずかに湾曲している。地球が丸いことをほのめかす証拠はいくつもあるが、地上でそれを実感する機会はなかなかない。ところが旅客機に乗れば、日の出や日の入りのたびにシェードをあげるだけでいい。

子どもの頃、母がよく空の本をくれた。科学的な事実と芸術的な挿絵や写真を組み合わせた本もあれば、国籍も時代もちがう人たちが天をどう捉えているかについて綴った本もあった。本には母のメッセージが添えられていたり、聴講した講義の記録（たとえば世界的な天文学者で、チベット仏教の寺院で修行した人の話など）が挟まっていたりした。母が亡くなり、私も長距離パイロットとして異国の夜空を繰り返し飛んだあと、母にもらった本をもう一度手にとってみた。当時の自分がどんな気持ちでページをめくっていたか定かでないが、内容はよく覚えていた。プレアデス星団の話や、フランス領ギアナの先住民の上に降る雨について、スペインのサンティアゴ・デ・コンポステーラへ向かう巡礼者がたどった古代の道と天の川の関係について……。

昔、エアバスでヨーロッパをまわっていた頃、フランスのリヨンで中休みがとれた。ちょうど日曜の朝で、ル・ピュイ＝アン＝ヴレ行きの列車の車窓から、スペインへ向けて巡礼の旅を始める陽気なバックパッカーたちを見かけ、そのときもこの本のことを思い出したのだった。

本に挟まれていた母のメモを開く。〝空について書かれた本だから、きっと気に入るでしょう〟と書かれていた。メモのいちばん上の年号は一九九二年……私がアメリカで大学に入った年だ。母のメモは、私がパイロットになりたいと言いだす何年も前に書かれたものだった。

そんな母なら、私が夜のフライトを好むことを知っても驚かないだろう。幼い頃の私は、夏の昼下がりに「太陽は光らなくていいから、もっと月が光ってほしいのに」と言ったらしい。おそらく『おやすみなさい おつきさま』の読みすぎだ。ちなみに私の好きな色は青だが、やはり幼い頃から「青は青でもミッドナイト・ブルーがいい」と言っていたと、母から聞いた。母は自然現象に敬意を払い、あらゆるものの循環を大事にする人だった。なかでも月には、過去をよみがえらせ、自然界に対する感性を鋭くする力があると考えていた。たしかに夜空を飛ぶと、失われかけた感性をとりもどすことができる。

夜に長時間外にいると(たとえば砂漠でキャンプをするとか、星空の下で海岸を散歩する機会があれば)、月が予想以上に明るいことに気づいて驚くにちがいない。砂浜に影ができるほど明るいのだ。月の明るさを実感すると同時に、自分がいかに無頓着に、漠然と夜を過ごしてきたかに気づいて愕然とする。巡航中の旅客機から見る月はさらに明るく、月明かりで地図を読むこともできる。

子どもの頃、毎年、母に月齢カレンダーをもらっていた。いつからかその役割が逆転して、私がコヴェント・ガーデンで月齢カレンダーを買い求め、クリスマスのたびに母にプレゼントするようになった。母が亡くなった今でも、欠かさずカレンダーを注文している。一種の儀式のようなものだ。パイロットほど月の満ち欠けや歳月の移り変わりに敏感になる職業もないだろう。高高度であれば雲に邪魔されることもない。空に輝く月と太陽は、実は同じくらいの大きさをしている。シェイクスピアの『夏の夜の夢』でオーベロンに目撃されたキューピッドのように〝冷たい月と地球の狭間〟を頻繁に飛ぶパイロットにとっては当たり前の事実だが、一般の人たちは漏れなく太陽のほうが大きく見えると思っているような気がする。

雲にも、日没後だけに見られる独特の美しさがある。夜のフライトでちっとも眠くならなかったら、好きな音楽を聴きながら、両手を望遠鏡のようにして、窓の外の夜の領域に目を凝らしてみるといい。高高度は月がとても明るいので、雲の陰影もはっきりしている。ユニークな輪郭やなめらかな畝《うね》は、精密に描かれた人間の脳のように複雑に絡み合っている。

北大西洋の上空で、夜、乗客のほぼ全員が眠りについているとき、陸から遠く離れた空を飛ぶのは最高に気持ちがいい。満月の光が移り気な雲を照らしている。大陸の縁を一度もまたぐことなく生まれ、成長し、消えていく雲たちは、偉大な海鳥のようだ。とりわけ夜の雲は雪に塗りこめられた大地よりも数段明るく、質感がはっきりしているのに軽やかで、堂々として、崇高ですらある。

月が空高く昇っているとき、海の上に積雲がまばらに現れることがある。午後の太陽が雲の子どもたちを集めるように、月の招集に応じて集まってきたのだろうか。月明かりを受けた積雲は、海面にくっきりとした影を落とす。〝夜〟はもはや、その光景を表すのにふさわしい言葉ではない。旅客機の客室がひっそりと静まり返った時間帯、洋上の雲の王国は最盛期を迎える。偶然にも目を覚まして外を眺めている乗客がいれば、水という名の機織り機で紡がれた雲が、神のてのひらから静かに放たれ、月光を浴びて洋上を漂い消える様子に心を奪われるだろう。

雲の次は星の出番だ。暗いコックピットから見る星々は息をのむすばらしさだ。高高度ともなると星々に遠近感が生まれ、夜空は三次元になる。宇宙に〝深さ〟という言葉を使ってもいいような気がしてくる。古の光が貫く深さから成る、宇宙という名の海だ。

月のない夜は小さな星まで見えるので、意外にも星座の存在感は薄れる。乱気流や湿気のせいで一一キロ下の地表までは届かない弱い光まで見えるがゆえに、星座の輪郭が埋もれてしまうのだ。逆に新しい星座を考えようと思えばいくらでもできる。天の川が初めて本物の川らしく見える。光のひとつひとつが水の粒だとしたら、暗黒を流れる星の雲といってもいい。

地球の自転に加えて旅客機も飛んでいるので、空は当然、移り変わる。星々は東の空から西の空へ渡っていき、水平線近くではより鮮明に、ゆっくりと瞬いているように見える。実際に点滅を繰り返しているのでなければ、定期的に何かの影になって光が遮られているのではないかと思うほどだ。大気がプリズムの役割を果たして、異なる色合いの光線が、まるで灯台の光のようにコックピットの窓を横切っていく。夜の果てから、星の瞬きを利用して綴った暗号文が送られてくる。

かつて、私たちの宇宙観はふたつの球から成っていた。地上を表す地球儀と、天上を表す天球儀だ。夜空を飛ぶと、自分たちが天球と地球のあいだで生きていることがよくわかる。頭上をめぐる冷たい星々が、一定の速度で回転する暗い大地と、水と、都市の明かりを反射している。

以前、友人に、闇に浮かぶ地球を撮影した白黒の衛星写真を贈った。根のようにのびる都市の明かりが高速道路や月光に光る川谷で結ばれた、とても美しいショットだった。あとから友人がこの写真を〝星の写真〟と呼んでいることを知って胸を打たれた。また、夜にシナイ半島北部の、地中海に面したアレクサンドリアからガザにかけて飛行していると、海の上に清らかな光を見ることがある。船の灯火よりも白みがかっていて、どちらが空かわからなかったら星だと思うにちがいない。どちらも私たちの目を惑わす、別の天空だ。

アフリカ南部へ向かう便では、よくコックピットから南十字星を眺める。北半球の北極星《ポラリス》のように、南半球で方位を示す星座である。イギリス海軍あがりの先輩パイロットと同じ便に乗り合わせたときは、星座で針路を確かめる方法を教わった。「南十字星の近くにあるほ座のニセ十字に惑わされるなよ」と先輩は言った。ちなみにほ座のほは〝帆〟の意味なので、空のシップに乗るパイロットとしては親しみを覚えずにいられない。電子コンパスと南十字星ではどちらが正確なのだろう？ 旅客機の電子システムと、覚えたばかりの天測航法のどちらを信頼するか、などと考えはじめると楽しい。

マーク・ホプキンスはアメリカで最初の大陸横断鉄道の建設にかかわった人物で、彼が弟にしたためた手紙がのこっている。ニューヨークから南アメリカのホーン岬を経由してサンフランシスコに至る船上で書いた手紙だ。いずれは鉄道にとって代わられる航路である。船旅に感激したホプキンスは、もっと若い頃にこんな航海を経験していたら〝地上の職業〟などやめて海洋冒険家になったかもしれない、と書いた。現実に名誉と富をもたらした地上の職業さえ、海の魅力にはかなわなかったのだ。

ホプキンスの乗った船の船長は、毎日、船の緯度と経度を全員の目に留まる場所に貼りだしたという。それぞれが日記に記録できるようにとの心遣いだ。ホプキンスも弟に宛てた手紙の最後に船の位置を記している。刻一刻と変わる現在地は、ホプキンスにとって日付と同じくらい重要な情報だったのだろう。ちなみに旅客機のコックピットでも、緑のデジタル数字が現在地を緯度と経度で教えてくれる。ホプキンスはまた、甲板から見る星空について〝あんなにおだやかで美しいものは、陸上では見たことがない〟としたためている。旅客機のコックピットから星を見せてやったら、さぞかし喜んだことだろう。鉄道の上を飛びこえて旅の距離を縮めた乗り物に、感激したにちがいない。

ロンドンからアフリカ南部へ向かう便を操縦しているとき、西アフリカの南の海岸地帯にさしかかった。アクラ、コトヌー、ラゴスの空港がコンピュータスクリーン上に現れる。霧の下に実際の空港とおぼしき光の線も見えた。そのまま暗闇に沈むギアナ湾へ出る。私は管制官に〝ポジション・レポート〟を送った。通過したばかりのウェイポイントに時刻と高度を付して通報し、次のウェイポイントと通過予定時刻、そのあと向かう先を告げる。「ラジャー」と管制官が言った。「ネクスト・リポート・ディィ・イクウェーター（次は赤道通過を通報せよ）」

管制官の指示を聞いてぞくぞくした。地球を南北に分ける線を通過して、南側の半球に入るのだ。しかもそれを報告することが、自分の仕事の一部なのだ。昔の船乗りたちはいったいどんな思いで赤道通過の瞬間を迎えたのだろう。地球の基準となる線を越えることがまだ偉業だった時代、船乗りたちはおそらく、甲板の上でシャンパンのグラスでも合わせたのだろう。

　ただしコックピットのスクリーンには赤道など表示されない。洗面台に水を流して渦の向きで確認しろなどと冗談を飛ばすこともある。もう少し科学的な手段としては、緯度経度を表示する機能を使う。表示される数字がどんどん変わっていく。旅客機のエンジンと同じく、飛行しているかぎり、更新がとまることはない。緯度を表す緑の数字がゼロに近づき、Nの表示がSに変わった。北極からのカウントダウンが南極までのカウントアップに切り替わったのだ。ノイズ混じりの対空無線で「ポジション・イクウェーター（赤道通過）」を報告する。「ラジャー、ラジャー」雑音の向こうから、管制官が答えた。「グッド・フライト、グッド・ナイト」

　コックピットだろうと客室だろうと、旅客機で夜空を見つめていれば高い確率で流れ星に遭遇する。私の場合は一回のフライトで、とくに探さなくても一〇個以上は流れ星を見る。目の端で何かが動いたなと思ったら、たいてい流れ星だ。めずらしくもないのでわざわざ同僚に教えることもない。

　旅客機が夜空間の中間地点に達し、そのまま日の出に向かって東進すると、流れ星の数はぐっと増える。地球の公転軌道の前面に出たせいだ。空をよぎる隕石の数は、雨のときに窓の表面を流れる水滴ほどもある。こうも多いと願いごとのネタもつきるので、何度言ってもよさそうな、決まった文句を——ボナペティ《めしあがれ》とかゲズントハイト《お大事に》のように、反射的に出てくる言葉を唱えることにする。一緒に勤務しているパイロットたちにも、口には出さないが何かお気に入りの言葉があるにちがいない。

まだパイロットになる前のある冬の夜、シカゴからボストンへ向かう便に乗った。左の窓側の席だ。乗客のほとんどは私と同じビジネスマンで、ノートパソコンを開いて仕事をしたり、経済新聞を読んだりと、静かに過ごしていた。フライトも中盤にさしかかった頃、窓の外に視線をやると、オーロラとしか思えない現象が見えた。席を立って何人かの客室乗務員に確認したところ、やはりオーロラにまちがいない。彼女たちも前方扉の窓から光の競演を眺めていた。数分後、パイロットのひとりが客室を通りかかった。話をしてみると、じきに引退を迎えるこのパイロットでさえ、北極圏から遠く離れた空域で、これほど美しいオーロラを見るのは初めてだということだった。

パイロットと話を終えて席に戻った私は、アクリル樹脂のガラス越しにオーロラを眺めつづけた。パソコンで音楽を再生するときに、オーロラを模したあざやかなグラフィックアニメーションが流れていた時代だ。窓の外に見えるオーロラを見たとき、最初は、あのアニメーションにそっくりだと思った。だが、しばらくすると雪に覆われた大地にパソコン画面にはない奥行きがあることがわかった。その上を囲む何層にもなった光のカーテンが、青緑色にちらちら光りながら、かすかに形を変え、うねっている。太古の世界をのぞいているような神秘的な感じがした。それ以前にもオーロラの写真なら見たことはあったが、空から撮影した地球がそうであるように、動きが失われるだけでずいぶん印象が変わるものだ。その日見たオーロラは、アイスコーヒーに入れたミルクか、水に垂らした染料のように、絶えず明るさと形を変えていた。

これが夜の光の動きなのだ。渋滞や、かごいっぱいの洗濯物や、歯科の予約を離れた北の空では、毎日のようにこんな現象が起きているのだ。そんなことを思った。冬の闇を照らすオーロラは光の雲のようにも見え、下端へのびて消える光は風に吹きとばされる雨のようだった。夏、北極が白夜の頃に夜間飛行をすると、オーロラが踊りながら低い緯度の暗闇へ渡っていくのが見える。オーロラはそうやって全天に広がり、薄明や薄暮に消えていく。世界中の恋人たちがこの輝きを求めてアラスカのホテルに集うのも無理はない。

ところが私が初めてオーロラを見たその日、機内放送が入り、客室乗務員がわざわざ客室の照明を落としたというのに、大半の乗客はすぐに読書灯をつけて書類やパソコン画面に注意を戻した。信じがたいことに、窓の外をちらりとも見ない人も大勢いた。そういう人たちの上には、長い一日を終えた気怠さが漂っていた。世界を股にかけて働くビジネスマンには、あっという間に次の長い一日がやってくる。窓に顔を押しつけて、地球の頂から発せられる磁力線に太陽風が吹きつける様子を熱心に観察した人はまばらだった。やがて旅客機はニューイングランド地方西部に向けて高度を落とし、オーロラは消えた。

生まれて初めて見たオーロラに、パイロットになりたいという思いを強くした私は、ほどなくして航空会社のフライトスクールに合格した。身体検査に通ったところで、コンサルタント会社の人たちにも打ち明ける。私と一緒に一度でも出張したことのある人は、やっぱりなと思っただろう。ある同僚には「それで空にちなんだ言いまわしが多かったのね」と言われた。「青空案件」に始まって「第2四半期は強烈な向かい風だ」とか「高度三万フィートから俯瞰《ふかん》しよう」とか「あの会社にはなかなかいい滑走路がある」など、私がなんでも空と飛行に関連づけるからだ。そういえば常々思っていたのだが〝ウィルコー〟はどうしてビジネス用語として定着しないのだろう。〝あなたに従います（Will comply）〟という意味の軍事用語で、対空無線でよく聞かれる。「ウィルコー（仰せのとおり実行します）」と言われたら、取引相手も気分がいいと思うのだが。

余談はともかくとして、別の同僚は私の肩に手を置いて「屋上のラウンジがお気に入りだったもんな」と言った。ブルースカイ・シンキング（青空を眺めながら考えることで発想を柔軟にする手法）のために用意された部屋だ。同僚はまた、出張で夜間の便に乗っても、私はなかなか寝ようとしなかったと指摘した。

ところがパイロットになって何年かして、予想もしていなかった変化が起きた。オーロラや、数えきれないほどの流れ星に以前ほど心が動かなくなったのだ。そんな生き方は傲慢だとわかっていても、空と大地の狭間で起こる何百もの自然現象を毎日のように目にしながら、そのひとつひとつに対して新鮮な気持ちを保つのは難しい。

かつての新鮮な気持ちが部分的にでも復活したのは、空で見たものをほかの人と共有するようになってからだ。たとえばオーロラの兆候を見つけたときは客室乗務員に教えるようにした。作業の合間に近場の窓からのぞいたり、コックピットに来て、より大きな窓から美しい眺めを楽しんだりしてほしいからだ。実際、客室乗務員の多くはオーロラが出たと聞くと窓の外に目をやる。乗客が寝静まった機内で黙々と働いているときに、あれ以上の慰めはない。

美しいものやめずらしいものを見たとき、機内放送を入れるかどうかは微妙な問題だ。昼間のフライトであっても、機内放送で休息や映画の邪魔をするなという人もいる。おまけに横幅のある機体では、当然ながら中央座席にいる客はろくに外が見えない。そもそもオーロラはたいてい乗客が眠ろうとしている時間帯に現れるので、機内放送は入れないことが多い。起こしてくれてありがとう、と思う客ばかりではないのである。それでもかつての私のように、夜どおしパソコンで仕事をしているビジネスマンを見かけたら、クルーが近づいていって、そっと窓の外を指さす。北の空の海岸に打ち寄せる光の波を見てごらんなさいと。乗客が喜んでくれると、自分もまるで初めてオーロラを見たようにうれしくなる。

747で飛びはじめて数カ月。シミュレータ訓練を終え、既定の訓練飛行も終えた。最終試験はワシントン・ダレス国際空港までの往復飛行だ。フライトを終えてヒースローに戻ったとき、訓練教官兼機長が私の右手をとって「747へようこそ」と言ってくれた。

訓練を終えて最初のフライトは、バーレーンを経由してカタールへ向かう便だった。どちらも行ったことのない国だ。ロンドンからバーレーンまでの距離は、エアバスで飛んだいちばん長いフライトの二倍もあるが、747としては最短の便だ。イスタンブールの南西を通過するとき、パイロットとしては未知の空にいるのだと実感した。乗客としてなら何度か飛んだことがある。最後はナイロビから中東経由でロンドンに戻るときだったが、大学院を中退したばかりで、次に何をするか、自分でもよくわかっていなかった。

レバノンの海岸線が近づいてくる。航空図で見た山々は、想像とちがって雪を冠していた。機長が「あの山にはいいスキー場があるぞ」と教えてくれた。やがて私たちはサウジアラビアの上空に入った。旅客機が高度をさげるのにどのくらいの水平距離が必要か、パイロットになって、初めて認識した。具体的にいうと一〇〇マイルを優に超える距離が必要で、たとえばある国に着陸するために、別の国の上空にいるうちから高度をさげることもめずらしくない。バーレーンに向けた垂直の旅は、町の光が見えるずっと前から、サウジアラビアの海岸線が見えるよりも前から始まっているのである。

ロンドンへの帰路はもっと北の航空路を飛んだ。クウェートを通過し、イランを横目に見ながらイラクの空域に入る。対空無線に出た管制官のアクセントが、中東というよりアメリカ中西部という感じだったので拍子抜けしてしまった。ふと下を見ると、暗い霧の向こうに緑っぽい灰色の光が溜まっていた。普通、闇で見る都市の光と、それが縁どる境界線はくっきりしているものだ。計画的かつ自然発生的に拡大した都市の輪郭は、ガラスエッチングのようにシャープで、必然と偶然が重なったからこそ生まれる完璧さがある。だがその夜は、日没後もさがらない気温と猛烈な湿気がすべてを覆って、テレビ画面のノイズか、降りしきる雪のような視覚効果を与えていた。別の夜に別の砂漠の上空で見た、澄みきった空気や光とは正反対だった。

航空図をちらりと見ると、薄ぼんやりした光には名前があった。バグダッドだ。同僚が計器に目を光らせているのをいいことに、頭上の照明を暗くして窓に顔を押しあてた。

後日、このときのことをロンドンの友人に話した。747の、これといって何も起きなかった初フライトで、夜の闇に小さくなるバグダッドの光を見たこと、それからサンドイッチを食べたことを……。

窓際の席を希望する旅人は、連なる山々や海岸線、川とそれを包む渓谷といった自然が織りなす景色が好きなのだろう。雄大な眺めは昼のフライトの最大の売りといえる。だが、夜だからこそ味わえる眺めもあり、とくに人間が地球に与えた影響は夜のほうがわかりやすい。

映画『チェイシング・アイス』で、写真家のジェームズ・バログは気候変動が氷河に与える影響を記録した。氷の大地の上を頻繁に飛行する私にとっては非常に興味深い内容だった。あざやかに切りとられた変わりゆく世界も圧巻だったが、バログが好んで夜間の氷河を撮影していることに強く共感した。「夜の眺めには何かがある」とバログは言う。「地球が、銀河系に浮かぶ星のひとつであることを思い出させてくれる」と。バログの言葉を聞いて、自分が夜間飛行を愛する理由もそこにあるのではないかと感じた。自分たちが回転する球体の表面で生きているという事実を、いちばんわかりやすく確認できるからではないかと。

夜に映えるのは都市の明かりだけではない。川面や点在する湖に映りこむ月の光、そして雪をかぶった山の頂上に降る星の光も美しい。人工照明を介して間接的に見えるものもあって、バログは「文明と自然を分けることはできない」とも述べている。一方が他方に与える影響を、最前列で見てきた写真家の言葉だけに信憑性がある。文明と自然の関係は、空から見ると一目瞭然だ。たとえばナイルなど多くの集落がある川は、日中よりも夜のほうが目立つ。日没に合わせてナイルの両岸には二本の光の筋ができ、薄い雲を介すると、白と金のヒョウ柄のように見える。エジプトの町と川、つまり文明の輪郭とそれを支える地理が、夜にしか見えない形で浮き彫りになる。

川とちがって山は、人工的な光がないことによって存在を主張する。道路や家の光は、まるで岩にあたって左右に割れ、ふたたび合流する川の流れのように山頂付近を囲んでいる。地中海の北東部は海岸線からすぐ山という地形が多く、険しい斜面と海のあいだの集落や道路が、海岸線に沿って光の縄のようにのびている。雲などで輪郭がぼやけているときは印象派の絵のようだ。

日中であっても、地上に刻まれた人工のディテールを空から見ると、まとまることでよく見えるようになるものもあれば、完全に失われるものもある。たとえば道路を走る車の連なりは動脈を思わせる筋となり、動きだけが残る。家々は集落になり、集落は都市になる。何百万もの人々の生活を蒸留した都市の眺めは、夜になるといっそう強調される。実際、夜間飛行では往々にして、人類が形づくる地図が目に見えるすべてで、それがひとつ残らず人工の光ということもある。そういうとき、この世で真にライトアップする価値のあるものはなんだろうかと考える。世界の電力消費量の五分の一は照明が占めている。長いフライトのあいだに見る地上の光のひとつひとつは、意図を持ってそこに設置され、維持されているのだ。点灯夫という職業が機械に代わっただけで、暗くなれば自動的に明かりが灯る。人口の多い地域の、樹枝状にのびた光の上を飛ぶことがあったら、コンセントが抜かれて真っ暗になった光景も想像してみてほしい。水面《みなも》に反射する月の光か、さもなければぽつりぽつりとたかれるたき火の炎しか見えなくなった世界はどんなふうかを。実際に世界がそういう姿だったのは、さほど昔のことではない。現代の文明の光は、ある意味、人類の生物発光なのかもしれない。

大都市の光は非常に目立つので、あれがシカゴで、カラチで、アルジェだといちいち教えられなくても目に飛びこんでくる。しかし規模が大きければいいというものでもない。たとえばかつて住んだ田舎町の光や、乗ったことのある定期船の灯は、思い出という輝きも伴っている。近づいてくる故郷の明かりを目にすると、誰しも胸に込みあげるものがあるはずだ。

名前のわからない都市の明かりも独特な雰囲気を持つ。子どもの頃、クリスマスの夜遅くに、家へ帰る車の窓から眺めた家々のようだ。空っぽの通りに満ちる静けさや、明かりを落とした家々を包むおだやかさに心が和んだ。夜に見おろす見知らぬ都市の光にも、同じような効果がある。そこに住む人々の生活がほとんどわからないからこそ生まれる、ある種の深みを感じる。

747のナビゲーション・ディスプレイには、都市も国も大陸もなく、空港だけが青い円で示される。窓の外にどんな大都市の明かりが見えようとも、747の認識する世界は暗いスクリーン上の青い円でしかない。それでもスクリーンに点在する青円をつなぐと、おおまかな海岸線の形を知ることができ、それはイギリスだろうと西ヨーロッパだろうと同じだ。アメリカ東部も空港を線で結ぶと東海岸に近い形になる。旅客機の窓から外の光を見て、住宅地や工業地帯の位置がわかるのと同じように、コックピットの青円は、そこに747のコンピュータに表示するだけの大空港があり、そのような大空港を必要とするだけの人口と生産規模を維持する都市があることを教えてくれる。

よくコンゴ民主共和国の上を飛行する。父が住んでいた当時、コンゴはベルギーの植民地だった。最近、フランドル出身の作家ダヴィッド・ファン・レイブルックが、コンゴを題材におもしろい歴史書を書いた。父に読ませてやれないのがとても残念だ。レイブルックは本の冒頭で、海と空からコンゴに迫る。ちなみに最後もコンゴ上空を飛び〝巨大なモスグリーンのブロッコリのような森が、ところどころ太陽の光を反射する茶色い川に分断されている〟と記している。

コンゴ民主共和国の人口はおよそ八〇〇〇万人で、イギリスやフランスよりも多く、カリフォルニア州の人口の二倍である。コンゴの国土は日本の六倍あって、アラスカとテキサスを合わせたくらい広い。ところが747のスクリーン上に示される青円はたったふたつしかなく、そのいずれも通常の状況では747を着陸させるのに必要な条件を満たしていない。アフリカは世界で二番目に人口の多い大陸だが、世界の旅客空輸人口に占める割合は三パーセントを下まわる。ただし近代化に伴う変化の兆しはあり、旅客機のナビゲーション・スクリーンにも新しい青円が加わりつつある。

コンゴでもっともよく使われる青円はキンシャサの空港だ。キンシャサはロンドンからケープタウンへ向かう航空路が通過する都市である。父がコンゴにいた頃はレオポルドヴィルと呼ばれていたキンシャサだが、上空で感慨にふける余裕はない。このあたりは数カ国の空域の境目となっているうえに、嵐が発生しやすいのだ。雲のない夜でも、赤道の湿気を含んだ空気が溜まって視界を遮っていることが多い。キンシャサは、父が訪れたことがあって私は訪れたことのない、世界でも数少ない都市になった。

しかし、たとえ晴れた夜に窓の外を見渡す余裕ができたとしても、見るものはたいしてないかもしれない。キンシャサの光は、その規模の都市としては驚くほど貧相で、先進国のより小さな町の夜景にも劣る。私は毎晩のようにアメリカの名前も聞いたことのない町の上を飛行するが、いずれもキンシャサよりずっと明るい。キンシャサでは、ようやく見える光さえ緑がかっていて、頼りなく揺らめき、まるで海底の光を透かして見ているようだ。世界はいまだに不平等で、あらゆるものが不均等に配分されている。キンシャサの光はこの事実を雄弁に語っている。

北西から、マリブの山々を越えてロサンゼルスにアプローチすると、太平洋の表面から燐光をボウルに集めたかのような、きらびやかな景色に迎えられる。上空が晴れていれば、作家のジョーン・ディディオンが〝これまでに見た美しいものはすべて飛行機から見たものだった〟と書いた理由がわかるだろう。東の陸側から飛来したとしても、砂漠地帯を抜けて巨大な山並みを越えるまでめぼしいものは何もない。そういう意味でロサンゼルスは、どの角度からアプローチしても島のような印象がある。海の真ん中で輝く島だ。

ロサンゼルスに行くと、プリマス・ロック〔訳注／イギリス人清教徒がメイフラワー号からプリマスに上陸した際、最初に踏んだとされる岩〕と同じで、地形や町の発展が、文明や歴史と分かちがたく結びついていると感じる。ロサンゼルスはアメリカの開拓精神の終着点だ。夜になると、海岸や山際に光の波が打ち寄せる。

パイロットのキャリアで一度だけ、どこかへ着陸するときに音楽を聴くことが許されるとしたら、夜のロサンゼルス空港を選ぶだろう。なんといっても天候と地形がいい。ロスの上空はだいたい晴れているうえに、町そのものが山々の背後に隠れるように広がっている。ペンシルベニア州の母の故郷は炭鉱の町で、丘に囲まれた鉢状の地形をしているのだが、子どもの頃、夜に母の実家までドライブしたとき、最後のカーブを曲がるまでは真っ暗で、丘の頂に達したところで、町の光が花開くのを見た。幼い私にとってそれは、旅客機から見る現代のロサンゼルスと同じようにまぶしい光景だった。

747は、リチャード・ウィルバーの詩に出てくる〝世界の縁〟を飛びこえたムクドリのように、サンバーナディーノ山脈を越え、神経系のように張りめぐらされた高速道路をたどって海の方向へ飛ぶ。ロサンゼルス《天使たち》という名前は、天空を連想させるだけでなく、よりよい暮らしを夢見る人々を刺激する力がある。町の規模もちょうどよく、広がりと集約という矛盾した印象を併せもっている。夜に空から眺めるロスの夜景は、光が天使たちを祝福しているとしか思えない。日が沈んだあと、ロスの上空で旋回すると、地球上のどこにもない光景が見られる。片側の窓にはアメリカ西海岸の夜を飾る光の花畑が、反対側の窓には満天の星空が広がるのだ。

はるばる海を越えて夜の都市にたどりつくこともある。アメリカの東海岸には膨大な電力を消費する都市群が並んでいて、夜間であればかなりの沖合からでもわかる。ただしコックピットでは、光を目にする以前から、ささいな兆候が陸の接近を教えてくれる。たとえば陸が近くなると、対空無線を短波無線《HF》から雑音の少ない超短波無線《VHF》に切り替えることができる。無線航法施設を示す針が、地上中継局の電波をキャッチして震える。水平線の向こうに最初の光が見えるのはそのあとだ。

凍てつく高層風をかわしながら飛びつづけ、ようやく目指す陸地がゆっくりと近づいてくる。都市の光が織りなす地平線が、長く優美な曲線を描いて展開し、地球が丸いことを純然たる事実として教えてくれる。大洋を飛びこえて、海辺の都市が編む光のネットにたどりつくのだから感動もひとしおだ。ひと昔前には考えられない偉業である。しかし何よりすばらしいのは迫ってくる光の変化だ。横に長い金色の線が徐々に太さを増し、立体的になる。やがて道路を流れる車のライトが見分けられるようになり、ついに大陸の際《きわ》に群がる都市の全貌が視界いっぱいに展開する。

なかでもフロリダの東海岸は、とりわけ明るく、まっすぐで、水と光が接する部分は剣の刃を思わせる。マイアミへ着陸するときはこの刃を洋上側からまたぐのだが、六、七時間も暗黒の海を眺めたあとなので、かなりまぶしい。数年ぶりにマイアミ便を担当したとき、まさに宝石のようだと思った。マンハッタンからリオデジャネイロを結ぶ、文明という名のネックレスを飾る宝石だ。

私が作曲家なら、海の果てからニューヨークへ到着する歌を書くだろう。マンハッタンは、光の粒の詰まった巨大な花瓶をひっくり返したような街だ。光の粒は積み重なったり転がったりしながら外へ、外へと広がり、郊外に至ると平らになって、さらに内陸部へ行くとまばらになり、暗い森のなかに消える。ニューヨークの川や湾は人工的な光に照らされて金色に輝き、沖には船の灯火が星座のようにちりばめられている。まるで秋の風が吹いて、陸に落ちた光の粒を、海洋時代の玄関口だった暗い海に吹きとばしたかのようだ。

またアメリカから東向きに飛ぶとき、アイルランドは夜と旅の終わりを象徴する国だ。飽きるほど飛んだ大西洋横断ルートではあるが、夜の果てに見るアイルランドは、まさに神がオデュッセウスの部下から奪った〝帰郷の日の出〟のようで、海の向こうにひだ状の光となって揺れている。暗闇にかけられた織物のような光は、降り積もった歴史そのものにも見える。光は海岸に沿って集まり、稜線が朝日に白みはじめても輝きは衰えない。アイルランドの海岸を目にすると、まだ眠りから完全に覚めない村々と、ロールシャッハテストのような形をした浜辺で一日の仕事を始める漁師を思う。帰還を祝福する日の出、これほどシンプルな歓迎もないだろう。

ブダペストへ一緒に飛んでから一年半後、父が亡くなった。それから数カ月というもの、乗客のなかに誰かの死や重い病が原因で旅をしている人が何人いるだろうと、そんなことばかり考えていた。いるとすれば、彼らの目に、下界の光はどんなふうに映るのだろうと。旅客機から見る世界も変わった。とくに夜の世界が。親を失うと、それも比較的若い年齢で親を亡くすと、人の命に限りがあるということを、急に意識するようになる。以前は関心がなかったり、見すごしていたりしたものが、はっきりと見えるようになる。看護師なら、積み重なったカルテにそれまでとはちがう時の重みを感じるようになるだろうし、整備員なら錆びや修理に、建築家なら幾度となく改築された古い建物の多層構造に、時間の流れを見るようになる。私の場合は上空からの眺めが変化した。人工的な光の地図が、それまでとはちがって見えるようになった。

上空から見る田舎道、郊外の住宅地の袋小路《クルドサック》、渋滞する高速道路、私たちが消費する生活物資を保管する倉庫、本のページのように広がる駐車場、ラジオ塔の上で誇らしげに点滅する赤ランプ……それらは個人の生活ではない。旅客機から見えるのは個人の生活の集積としてのインフラだ。きらめく光のネットが人の営みを象徴することはあっても、人そのものを表すことはない。仮に夜の町から一瞬にして人が消えたとしても、夜景は相変わらず美しいだろう。少なくともしばらくのあいだは。

都市の夜景の美しさには、ある種の疎外感ともろさがある。都市は人の集合体であり、人が生きるために造られたものだというのに、いやむしろ、だからこそかもしれないが、取り澄ましていて、個人の事情などお構いなしだ。夜が更けるにつれて高層ビルに灯ってゆく窓の明かりを見たときのように、ほっとする半面、あの光が自分の生活とかかわることはないのだとも感じる。

悲しいことがあったとき、周囲の人たちが普通に仕事をしたり、買い物や、車の運転や、散歩をしたり、笑っていたりするのを見て、とまどった経験はないだろうか。それと同じように、よそよそしく、冷淡で、せっかちで、空からの視線には気づきもしない都市の光を見おろして、天国の父にも、世界はこんなふうに見えているのだろうかと考えることがある。

友人から聞いたのだが、旅客機の窓から静かに（または音楽を聴きながら）何時間も外を眺めていると、それまで見たことのないものや、見すごしていたものに気づく瞬間があるそうだ。しかもそういう気づきは、愛する人が病気になったり亡くなったりしたときに多いらしい。疲れや不安と闘い、ひっきりなしにかかってくる家族や友人や医者からの電話に対応したあとで旅客機に乗ると、外の景色に自分の心を重ねやすいのかもしれない。悲しい知らせを受ける前の時間と場所から、新しい現実へ、肉体だけでなく魂も移行しているのだ。

また宇宙飛行士にいわせると、宇宙からベルギーを見つけるのは簡単だ。夜間に地球を撮影すると、ベルギーは白い光のほとばしりとなって、どこよりも明るく輝く（ただし旅客機の巡航高度から見ると、光は白ではなく黄色がかったオレンジ色に見える）。ヨーロッパでもっとも人口密度の高いベルギーには、世界一明るい道路網がある。ロンドンからヨーロッパへ向かうとき、薄暗い英仏海峡を越えて最初に見る光の海がベルギーだ。縦横に走る光の糸は驚くほど細分化されている。高度をあげながら接近するので、光は垂直と水平の両方向に展開する。

ベルギーの隣国は、どこもさほど道路の照明に力を入れていない。だから雲のない夜に空から見ると、ベルギーと隣国の入り組んだ国境がよくわかる。境界を越えただけで、大地が一段階、暗くなるのである。光の国境をまたいで、フランスの都市リール（かつてはオランダ王国の都市で、今でもオランダ語ではレイシァルと呼ばれる）を探す。父の故郷を見つけるときの目印だ。コックピットの閉ざされた扉から三メートルも離れていない座席に父が座っていた夜も、そうやって父の故郷を見つけた。

光が描く国境線はベルギーだけではない。とくにインドとパキスタンの境界は、世界でも群を抜いて明るいといわれている。しかし父が亡くなってから長いあいだ、私にとってベルギーの光は特別な意味を持っていた。故郷が人生におよぼす影響は大きい。父のように外国に移住した場合はなおさらだろう。ベルギーへ戻ったとき、たとえば技術用語など、最近になって使われるようになった単語が、オランダ語でわからないことに気づいて妙な気分になったという話を、父から聞いた。

父が亡くなって数ヵ月後、ロンドンを離陸して高度をあげているときにふと、一九三一年、つまり父が生まれた年のパイロットが見たベルギーの光はどんなものだったのだろうと思った。上昇する旅客機の先に瞬く光のなかで、父方のおじや、おばや、たくさんのいとこたちは、どんな夜を過ごしているのだろう。コックピットの外に、ベルギーの光が、過去の闇を照らす記憶のように広がっている。それは親を亡くした人にだけ見える光景なのかもしれない。

自分の人生とはなんの関係もなくても、地球上でもっともさみしい場所の光を愛おしく思うことがある。サハラ砂漠やシベリア、カナダとオーストラリアの大部分には、光がまったくないか、あったとしても数えるほどしかない。だからこそ人里を遠く離れた場所にぽつんと灯る光が目に飛びこんでくることがある。どこまでも続く闇のなかに孤高の輝きを放つ光だ。夜の海でも、たとえば一隻の船の灯が、同じように見えることがある。

孤独な光は、残り火やのろしといった原始的な火を連想させる。しかも光があるせいで、周囲の夜の果てしなさがいっそう際立つ。上空から眺めると、闇は地上からは想像もつかないほど大きい。そのなかで健気に灯る光は、都市の夜景がどれほど込み入った美しさを見せようとも太刀打ちできないほどの繊細さと親密さを備えている。そんな光を眺めていると、底冷えする夜に薪を抱えて、雪を踏みしめながらストーブの光が揺れる家へ向かった幼い頃のことを思い出す。翼下の小さな光のもとにも、誰かがいる。たとえば小さな村にある一軒家の住人が自家発電機で灯した光で、もうじき消えるかもしれないし、閑散とした広場を囲む家々の外灯が重なって、ひとつに見えているのかもしれない。旅客機が飛ぶ高度ともなると、家々の光が集まってひとつに見えることもありえるのだ。地上の光が私の目を引いたように、地上の人も空を見あげて、星のあいだを進むジェット機の点滅に気づき、どこへ向かっているのだろうと想像してくれるだろうか。もし、地上であの光を目にしたいと思ったら、現地まで行くのにどのくらいかかるだろう？　もちろん何日もかかるにちがいない。たくさんの光が輝く都市まで飛び、さらに旅客機を乗り継いで、そこから長くて、まちがいなくきつい陸上の旅を経て、たったひとつの光が見える場所を目指すのだ。

アレクサンダー・グラハム・ベルは、航空機はいずれ一〇〇〇個のレンガを載せて離陸できるようになると予言した。一〇〇〇個のレンガの重さは二トンを少し超える。７４７では、通常のパントリー・ウェイト（乗客も貨物も考慮せず、ただ食料と飲みものと関連物資だけの重さ）が六トンで、レンガ数千個分を超える。７４７の平均的なペイロード（乗客や貨物を含む有効搭載量）となると三〇トンから四〇トンだ。航空機を設計する際は常に重量を計算しなければならない。７４７の原型を設計した技術者は、軽量化のためにせっかく考えた機能を没にされて涙を流したという。

飛行中、旅客機の重量は劇的に変化する。飛ぶために燃料を消費するからだ。一般的な自家用車の燃料タンクの容量は五五リットルで、重量は四〇キログラムほど。ざっくり計算すると車体重量の四〇分の一だ。一方、シンガポールからロンドンに向けて離陸するジェット機の重量を三八〇トンとすると、五分の二にあたる一五〇トン以上が燃料であり（ちなみに有効搭載量は一〇分の一しかない）、着陸までにそのほぼすべてが消費される。

　燃料消費による機体重量の変化は綿密に計算されている。たとえば長旅に出かけるときスーツケースに五冊の本を入れたとしよう。いろいろな計算方法があるが、五冊の本を運ぶためには一冊もしくは二冊分に当たる重さの予備燃料が必要となる。現実世界でも、乗客の数や貨物の量が土壇場で増加することがあり、増加したペイロードを運ぶためには数トン分の燃料が余分に必要になる。

　追加される重量が燃料そのものという場合もある。目的地で霧や降雪が予報されれば、到着時刻の遅れが予想されるため、そのルートで通常必要とされるよりも多めに燃料を積む。天候が悪くなくても、目的地上空で三〇分ほど空中待機ができるように、四〇分飛べるだけの燃料を積む。一〇分の追加は余分な燃料を世界の果てまで運ぶための燃料である。飛行距離が長くなればなるほどこうした燃料の割合が増え、ある時点で、一回の長距離フライトと二回の短距離フライトの燃費が逆転する。

　パイロットになるまで、航空機の重量が、旅の残り時間や距離と比例するとは考えてもみなかった。機体重量は高度と速度にも影響をおよぼし、状況によっては旋回時のバンクをも制限する。着陸速度の計算においてはとくに重要だ。普通は重いと動きが鈍くなると思うだろうが、翼にかかる揚力は速度によって決まるため、むしろ機体が重いほど速く飛ばなければならない。747では、着陸時の重量（貨物、乗客、残燃料）が三トン増えるたびに一ノットの加速が要求される。着陸が遅れて空中待機をする場合は重量が減りつづけるため、三トン減るたびに着陸速度を一ノットずつ減らさなければならない。

だからパイロットは燃料をいろいろな尺度に使う。まず純粋な重量として、また環境汚染を引き起こす大気中への排出物質として。燃料の重さ分だけ積み荷が積めなくなるという考え方もあるし、長距離路線で強い向かい風にさらされているときは減りつづけるペイロードとなり、在空時間の目安にもなる。地上を移動する際の距離にも換算できるし、節約すべき経費という見方もできる。ただ、現実的な面ばかりに注目すると、燃料が古代からの贈りものであることを忘れてしまう。高度でクリーンな航空技術を機能させているのは、この上なく原始的な燃料なのだ。航空機の未来に関してホイッグ史観〔訳注／進歩や繁栄を正義とし、それを阻むものを悪とする考え方〕に基づく悪があるとするなら、それこそ燃料だろう。一回のフライトのあいだにみるみる消費され、まるで私たちにはわからない絶対的な掟に従って取引されているように時間や距離に置き換わっていく。この取引の原点はたき火であり、オイルランプだ。私たちの祖先は、燃料と引き換えにあたたかさや光、そして動力を手に入れたのである。

古の取引が、夜の地上をあざやかに照らすこともある。油田の炎だ。〝石油〟は文字どおり石の油で、私たちは地球の地盤を掘って、液体化したエネルギーを抽出している。油田から原油を採掘する際は往々にして天然ガスが発生する。このガスを集めて売ることもできるが、集めるために新たな設備投資が必要になるため、とくに僻地では、そのまま燃やしてしまう。

イラク上空を飛行して、クウェートに向けて高度をさげようとしたときのこと。眼下の闇に巨大なろうそくの明かりのようなものが見えた。奉納用の太いろうそくではなく、細長いろうそくが何本も、砂漠のど真ん中に突きさしてあるかのようだった。ひとつひとつの炎は明るすぎるほど明るく、完璧な光輪を伴っている。シャボン玉のなかに炎が閉じこめられているかのような、さもなければ暗い農場のポーチに灯った裸電球のようだった。炎は赤く、ときおり金色にも見えるが、それが実際の炎の色なのか、それとも周囲の砂の色なのか見分けがつかない。

世界有数の原油生産国の上空では、こうした炎をよく見かける。一カ所に何十本も並んでいることもあり、炎は大きく、ちらちらと瞬いている。砂漠や亜北極の夜をたいまつの塔が照らし、ひとつの景観を生む。真っ先に思い浮かぶのはペルシャ湾だが、ロシアやアフリカの一部でも同じ光景が見られる。シンガポールからシドニーへ向かう途中でインドネシア上空を初めて飛んだときも、インクをこぼしたような大洋のど真ん中に石油リグがあり、先端から同じ炎があがっているのを見て仰天した。

炎の冠をかぶった石油リグには、不吉で、何やら寓話的な雰囲気があった。あそこで掘削される燃料を旅客機が燃やすのだ。そういう意味では、洋上に落ちた航空機の影にも見えるし、ひいては現代の産業文明そのものの影にも見えた。闇夜に惜しげもなく放出する炎は、人類が解き放った力をほのめかしていた。

油田の炎はまた、ペンシルベニア州のセントラリアを思い起こさせる。母の生まれ故郷から数キロしか離れていない炭鉱の町で、地下鉱山の火災が、五〇年経った今でも燃えつづけている場所だ。丘の上にある墓地の地面の割れ目から、蒸気と煙が立ちのぼっている。打ち捨てられた通りは熱を帯び、舞い落ちた雪もあっという間に溶ける。

油田の火からプロメテウス（先見の明を持つ者を意味する）の黄金像を連想することもある。ニューヨークのロックフェラー・センターのスケートリンクの上に飾られた像には、アイスキュロスの言葉が添えられている。〝プロメテウス、あらゆる業《わざ》の師であり、人類に火をもたらした男。大いなる結末を招くことが明らかな手段を〟

大いなる結末とはなんだろう。炎の炭鉱の上を、７４７が飛ぶことだろうか。オリンポス山の四倍の高さを、旅客機が飛ぶことだろうか。

上空で見る炎はほかにもある。森林火災だ。今もめずらしくはないが、おそらく気候変動によって今後はさらに増えるだろう。昼間にアメリカ西部の険しい山岳地帯を飛んでいるとき、山腹から立ちのぼる濃い灰色の煙を発見することもある。空高く昇った煙は高層風にもまれて渦を巻く。風というものは高度によって速度や向きを変えるので、森林火災の煙は各高度帯の風を写した棒グラフのようになる。

　復路でアメリカ西部を飛行するのはたいてい夜間なので、煙よりも炎が目立つ。空気の層で蒸留されてもなお、あざやかな炎が目に焼きついて、ほかのすべてが色あせて見える。溶けた鉄を思わせる赤が山の斜面を舐めていく光景は、雪の上に散る鮮血のような衝撃があり、背筋が凍る。

　森林火災が生む熱によって上空の空気は急激にあたためられ、〝火災積雲〟と呼ばれる雲を形成する。漫画に出てくるアンチ・フェニックスのように〔訳注／スーパーヒーローのフェニックスに対抗して生みだされたキャラクター〕、火災積雲が雨を降らせ、生みの親である火災を鎮火することもある。逆に火災積雲が雷を落として新たな火災を生み、それがさらなる火災積雲を生むこともある。キプロスなどの上空では、火災を見かけたら報告してくれと要請される。初期の航空機が負った役割が残っているのだ。実際にパイロットが森林火災の報告をするのは聞いたことはないし、対空無線で〝火災〟という単語を聞いたこともない。もしも管制官に地上の火災を報告する機会があったとしたら、慎重に言葉を選ばないと、航空機トラブルと勘ちがいされてたいへんな騒ぎになるだろう。

　今、747はロンドンからヨハネスブルグへ向かっているところだ。乗客を乗せてはいるが〝ホット・アンド・ハイ〟訓練も兼ねている。温帯の高地《ホット・ハイ》にある空港に着陸する手順を確認する訓練だ。気温と高度が手を組むと、いろいろ厄介なことが起こるのである。しかし目的地はまだ先で、大気も安定しているので、さしあたってすべきこともない。私は夜間飛行の独特の雰囲気を堪能していた。乗客は食事を終えて眠っており、客室の照明も絞られている。同僚パイロットのひとりは仮眠中で、一緒に操縦している機長も口数が少なくなっていた。夜の空が魅力を発揮するときだ。静かで、暗くて、〝すべて世は事もなし〟というおだやかさに包まれている。アフリカの夜空を優美に飛翔する鳥たちの目に、旅客機がどんなふうに映っているのか想像してみる。シェードのおりた機体は暗く、先端にいくつか灯火が光っているだけで、夜空に巨大な黒い輪郭が浮きあがっているはずだ。

ザンビア上空にさしかかったとき、地平線に鈍い光が見えた。澄みきった夜には遥か遠くの光が見えることがあり、そういう光はいくら飛んでも近づいてこないので、町の明かりなのか、昇りかけの月か、裏の半球を照らしている太陽の名残か、単なる日の出なのかはっきりしない。

一五分後、遠くの空を照らしていた光の源が見えた。暗い平原を数えきれないほどの炎が覆っている。森林火災という規模ではない。何十もの光の弧が連なって、まるで炎で書いた文字か、漆黒の海に立つ赤い波を見ているようだった。じきに燃えさかる文字の上空に到達した。文字は地平線まで続いている。

あれほど困惑する眺めは初めてだった。人間の秩序を崩し、獣を散り散りにさせた黙示録的な火の雨のアーキタイプ〔訳注／ユングが提唱した、人類の深層に普遍的に受け継がれているイメージ〕があるとしたら、まさにそれだ。火を恐れる人間の本能を超えて気味が悪いのは、あれほどの大火災を目にしながら、自分たちが何事もなく飛びつづけていることだった。私たちは完全に傍観者だった。自分の奥底にある原始的な恐怖と、自分の機が物理的にも心理的にもまったく安全だという矛盾に愕然とした。私は紅茶のカップを手にしていて、三〇〇人の乗客は眠ったり起きたりを繰り返しており、ワゴンには朝食のトレイがセットされている。私たちの安全は、高度な技術と日々の整備によって保障されている。少なくとも眼下の炎に焼かれることはない。やがて炎の大地は後方に消えた。世界のほかのすべてと同じように、一定の速度で飛ぶ翼のうしろに消えていった。

太陽が昇った直後、明るく乾いたヨハネスブルグに向けて高度をおろした。澄みきった朝日に照らされた高地に、高速道路が蛇行しながらのびている。活気に満ちた街を見たら、初めて訪れた人はロサンゼルスかと思うかもしれない。ホテルにチェックインして火事のニュースを探したが、なんの情報もなかった。あれほどの大火災がニュースにならないはずがない。しかし、数日後にもう一度ネットをチェックしても、あの夜、炎に包まれていた大地に関する話はひとつも見つからなかった。

GPSが登場する前、同じ航空路を飛ぶ航空機は、微小ではあるが避けられない誤差によって自然と分離されていた。しかしGPSが航法装置の主流になって以来、航空機の飛行経路がぴたりと重なるようになった。独断でオフセット〔訳注／軸の左右どちらかにずれること〕をとり、〝公示された航空路と平行に飛ぶパイロットもいる。これは前の航空機が残した乱気流を避けるためであり、また搭載する航法システムの数値に無作為な要素を加えて、同じ航空路を飛ぶ航空機と確実に分離するためでもある。

たとえば同じ航空路を別の高度帯で、反対方向に飛ぶ航空機がいたとして、その針路は真逆にはならない。前にも述べたとおり、風向風速が高度帯によって変わるために、航空機は風に流される分をあらかじめ計算して、本来の針路に若干の角度をつけて飛行するからだ。二機の航空機が描く高速の線は、まるで空が出した幾何学の問いに対する解のようである。同じ航空路上を対面に飛行する航空機が、わずかな高度差ですれちがうこともある。ロシアやアフリカのように、大陸をまたぐ航空路が往復とも同じ場所を通る空域ではよくある光景だ。

接近する航空機は、目で見つけるよりもだいぶ前にレーダーで位置を確認できるが、それでも実際に目で見ることは大事だ。対面で進む航空機の接近率は猛烈で、時速一九〇〇キロメートルを優に超える。見えたと思ったら、次の瞬間には真上にいて、瞬きもしないうちに後方に消える。おそらくこの世で目撃する最速の出来事で、フォークナーが航空機について〝速度というまったく新たな商売〟と書いた気持ちも理解できる。

かつて南アフリカの田舎道をドライブしたことがある。日が暮れると対向車もない(後日、現地の人にこの話をしたら、人里離れた荒野の道路を夜中に走るなんて正気の沙汰ではないとたしなめられた)。夜中に遠くで対向車の光を見つけ、同乗者とふたりで車がいたと大さわぎをした。エンジンの音やまぶしいヘッドライト、すれちがうときに起きるであろうハイタッチのような風が恋しかった。しかし車は一向に近づいてこない。やがて同乗者が別の話題を持ちだし、何曲か歌を聴いた。さらに長々と話して、道なりに丘の上にのぼったとき、また車の光を見つけた。実はそれはさっきの車で、思ったよりもずいぶん遠くを走っていたのだ。暗闇の彼方にある光は、実際よりずっと近く見える。

夜の操縦席ではこの傾向がいっそう強まる。近づいてくる航空機、少なくともその灯火が、日中ではありえない距離から視認できる。三五マイルかそれ以上だ。ただし車とちがって航空機の場合は三五マイルといっても数分ですれちがう距離だ。家から三五マイル（約六五キロメートル）離れた町のことを考えてみると、それほど遠くの移動している光が見えるなんて、高高度の空気はどれほど澄んでいて、どれほど暗いのだろうと改めて感心する。

バスに乗っていると、対向車線を走るバスの運転手同士がすれちがいざまに手を振る光景を見かける。友人なのかもしれないし、職業上の仲間意識からあいさつしただけの見知らぬ人同士かもしれない。旅客機は常になんらかの灯火を点灯させているが、アフリカのさみしい空域では、長い夜間飛行のときに、別の航空機を視認したパイロットが着陸灯を点滅させることがある。サバナや砂漠の上の冷たい空気のなかで、昇りつつある南十字星の下でのみ交わされるあいさつだ。こちらが着陸灯を点滅させると、ほとんどのパイロットはあいさつを返してくれる。

遠くの航空機からあいさつがあったと思いきや、実は大気圏を貫いて届いた星の瞬きだったということもある。向かってくる航空機を見つけたと思って着陸灯を点滅させたところ、機長に「きみは金星に友人がいるのか」と言われた副操縦士もいるらしい。

暗く果てしない空で相互に光る着陸灯。孤独を共有するあいさつがよく交わされるのはロンドンとケープタウンを結ぶ航空路で、自社の復路便とすれちがうときだ。往路と復路が互いの一里塚になっているような、着陸灯を点滅させて、ひとりじゃないと相手を安心させるだけのために離陸したような気分になる。ちなみに同じ航空会社の航空機は〝カンパニー・シップ〟と呼ぶが、これを聞くと私は、毎週決まった曜日にサウサンプトンを出港してケープタウンに向かったかつての定期船、ユニオン＝キャッスル・ラインを思う。大海原のどこかですれちがう往路の船と復路の船も、私たちと同じようにあいさつを交わしたにちがいない。

ユニオン＝キャッスル・ラインが行き交った海の上で、乗客が眠っているあいだに、私はカンパニー・シップの光を見つけ、頭上パネルに並んだ着陸灯のスイッチに手をのばす。主翼前縁から放たれる光線は広大な闇を針でつつくほどの力しかないが、相手のシップに対する敬意を表している。光の返事はみるみる迫ってきたかと思うと、あっという間に窓の上へ消えた。対空無線で言葉が交わされることはなく、光のあいさつ自体も一瞬で終わるので、相手の機が見えなくなったとき、まだ手は着陸灯のスイッチにふれたままだ。アフリカの凍てつく空を飾る星々の下で、旅客機の翼はふたたび暗くなる。二機のジェット機が描く弧は、互いがあとにしてきた都市の朝に向かってのびていく。

Return:

帰る、戻る、復帰する

昨日の昼にロンドンを出発して、今朝、成田に到着した。成田空港近くのホテルから都内まで、日中に移動するのはなかなか骨が折れる。混雑しているし、長旅の疲れと時差ボケが重くのしかかってくる。それでも昼間にがんばって活動しておけば夜はぐっすり眠れるはずだ。

高校生のとき、夏休みの交換留学で金沢へ向かう際にも東京に寄った。のちにコンサルタントの仕事で来たこともある。そのときに訪れた場所へもう一度行ってみたかった。

高校時代はまず東京都庁舎の広大な広場に行った。高くそびえるツインタワーは数カ月前に完成したばかりだった。ホームステイの引率役を務めたのはカリフォルニア出身の二十代の大学院生で、高校生のうちから世界に目を向けることが大事だと言っていた。彼女の口癖が〝どこへ行っても自分が道連れ〟である一方、私は、自分が本当に東京まで来たのだという事実をうまくのみこめずにいた。あれから一五年、彼女の言葉を思い出すと今でも頬がゆるむ。プレイス・ラグに対抗する呪文みたいだ。

私と同僚は、地図をのぞきこみながら昼食をとるのに適当な場所を探した。寝不足からくる高揚感もあって、ささいなことでもよく笑った。明後日には、シベリアを越えて故郷《ホーム》に戻らなければならない。

同僚と私は東京の路地をさまよった。小さな食堂を見つけたので、揚げ餃子で昼食にする。腹がふくれたところで太陽の下に戻り、通りがかりの人に明治神宮までの行き方を尋ねた。遠い異国の昼下がり、昨日までは存在していることさえ知らなかった人たちにまじって歩く。高校生のときと同じように、東京にいることをうまく消化できない自分がいた。結局、私たちの脳は、石器時代の時間と距離の感覚から抜け切れていないところがある。私が東京を歩いているとき、私の半身はまだロンドンにいて、自宅のなかをうろついている。自分の足で稼いだ距離でなければ納得せず、地平線の内側にあるものが世界のすべてだと思いこんでいる。私の半身はパスポートも持っていなければ、飛行機に乗ったこともない。それも私なのである。二日後、東京にいる私が家に戻る頃、半身はようやくアパートメントを出るだろう。旅先で必要になりそうなものを詰めこんだバックパックを背負って、いちばん頑丈な靴をはいて。外階段の踊り場で鉢合わせたら、私は半身に言う。「そんなものはいらないぞ。もう帰ってきたんだから」そうしてぼう然としている半身の前を通りすぎ、パスポートを棚の上に放る。それからラジオのスイッチを入れて、長いすに寝そべり、留守のあいだに届いた郵便物の差出人をざっと確かめるだろう。

ロンドンから日本へ向かう途中、日本語のできるクルーに手伝ってもらって、日本語で機内放送をした。言いまちがえのないように、台詞を紙に書く。勉強をさぼっているあいだにせっかく覚えた日本語の語彙は消え失せ、他人の助けを借りて書いた文章さえ、ところどころしか意味がわからなかった。パイロットとして初めて日本を訪れたときも、ずいぶん日本語を忘れてしまったことに気づいて落ちこんだ。数週間も滞在すれば、すぐにもとのレベルまで挽回できると思ったのに、現実には、昔覚えた言葉や漢字をすべてとりもどすほど現地で過ごす余裕がなかった。少なくともこの仕事をしているあいだは無理だ。東京からロンドンへ、それからサンパウロへ、デリーへ。別の言語が聞こえる都市へ、切れ目なく飛びつづけなければならない。

仕事で覚える外国語は、航空機に関する単語や名称、空の新しい地理、存在も知らなかった小さな（または遠い）町の名前くらいで、それらを知っているからといって、現地の人と会話できるわけでもない。ただ、航空業界にも手話のようなものがあって、音声による通信ができないとき、地上勤務員がパイロットに向かって、身振り手振りで航空機を停止させろとか、まっすぐ進めとか、右に曲がれといった指示を出す。パイロットから地上勤務員に対して、ブレーキをかけたとか、エンジンを始動するとか伝えることもできる。こうした合図は船舶が意思疎通のために使う信号旗や手旗信号に由来し、世界で統一されている。マニュアルには手の動きが細かく示されていて、それを見るたびに母が言語療法で使っていた教材の手話について書いたページを思い出す。マニュアルには書かれていない身振りもある。航空機が離陸するとき、地上勤務員は親指を立てたり、手を振ったりしてくれる。日本ではよく、地上勤務員が747に正対し、旅の始まりに敬意を払って一礼してくれる。

明治神宮に到着した。地上勤務員の動作に倣って、一礼してから鳥居をくぐる。私は昔から、町や寺や城と外を仕切る儀礼的な門に興味があった。門の前に立つと、その先に待つものに対する期待が煽られる。以前に日本を訪問した際、東京に住むドイツ人が、ドイツ語源の日本語をいくつか教えてくれた。〝アルバイト〟はパートタイムジョブのことでArbeitが語源だ。〝エネルギー〟も〝ギ〟という音からドイツ語由来だとわかる。最近〝鳥居〟という日本語を覚えて、ひょっとするとドイツ語で門を意味するTorと関係があるかもしれないと思った。さっそく知人のドイツ人に質問したが、残念なことに予想は外れた。ドイツ語の門も日本語の鳥居も非常に起源が古く、ユーラシア大陸の文化や言語が船を介して行き交う以前に成立した言葉だそうだ。船がつないだ交流を、今は旅客機が支えている。

〝門〟がつく地名は、地図上でも浮きあがって見える。そこを中心として広がる地理や歴史を連想するからだ。世界の都市を散策してカフェで休憩し、その土地に関して書かれた本を読むと、いくつも立派な門の名前が見つかる。人工建造物もあれば自然が育んだものもある。

悠久の時を感じさせるシンガポールのフォート・カニング、イスタンブールのゴールデンゲートや、そこから名をとったサンフランシスコのゴールデンゲート、そしてバンクーバーのライオンズゲート。私のお気に入りは東京湾の羽田空港近くにある東京ゲートブリッジで、なんといっても大都市の門を連想させる名前がいい。トルコの山地にはシリアンゲート（ベレン峠）があり、たまにこの付近を飛行することがあるのだが、同僚の話では、かつてアレクサンダー大王もそこを通ったという。

門の先にある土地にちなんでつけられた名前はとりわけ魅力的だ。ベルリンのブランデンブルク門は、ブランデンブルク・アン・デア・ハーフェルへ続く門だ。ブランデンブルク州も、同じ都市から州名をとった。外国の人は、ブランデンブルクといえばベルリン中心部にある門を連想するのだろうし、その名前は、最近、ベルリンに新設された空港にも引き継がれている。デリーで迎えた最初の朝、地図にインド門という記載を見つけ、地下鉄に飛び乗って現地へ向かった。その道中、カシミール門という標識を見て思わず行き先を変えそうになったのも、今ではよい思い出だ。門の名が地名となり、門がなくなったあとも後世まで残ることもある。たとえば東京の虎の門はかつて江戸城の南の門だった。ロンドンにもビショップスゲートとムーアゲートというすばらしい地名が残っており、失われたローマ時代のロンドンウォールを偲ばせる。

定期的にパリに飛んでいた頃、パリ市内に通じるポルト・ドゥ・ラ・シャペルつまりシャペル門を通るたびに門と空港の関係について考えた。今日、数字やアルファベットで示される空港の搭乗口《ゲート》にもこの長い伝統が受け継がれていると思いたい。搭乗口はまさに門だ。旅客機と空港の移行点で、開閉することもできる。現代の都市へ通じる門である。かつて栄えたアメリカの鉄道駅にも中世の町の門に似たところがあった。オスロの美しく近代的な空港で、税関を意味する〝トール〟という標識を見ると、城壁に囲まれた町へ通じる門を想像してしまう〔訳注／英語でトールゲートは道路や橋などの料金所を意味するため〕。

新しい路線が開通し、第一便が到着すると、空港の消防隊が水門をつくって旅客機を歓迎する。旅客機は白いしぶきをあげる水の門をくぐってターミナルへ向かう。水門の歴史はかなり古い。旅客機から降りてターミナルに入るときに、落とし門が引きあげられ、旗が風にひるがえり、立派な身なりをした守衛ににらまれるところまで想像するのはやりすぎというものだろうか。しかし中世の旅人も、現代の私たちと同じように疲れた目をして、腹を空かせていたはずだ。

着陸前、パイロットは空の門をくぐる。物理の授業で、棚に置いてあるボウリングの球が持つ位置エネルギーや、床に落下した際の運動エネルギーについて習ったが、かなりの高度をかなりの高速で飛行する旅客機は、どちらのエネルギーもたっぷり持っている。ところが三〇分後にターミナルゲートに到着するときのエネルギーはゼロだ。前に進むこともなければ、宙に浮くこともない。

高度をさげる際、パイロットは他機や地上の障害物との安全距離を考慮し、滑走路に対して公示された経路を守り、なおかつ管制官の指示に従わなければならない。管制官は自分が担当する空域と滑走路を効率よく運用するために全体を統制しているからだ。それに加えて、周辺空域の一般的な速度制限も守らなければならない。市街地に入ると道路の速度規制が厳しくなるように、世界の多くの場所では一定の高度以下を飛行する航空機に速度規制を設けている。さらに接地する際の速度は、速すぎても遅すぎてもいけない。最新の旅客機の翼はたいへん効率的に設計されているので、実は遅すぎるよりもむしろ速すぎて困ることのほうが多いのである。航空機が高度や速度を調整する過程を〝エネルギー・マネジメント〟という。旅客機のパイロットにとってエネルギー・マネジメントは腕の見せ所だ。

ときおり、特定の航空機が「すべりやすい」とか、「降下しながら減速できない」などと聞く。これらは翼の設計がいいことを表すほめ言葉であると同時に、エネルギー・マネジメントが難しいことも意味している。

適切なエネルギーで接地するためには、接地の瞬間を起点にして、上空にバ､ッ､ク､ア､ッ､プ､して考えなければならない。バックアップといってもいわゆるコピーをとるという意味ではなく、時間と空間をさかのぼり、段階を追って条件を満たせるようにするのだ。アプローチの各段階で、高度が高すぎるとか低すぎるとか、速度が速すぎるとか遅すぎるとか、同僚と声に出して確認する。そのひとつひとつが空の門《ゲート》なのである。一定の高度と速度を満たさなければ通過できない、目に見えない門だ。空の門には〝ソフトゲート〟と〝ハードゲート〟があり、前者は天候や機体の重量、そして風に配慮した門で、後者は滑走路までの距離と、航空機の位置と運動エネルギーだけを考慮した門である。

航空機が着陸前に速度を落とすのは、単純に速度があればあるほど長い滑走路が必要になるからだ。滑走路は無限ではない。しかし高高度を高速で飛行するために設計された翼には限界速度（これ以上遅く飛べない速度）がある。そこでどうするかというと、翼を広げる。〝後縁フラップ〟と〝前縁フラップ〟を拡張してさげるのだ。両フラップは離陸時にも使用するが、着陸時のほうが大きな意味を持つ。フラップをさげることによって翼はいっそう大きくなり、下向きに湾曲する。これによって飛行効率は悪くなるものの、ゆっくり飛ぶことができる。有限の滑走路から離陸したり着陸したりするときは、非効率さが意味を持つのである。

フラップをおろしていない翼を〝クリーン〟と呼ぶので、おろした状態を〝ダーティー〟とでも呼ぶことにしよう。気の利く管制官は〝ミニマム・クリーン・スピード〟で飛行せよと指示してくれる。つまり速度は落としてもらうが、翼を非効率にする必要はないという意味だ。747の翼には七つのバージョンがあって、うちひとつがクリーンで、残り六つはダーティーである。クリーンからフラップが広がるごとに限界速度が遅くなる。通常は四段階目が離陸に用いられ、五段階目か六段階目が着陸に用いられる。

着陸に向けて速度が落ちる瞬間は飛行機が好きな乗客にとってもお楽しみのひとつだ。翼の機械的な仕組みを観察することもできるし、単純にダイナミックな変化を堪能するのもいい。次回、旅客機に乗る機会があれば、主翼後縁の窓際の席か、そのすぐうしろを希望してみてはいかがだろう。陸を目前にして広がる翼は、着陸の見どころのひとつである。

地上から旅客機を眺める際も、翼の形状に注目したい。空港の近くで渋滞に巻きこまれたとか、航空ファンにまじって飛行場の近くでピクニックをしているときに、着陸態勢にある航空機が頭上を通過することがあったなら、747の巨大さに驚くのはもちろん、翼の動きが予想以上にはっきり見えて息をのむだろう。大きなフラップが弧を描いて風のなかにのび、エンジンはフラップが生じた抗力《ドラッグ》に対抗して推力をあげる。747は空から舞い降りる鳥のように、脚を突きだし、翼を大きく広げて、きたるべき接地に備える。

パイロットになった今でも、私は飛行機を見るのが好きで、乗客として旅客機に乗るときも窓際の席を希望する。実際に操縦するのとはまたちがったおもしろさがあるからだ。たとえばロサンゼルスの空港に着陸後、一〇車線もある高速道路を車で走行しているときに、ほんの数百フィート上空を747が太陽の光を照り返しながら飛び去るのを見あげたときの感激は、自分が操縦輪を握って着陸させたときよりも大きいかもしれない。空飛ぶマシンに対する物理的な好奇心と、美しいものを愛する気持ちが込みあげると同時に、自分もパイロットとしてあの巨大な旅客機を着陸させたばかりなのだという事実に圧倒された。自分が着陸させた旅客機を、どこかの五歳児が羨望のまなざしで見あげていたかもしれないではないか。

明治神宮の鳥居をくぐる六、七時間前、私と同僚は東京の空の門をくぐる算段をつけていた。ロンドンを飛びたって巡航高度まで上昇した旅客機を、あと一時間ほどのうちにどうやって低空へ戻し、速度を落として、地上に戻すかを検討していたのである。

見通しが立ってから機内放送のための日本語の原稿を書いた。放送する前に何度か小さな声で練習もした。コックピットにはグリニッジ標準時しか示されていない。日本語の機内放送を練習しながら、自分で計算した現地時間が正しいかどうか、同僚に確認をとる。私のなかで、現在地が切り替わる。「ここの現地時間は?」成田まではあと三五〇マイルもある。車なら一日がかりで移動する距離だというのに、すでに向こうではなくここになっている。旅と聞くと、それが空の旅であっても横方向の移動を想像しがちだ。地球のカーブに沿って移動するイメージがある。しかしコックピットにおいては垂直方向の移動のほうが重要だ。巡航高度は、下界を悩ます気まぐれな天候のほぼすべてから解放されている。着陸のために高度をさげると目的地の天候に巻きこまれるが、その際も、たとえば雨の領域に横から入るのではなく、上から入る。〝地面〟は地表を意味する一般的な言葉だが、そこへ戻る際も同じだ。下降してまずは山の領域へ入る。さっきまでは下にあった山が同じ高さになる。

着陸前のアライバル・ブリーフィングで、現地の天候や、ソフトゲートやハードゲートの速度および高度を確認し、万が一ゲートをくぐれなかった場合の対処や、滑走路と予想されるタクシーウェイを確認する(着陸後にどのタクシーウェイを通るかは煩雑な問題のひとつだ)。降下の許可を待つあいだ、コックピットに短い沈黙が訪れる。

許可がおりたら、自動操縦装置に数値を入力する。予定どおりの場所でエンジンがアイドルになり、機首がさがりはじめる。「ヒア・ウィー・ゴー(さあ行くぞ)」と機長が言う。

そういう勢いのある台詞は、ターミナルからプッシュバックするときにこそふさわしいと思うかもしれない。離陸のときのほうが似合うと。しかし自分も含めて、パイロットが「ヒア・ウィー・ゴー」と言うのはフライトの終わりの、〝降下開始点〟つまり高高度帯を離れる地点であることが多い。さあ高度をさげて異空間へ入ろう。その下に待つ目的地へ向かおう。そういう気持ちがこもっている。

滑走路が旅の方向と一致していることはめったにない。よって離陸後に、航空路へ向けて針路を変えるときが、フライトのなかでもっとも劇的な旋回になる。着陸の前に航空路を出て滑走路に針路を合わせるのが二番目に大きな旋回だ。成田空港は東京の北東に位置し、海岸からも近い。私たちが成田に到着した朝は風が北から吹いていたので、南の洋上へ出るために空港の周囲を時計回りに旋回した。一五分後に自分の機がいるべき場所がよく見えた。幸いにもターミナルゲートは空いている。滑走路の上を飛ぶと、自分たちの高度と速度を痛感する。まだまだ莫大なエネルギーを抱えていて、ちょっと路肩に車を寄せて誰かを降ろすというわけにはいかない。真下にある滑走路にたどりつくためには、時速数百キロでいったん南へ飛び去るしかないのだ。

空港まで数マイルの地点まで、滑走路から上空に向けて放たれる電波をたどって飛行する。通常、旅客機は側方域から電波に接近する。最終旋回の大きさを決めるのは三つの要素、つまり電波との角度、風、旅客機の速度だ。条件がそろえば、最後の旋回はごくゆるやかなものになる。ところが私たちが成田に飛来した日は、電波に対して風が垂直に吹いていたために、自動操縦装置が急旋回を選択した。横風に流されて反対側へ押しだされないようにするためだ。旅客機で窓際の席を確保できたら、このような最後の旋回も見逃さないでほしい。滑走路に向けて針路を合わせる旅客機の迫力と確信に満ちた動きは、空の旅のもうひとつの見どころだ。

夜遅く、モスクワからロンドンへ飛んだことがある。モスクワが大雪だったために離陸が遅れ、ロンドン上空に到着してみると、ヒースロー空港に着陸するその日最後の便になっていた。ロンドン上空は雲ひとつなかった。M25モーターウェイの外側を飛行していたにもかかわらず、街並みの向こうに空港が見えた。じきに滑走路も視認できたので、まだ二〇マイル以上もあるのに「ランウェイ・ビジュアル（滑走路視認）」を宣言する。澄みわたって静かな夜で、雲や雨をかいくぐりながら滑走路の電波を追う必要もなく、他機との安全距離を保つために速度を調整する必要もなかった。

ビジュアルの宣言を聞いた管制官が「ベリー・ウェル（わかりました）」と言った。次に管制官が発した指示は、おそらく双方にとって小さな空港で訓練をしていた時代を彷彿とさせるものだった。「ユー・アー・クリアード・ビジュアル・アプローチ（ビジュアル・アプローチを許可する）。フリー・スピード、オール・ターンズ・トワーズ・ディ・エアフィールド（任意の速度と針路で着陸せよ）」――

真夜中近くに、首都ロンドンの光のカーペットに向けて降下する。世界でもトップクラスの便数を誇る大空港に、この夜ばかりは、古きよき時代のパイロットにでもなった気分で着陸した。ランタンの明かりが並んだ草原に着陸するような自由を満喫しながら。

シミュレータを見学した人の大部分は、離陸よりも着陸に魅了される。離陸のとき、窓の外にのびるのは滑走路で、目的地はまだ空の彼方にある。私たちの視野は、旅客機の動きと連動して細部から全体へ広がっていく。着陸時はこれが逆まわしになる。フライトの一マイル一マイルが、ある国のある都市のある空港を目指している。日本の太平洋岸の、海からほんの数マイル北西にある滑走路を目指しているのである。

旅客機は離陸した瞬間から、目的地に焦点を絞っている。世界の裏側から、霧や雲や、さまざまな国の空を越えて、目的地を見据えている。物理的に透視することはできなくても、水平線の彼方から、別の一日から、目的地を見通すことができる。

飛ぶのが嫌いな人は、自分では制御できない力に動かされるのが不安だというが、進行方向が見えないことも影響しているのではないだろうか。人間にとって旅客機の速度が異常だというなら、高速で移動しているのに横の景色しか見えないのも不自然だ。電車でさえ、前方が見えるくらい大きく窓がとってあるではないか。典型的な旅客機は、機首部分にコックピットがあるので、前方が見えるのはパイロットだけだ。しかし二階デッキのある７４７の場合、コックピットは二階部分にあるので、一階部分の最前列に座った人は、限定的ではあるが進行方向を見ることができる。東京へ向かう便でそこに座った乗客には、しだいに大きくなる日本の海岸線を——旅客機が目指す土地を、下ではなく正面に見ることができただろう。私たちパイロットと同じように。

理論上、フライトが終わる一五秒前の〝ディ・サイド〟コールまでは滑走路が視認できなくても構わないが、通常は旅客機が最終針路に向けて旋回を終えた時点や、雲から抜けた時点で滑走路が見えている。遠くから見る滑走路は記号に似ている。地面の上に引かれた短い縦棒のようだ。最初はあまりにも小さく、しかも周囲からはっきりと区別されているので、美術館の展示室にかけられた絵を、部屋の反対側から眺めているような感じがする。

滑走路を視認したパイロットは「アイブ・ガット・イット（見えた）」と言う。たまに「ランド・アホイ（陸が見えたぞ）」という同僚もいる。最初から最後まで陸上を飛んでいたとしても「ランド・アホイ」でいいのだ。なぜなら747にとっては、滑走路の境界線より内側だけが、この世で唯一、着陸できる場所なのだから。

東京へ飛ぶ数カ月前に、バンクーバーで予期せぬ突風降雪に見舞われた。アプローチの終盤まで地平線すら見えなかった。白一色で塗りこめられた世界にアプローチ・パターンと滑走路の灯火だけが光り、近づくにつれて斜めに立ちあがってきた。雲の町に浮かぶ滑走路へ向けて船を漕いでいるような気がした。

成田くらいの空港となると滑走路も複数あり、それらが同時に近づいてくるとまるで街並みのように見える。実際、巨大空港は町だ。同じ方角を向いた複数の滑走路は、都心に向かう高速道路に等しい。道路はしだいに混雑しはじめ、ある時点で自分の横をまったく同じ方向に飛んでいる旅客機がいることに気づく。空港の外の本物の道路には、空港を目指す人や車の流れがある。

前方に、管制官に指定された滑走路がはっきりと見えた。つかの間、高校時代のホームステイや、出張で東京を訪れたときの記憶がよみがえる。この便にはどんな旅人が乗っているのだろうか。窓の外を見ながら、彼らはどんな音楽を聴いているのだろう。「アイ・アム・ビジュアル（滑走路を確認）」と私は宣言した。「アイ・ハヴ・コントロール」

自動操縦装置を解除すると、おなじみの警報が鳴る。海岸線を越える直前に脚をおろす。フラップをさげ、ランディング・チェックリストを読みあげる。気流の乱れに機体が振動する。この揺れも、翼やエンジン音の変化と同様、着陸が近いことを教えてくれる。窓の外に陸が迫ってくる。

かもめのジョナサンは、海面すれすれなら〝少ない力で長く飛べる〟ことを発見した。あの本に触発されて進路を選んだのではないとしても、パイロットならジョナサンのつかんだ感覚がわかるはずだ。アプローチの最終段階、エンジン出力を調整し、機首を一定の角度に保って滑走路へ接近する。その最後の最後で変動がある。いよいよ地上が近くなると、何もしなくても翼の揚力が増すのだ。操縦輪を介して〝浮こうとする力〟を感じる。さっきまでは素直に降下していた747が、急に抵抗する。

機体と地面に挟まれた空気が逃げ場を失い、つぶれた枕のようにもとに戻ろうとする。地上が近いと翼端の気流も渦になる前につぶれるので、翼の効率性が高まる。これらを〝グランド・イフェクト〟という。着陸目前の747が公園や高速道路の上を、だいたい二〇階建てのビルくらいの高さで飛んでいたら、巨大で落ち着きのないジェット機がようやく肩の力を抜いて楽に飛べる高さだと思ってほしい。グランド・イフェクトは空からの餞別《せんべつ》とも、故郷に戻ってきた旅客機に対する歓迎ともとれる。

離陸時、とくに重い旅客機は〝ローテート〟が宣言されて機首をあげるときに、奇妙な均衡状態を経験する。わずかな時間とはいえ、けっして気のせいなどではない。機首があがることで尾部がさがるために、宙に浮こうとしているのに沈みこむような印象がある。本格的に浮くのはいったん沈んだあとだ。機体の重みが脚を去り、湾曲した翼に預けられた瞬間、短い時間ではあるが地面に引きもどされる感覚がある。旅客機が飛ぶ前に祈りの言葉を唱えているのか、空力学の計算をやり直しているのか、そんなことを思うあいだにも、たちまち浮きあがる感覚がやってくる。

離陸前の、空と大地のどちらにも属さない状態は、フライト終盤にも訪れる。地上まであと数百フィート、グランド・イフェクトが出はじめたときに、私はわずかに機首をさげ、推力を絞る。この直感的な操作の結果を、機長が数値として読みあげる。日本の三〇フィートほど上空で、私はふたたび機首をあげ、推力を徐々に絞る。宙ぶらりんの状態がやってくるのは、このときだ。飛びつづけようとする力は強い。本当に着陸するのかと問われているような感じだ。一瞬のためらいののち、苦労して手にした揚力が翼を流れ落ち、車輪が地面を捉える。

ボストン便を担当するときは、クルー専用のホテルではなく、町の北側に住んでいる友人の家に泊まる。そして翌日の晩、ボストンを発って旅客機の高度をあげているとき、この友人の住む地区の上を通過する。友人宅のそばにある川の眺めに前の晩の記憶がよみがえり、ボストンではまったくプレイス・ラグを感じなかったことに気づく。

子ども時代に訪れた場所の上を飛ぶこともある。夏休みの家族旅行で、ニューハンプシャー州のウィニペソーキー湖を何度か訪れた。寝泊まりした丸太小屋は、七月でも朝は火をおこさなければならないほど寒かった。大人になって、ウィニペソーキー湖の懐かしい湖岸を空から見おろすと、あせた記憶に新たな色がつく。夏以外の季節に飛来して、湖面が凍って雪で覆われていたり、周囲の森が紅葉していたりするのも新鮮だ。旅客機の高度から見ると、色づく木々は、水をたたえた岩のくぼみを囲む赤い苔のようにちっぽけだ。夏に、湖に浮かぶボートを見おろして、青空色の湖面に残る航跡を彗星のしっぽのようだと思ったり、ボートに乗る家族連れについて勝手な想像をめぐらせたりもする。それは子どもの頃にはなかった感覚だが、今では子どものときの記憶と、大人になってからの記憶がすっかり混ざり合って、区別がつかない。

イギリス上空を飛んでいると、同僚が自宅まであと数マイルだとか、うちはこの真下にあるとか教えてくれる。たいてい窓の外を見もしないし、雲中を飛行していることもある。どうして自宅の場所がわかるかというと、特定のナブエイドと自宅の位置関係を把握しているからだ。

ロンドンからメキシコ・シティへ向かうフライトでは、私が世界でいちばんよく知っている場所、生まれ故郷のマサチューセッツ州西部を飛ぶ。子どものころは休暇のたびに両親の友人三人とその家族と過ごしていた。両親の友人たちは私にとって親戚のような存在で、子どもたちはいとこみたいなものだった。両親が他界してからというもの、彼らとの絆はいっそう深まっている。マサチューセッツ州西部は、両親にとっての終着点で、私にとっての出発点だ。故郷は森林に囲まれていて、ほとんどの乗客には町があることさえわからないだろう。自分だけが故郷を見分けることができると思うと、不思議と心が落ち着く。

マサチューセッツ州西部は、山でさえ森林と区別がつかない。たとえばグレイロック山はマサチューセッツ州でいちばん高い山だが、標高が一〇六四メートルしかない。唯一の目印は山頂にある戦争記念碑で、子どもの頃は石造りの塔の下でよくピクニックをした。ちなみにグレイロック山を見ると、私はハーマン・メルヴィルを思う。南側にあるピッツフィールドの自宅で『白鯨』の舞台である海について考える合間に、作家もあの山を見あげていたのではないだろうか。ヨーロッパから海を越えて直接マサチューセッツ州西部を飛行する機会は頻繁にあるが、地表が新雪に覆われていたり、雲が多く出ていたりすると、メルヴィルが、冬になるとすべてが白くなるこの地方を〝陸の上にいながら海にいるような気がする〟と表現したのもうなずける。作家は〝大西洋を行く船の舷窓〟から外をのぞくように自宅の窓の外に視線をさまよわせ、木枯らしのうなりを聞いて〝この家も帆をおろしたほうがいいのではないか〟とあやぶんだ。

パイロットになる前に、行ったことのある都市について教えてくれと言われたら、印象に残った建物について、食べものについて、思い出深い出来事について話しただろう。パイロットとなった今は、まず地形について話す。上空から、そして遠くから見たとき、その都市がどんなふうに見えるかを。山裾にあるのか、海辺か、砂漠の真ん中にあるか。そしてそうしたイメージが、距離が縮み、高度がさがるにつれてどう変化するかについて話す。

私にとって都市をカテゴライズする基準はいろいろある。たとえば空から見た印象しかない都市というのがある。ドーハ、アテネ、キエフ、アンカラ、トリポリ、ブエノスアイレス、ザグレブ……それらの都市には着陸したことはあっても、空港の外に出たことはない。自分の座席を立たないことさえあった。

そういう都市のなかでも頻繁に訪れるのはモスクワだ。上空から見るとモスクワはとにかく丸い。内陸の平らな土地に発展した大都会の典型で、同一中心の何重にもなった幹線道路が走っており、そのうちの一本は中世のモスクワの境界とだいたい等しい。かつては境界上にいくつも門が設けられていた。エアバス時代はモスクワ市街地の飛行が禁じられており、街の周囲を反時計まわりに飛行することも原則として禁止だった。たとえば西へ飛びたいときは、あたかも環状交差路《ラウンドアバウト》のごとく、時計まわりにぐるっと飛んでから西に向かわなければならなかったのである。モスクワの重力に捉えられた衛星になったかのような、さもなければ眼下の環状道路が空にまで影響をおよぼしているような気がしたものだ。モスクワの天候にはかなり詳しくなったし、空港で働くモスクワ市人や、フライト中に会ったモスクワ在住者の印象を語ることもできる。モスクワの街は夜になると、雪をかぶった大地の上で回転する巨大な火の車輪のような輝きを放つ。あの光景はモスクワ生まれの人でさえなかなか目にする機会はないだろう。周囲に広がる森は闇に沈んでいる。その上を旅客機の航法灯が、バンクをとりながら流れていく。

しかし、その他のあらゆる意味において、私はモスクワを知らない。それなのに間接的に集めた断片的な印象をつなぎ合わせて知ったかぶりをする、いやなタイプの人間といってもいいかもしれない。私にとって環状道路のなかの光は、どこまでいってもただの光であって生身の人ではない。あの都市の人々の暮らしについて知っていることは、テレビや小説や歴史書の受け売りにすぎない。

空からある場所を見おろすというのは、その場所を知る方法としてはひどく偏った方法なのだろう。自分の足で歩くとか、住むのとはちがって、上っ面しかわからない。だからモスクワに行ったことがあるかと尋ねられるたびに、私は居心地の悪い思いをする。モスクワ出身の人々をどれだけ故郷に送り届けようとも、遠くの光がリング状の銀河に変わるのに息をのみ、タッチダウンの振動を繰り返し味わおうとも、行ったことがあるかと訊かれたら、やはり「ない」と答えるしかないように思う。

アラスカ上空は混み合っている。人々の生活に空を飛ぶことが組みこまれているからだ。広大な土地に点在する町や小さな集落は、そびえる山々や人を拒む大地、さらに氷という、もっとも使い勝手の悪い形状の水で隔てられている。アラスカはジェット時代における小宇宙だ。ジョン・マクフィーは著書『カミング・イントゥ・ザ・カントリー』のなかで、アラスカの人は、空から見たことはあっても実際におりたことのない場所を「飛んだことがある」と表現すると書いている。アラスカ流に言うと、私にも飛んだことはある場所がたくさんある。

たとえば私は子どものころからアラビアに興味があった。地図や地球儀の上で占める位置がいいし、あの世界に昔から伝わる話の数々にも心を引かれた。ケネディ空港の凍結したタクシーウェイをゆっくりと進んでいた旅客機の姿も忘れられない。アラビアの上を飛ぶときは、ジッダ、メディナ、メッカ、ダーラン、リヤドなどと通過する都市の名をつぶやき、それぞれどんな場所だろうと想像する。そして現代のサウジアラビアを――屋根に並ぶソーラーパネルや円形の灌漑農地、猛暑の夜に砂漠に広がる都市の冷たい輝き、海岸線の町や高速道路の光を目にする。そのうちに、あの場所について、何かを知っているような気がしてくる。

旅客機は、ある場所に対する切れ切れのイメージを、限りなく現実に近づける。これに最初に気づいたのは、サウジアラビアのジェット機に心を奪われた一三歳の冬だ。旅客機から見ると、アラビアについて得た知識はすべて、上空からの眺めに当てはめられるような気がしてくる。しかし空のファインダーは広角であるがゆえに、映らないものもある。空のみで培われたアラビアのイメージが、子どもの頃に聞いた物語やこれまでに得たあらゆる情報とあまりにも合致するので、むしろそこには現実など一片も含まれていないのではないかと思うことさえある。

悲しいことに、この不安は現地に立ったからといってそう簡単に解消されるものでもない。少し前、初めてリヤドへ行った。短い滞在期間の大部分を眠っていたので、ホテルの外へ出たのはたったの二回、それも近場のみだった。たとえばラジオから歌が流れてきたとき、それがよく知っている歌なら、周囲が騒がしくても、ラジオの音量が小さくても、なんとなく歌詞を聞き分けることができる。しかしなじみのない曲はメロディーを追うことさえできない。たまに重低音のビートが聞こえるだけで、ほぼ雑音と変わらない。リヤドのように、初めての場所に短いあいだ滞在するのも同じことだ。たとえそこに一泊しても、やはり「行ったことがある」ではなく「飛んだことがある」というほうが適切なのである。

上空からの眺めが世界一美しいグリーンランドの上を何度も飛んだあとで、友人からグレーテル・エアリックの著書をもらった。グリーンランドにある世界最北の村のひとつ、シオラパルクに移住して、長く伝統的な猟師の生活をしている大島育雄の物語だ。大島はシオラパルクの家で、上空を通過する衛星を見あげる。車のナンバープレートさえ識別できる衛星を。そして、あの衛星は東京を見おろしてさほどしないうちに、グリーンランドの自分を──

―ホッキョクグマの毛皮で仕立てたズボンをはき、銛《もり》を手にして氷の端に立つ自分を見おろしているのだ、と考える。〝そのとき衛星は何を感じるのだろう。混乱し、引き裂かれた思いでいるのではないだろうか〟と。私も一度ならず、同じ週に日本とグリーンランドの上空を飛行したことがある。衛星がプレイス・ラグにかかったのはまちがいないと思う。

『スチュアート・リトル』の最後の場面で、スチュアートが分かれ道にさしかかる。道端に車をとめ、どちらへ行こうか思案しているとき、近くで休んでいる電話会社の作業員が目に留まる。作業員は北へ向かうといいと言って、この先に待つものをスチュアートに教えてくれる。果樹園や湖や〝何年もじっと立っていたせいで歪んでしまった農場の柵〟について。スチュアートがおもしろがるであろうさまざまな場所について。「だいぶ遠いからな」と作業員が忠告する。「それに何かを探しているときは、すいすい進めないもんだ」と。

地球儀を回転させたとき、私はたいていモンゴルの上でとめる。モンゴルに行ったことがあるか、という問いには「飛んだことがある、しかも高速で」と答えておこう。モンゴルの国境は、シベリアのノヴォシビルスクという町を通過してさほどしないうちに現れる。コンピュータ上に、チンギス・ハンから名前をとった空港が、きれいな青円で表示される。モンゴルも、幼い頃にあこがれた場所のひとつだ。神秘に満ちたモンゴルの歴史や地理や言語の研究をして、現地に住むのもいい人生だと思う。だが、最初に惹かれたのは歴史でも言葉でもなく、モンゴルという国名だった。エキゾチックな名前を持つ国が、どんな場所なのかを想像するのが楽しかった。私にとって旅客機から見おろすモンゴルは、おそらく現実の国であるのと同じくらい想像の国なのだ。

モンゴルの最初の峰を目にして、ねずみのスチュアート・リトルを思い出すこともある。作業員の風変わりな助言について考えたあと、スチュアートは〝目の前に広がる広大な大地〟を見渡して、新しい朝に向かって車を走らせる。スチュアートの目に映ったのは現実の世界で、朝は必ずやってくる。私の眼下に広がるのも、たしかに現実のモンゴルで、朝になると日が昇るのと同じ確かさで、ゆっくりと展開していく。年間を通して雪を冠した山の頂を朝日が照らす場面を何度も見た。陰になった褐色の谷に日の光が降りそそぐのも見た。そこに道路を発見して驚いたこともある。しかし上空で何を見たのであれ、すべては翼の下を流れ、地平線の向こうに消えていく。世界が大きな瞬きをすると、旅客機はもう別の場所を飛行している。

自分がどこにいるのか混乱したとき、数日前はどの大陸にいたかがぱっと思い出せないとき、私はあえて、飛ぶことによってどれほど帰るべき場所《ホーム》への愛が深まったかを考える。

自分の育った土地や、今、住んでいる場所を過剰に讃えるつもりはない。実際、ホームにはすばらしい面もある一方、変えたいと思う面もたくさんある。とくにパイロットは世界中の都市を見るせいで、ないものねだりに陥りやすい。世界中の駅が北京の駅のようになればいいとか、ヘルシンキの屋外プールに比べたら、こんなプールはぜんぜんだめだとか、アムステルダムなら立派な自転車専用道路があるのにとか思ってしまう。バンクーバーのタクシー運転手の愛想のよさを見習ってほしいと思うこともあるし、シンガポールのように公共の緑を積極的に増やすべきだと考えることもある。

私がホームに対して抱く思いは、讃えるというよりもむしろ、どこへ飛んでも戻る場所があり、留まる場所があることのすばらしさからくるものだ。プレイス・ラグとは無縁の場所で、自分の根っこであり、徒歩より速く移動することができない自分の半身がいる場所である。放浪癖のある半身が机の引き出しからパスポートを持って出ていってしまったとしても、もう一方の半身はホームで待っていてくれる。

空の上や異国の都市、ツンドラ地帯や遠い海を何時間も飛んでホームに戻ると、日常の速度が落ちてほっとする。安堵は体感としても伝わってくる。滑走路の上で旅客機がブレーキをかける。景色の変化がゆっくりになり、帰ってきたという安堵が込みあげる。世界を股にかけた旅や変化に富んだ毎日と比べると、普段の、なんでもない出来事がとても貴重に思える。氷や砂や水の上を何時間も何千マイルも飛んで、ようやくホームに戻ってきた。食器棚にはあとで食べようと思っていた菓子が入っていて、棚の上には大事な人の写真が飾られ、クローゼットには役目を終えたスーツケースが収められる。地元の友人たちと外で食事をすると、旅先で目にした季節や国々について、友人たちが何も知らないことに安らぎを覚える。今では、どこへ行ってきたのと訊かれることもめったになく、だからこそ、自分もずっとホームにいたような気持ちになる。仕事のあいだも半身は家にいて、街を歩き、友人と会っていたような感じがする。

長旅のあと、なんの予定もないときは、一日以上も家にこもることもある。閉ざされた空間は新鮮で快適で、細々とした家事がかけがえのないものに思える。そういう気持ちになるのは、長い時間をかけて遠くまで旅をしたからだろうか。ホームを出たからこそ、ありがたみがわかったのではないだろうか。ひょっとするとホームに帰ったときもプレイス・ラグはあって、ひたすら自分のベッドで目覚める毎日を繰り返すことで、無意識のうちに自分を納得させようとしているのかもしれない。

そんな状態でも出かける場所があるとすれば、近所の公園だ。空の旅のあとでは、本物の土にふれたり、自分の足で大地を踏みしめたりといった当たり前のことが、一種の奇跡に思える。これも旅客機の速度がもたらす思いがけない贈りものなのだろう。フライトスクール時代、イギリス上空を小型飛行機で飛んだときに、戦闘機がものすごい速度で横をすりぬけていき、自分がいかに低速かを自覚したように、旅客機の旅を経験することで自分たちの歩みの遅さを改めて自覚して、それをありがたいと思うようになる。これも一種のプレイス・ラグなのだろうが、不快な感じはしない。むしろ自分の場所と時間になじむまで、一歩離れたところから、客観的に日常を見直し、感謝の念を抱くことができる。旅先で耳にした曲を家で聴いたりすると、改めて家にいられる幸せを感じる。ホームを構成するたくさんの要素が、ひとつずつ明らかになる。離陸するとき、コックピットの窓に世界の風景が広がったのと同じように。

自分がどこへ向かっているかはたいした問題ではない。問題はホームから離れていたことだ。両親の古い友人で、ニューイングランド地方の実家の近くに何十年も住んでいる女性がいる。もとはウィスコンシン州の出身だ。いつだったか彼女に「ニューイングランド地方に戻ると、風景のどこかに丘があるのではっとする。世界のどこへ行っても、道の先に、そして湖の対岸に、ニューイングランド地方の丘を期待している自分がいる」と話したことがある。彼女は声をあげて笑い、故郷の風景は、長く離れているほどしっくりくるようになるものだと言った。彼女にとっての故郷は、丘に囲まれたニューイングランド地方ではなく、平原が続くウィスコンシン州だ。故郷に帰省するときは、旅客機の窓から地形が変化していく様子を眺めるそうだ。空港を出て、自分が育った農場へ車を走らせると「視界が開けるとともに、心のどこかも開けるのよ」と彼女は言った。

時間と地理は分かちがたく結びついている。私たち自身や家族の人生において、時間と地理は一体化しているのだ。両親の友人はウィスコンシン州に帰るたび、故郷を離れていた歳月が消えるという。つまり旅客機がタイムマシンの役割も果たしているわけだ。これがうまく機能すると本当に不思議な経験ができる。

いずれにせよ、旅客機のクルーの場合は永遠の混乱が続く。金曜にイランを飛びこえ、トルコ国境付近のオルーミーイェの塩湖で一日を終える。湖の中央は対になった空を写したような青で、縁《ふち》へ向かって色が薄まり、黄褐色になる。次の月曜にユタの上空で、グレートソルト湖を見たとき、私は軽い混乱に襲われる。八カ月ぶりに出した冬物コートのポケットに、食事をした覚えもないレストランのレシートを見つけたような気分だ。地理や時間や季節がうまくつながらない。財布には人に貸せるほど地下鉄用カードが入っているし、ポケットからクウェートの硬貨が出てきても、最後にクウェートに行ったのがいつだったかも思い出せない。家でクローゼットからズボンを出し、ポケットの砂をふるいおとしても、それがどの海岸の砂かわからないのだ。どの海に面した海岸かさえ、わからない。

マサチューセッツ州の地元に、ボンベイ（ムンバイの旧称）というレストランがある。その看板の前を通りかかったあと、翌日か翌々日にインドへ飛び、本物のムンバイで、ガンジーが滞在した家を見学したり、有名な屋外洗濯場を見にいったり、交通渋滞をかいくぐる人力車に乗って街並みを眺めたりする。インドの街なかで、つい二日前に訪れた、雪に埋もれた故郷のレストランが、夢の名残のように浮かんでくる。パイロットであることがうらめしくなる瞬間があるとするならこんなときだ。自分はボンベイにもムンバイにも、世界のどこにも属していないと感じる。

ところがある一二月、ふたつの場所が入れ替わった。朝早く、インドで活動を開始し、ロンドンに飛んで、それから乗客としてボストンへ向かう便に乗った。空港から西へ車を走らせ、子どもの頃からクリスマス休暇を過ごしている町へ、すでに家族が集まっている実家へ向かった。

くだんのインド料理店の前を通りかかる少し前に、初雪が舞いはじめた。私の帰郷を祝うように。私にとって大事な場所が世界の中心になる。世界がホームと呼ぶにふさわしい、ささやかな場所になる。レストランの看板の前を通りすぎたとき、ボンベイにまつわる複数のイメージは、不思議と煩わしいものではなくなっていた。むしろ両手で抱えて慈しみ、大切にしまっておきたいものに変わっていた。

すべての着陸は、あらゆる可能性から、けっして揺らがない場所へ、愛情の源へ帰ることだ。何年も前、乗客としてトロントへ飛んだ。夜間のフライトで、まだ旅客機が高度を落とす前に太陽が昇りはじめた。季節は夏。旅客機の窓いっぱいに朝の空と海の青、そして大地の緑が広がっていた。私は音楽を聴きながら、目を覚ましたばかりのカナダの大地が、新しい一日に大きくのびをするのを眺めた。最終アプローチに入ったとき、遠くを、ひとつの影がかなりの速さで移動しているのに気づいた。影は、森や池も難なく越えて、高速道路に沿って進んでいく。しばらく眺めてから、それが自分の乗っている旅客機の影だと気づいた。地球の一部が、私を乗せて降下する旅客機の形に欠けているのだと。

太陽はどこにあるのだろう。きっとかなり上空の、私が乗っている側とは反対にあって、地球にあの影を投げかけているにちがいない。旅客機の影を眺めながらヘッドホンから流れる曲を、もう一度頭から、音量をあげて再生した。それからカメラをつかむ。こんな光景は初めてだったし、消えてしまう前に写真に収めたかった。

しかし影は消えなかった。どこまでいっても窓の向こうの、およそ同じ位置にあって、世界の回転が速くなるにつれて大きさを増していった。旅客機と影の距離が縮まっている。長く離れていた旅客機と影は、タッチダウンの瞬間に再会を果たす。

その日以来、何度か、太陽と旅の終わりがぴったり呼吸を合わせて、大地に影を投げかけるのを見た。影は再会を期待しているのか、エンジン音を恐れているのか、小さく震えていた。みるみる大きくなる実体を見ながら、初めて地面に生まれたときのことを思い出しているのかもしれない。ランドだ、と影が言う。それは名詞の陸《ランド》であり、動詞の着陸《ランド》でもある。

待っていたよ、お帰りなさい。

広がる翼と影が完璧に同調する。地球の上を視線と同じなめらかさで飛ぶ影は、光のようでもあり、地上に注がれる私たちの視線が残した航跡のようでもある。

大きくなる影を見ているうち、自然と口元がゆるんだ。初めて旅客機に乗ったような心地がした。見つけた、と私は思う。ここにいたんだと。そして音楽の音量をさらにあげる。座席と壁の隙間から、前の乗客も同じ光景を見ているのがわかった。前の席の乗客が私を振り返り、窓の外を指さす。私はうなずき、微笑む。私たちはシートベルトに逆らうように窓へ身を乗りだし、いつまでも飽きずに世界を眺めつづけた。

謝　辞

航空業界は地球と同じくらい広くて、多様性に満ちている。この本を書くためにいろいろ取材して、小さな空港を拠点とする小規模の航空会社で、小さな航空機を飛ばしているパイロットや、イギリス以外の国で活躍するパイロットが、私とはまったく異なる環境で仕事をしていることを知った。だからこそ私は、身をもって経験したことを、なるべく正確に伝えようと思った。

まずはコックピットや客室で一緒に働いたすべての同僚に感謝したい。さらに地上の仲間がいなければ、いったい誰が旅客機をプッシュバックしてくれるというのか。人知れず私たちの飛行を支えている地上勤務員の熱意とプロ意識に深く感謝する。航空機と世界について、彼らから学んだことは計り知れない。「大事なのは飛ぶことばかりじゃない。空を愛する仲間の気持ちが、パイロットという仕事を世界一の職業にしているのだ」という先達の言葉は真実だと思う。加えて私が世界一の職業を志すことができたのは、二〇〇一年の訓練生奨学金のおかげだ。奨学金制度の重要性は、今日、ますます高まっている。

〈CAEオックスフォード・アビエーション・アカデミー〉の教官や職員のみなさん、たいへんお世話になりました。AP211訓練課程の同期、ジェズ、ボンバー、セブ、キャット、ニール、デイヴ（！）、エイドリアン、アダム、キルステン、クリス、バルビール、リンジー（男）とリンジー（女）、モー、ヘイリー、カーウィン、ジェームズ、課程期間中はもちろん、いまだに続く友情と励まし（「おまえなら大丈夫」の言葉）に感謝！　同期の声を、対空無線やガンダー・ラジオ〔訳注／航空管制官が使用するHFラジオ〕で聞いたり、かつての仲間がイランの防空管制所やヒースローの管制官と話している声を聞いたりすると、もっと頻繁に一緒に飛べたらと思う。サイモン・ブレイスウェイトとケープタウンにある彼の会社にも、まだそれほど規制が厳しくない時代に、成田からヒースローに向かう便でコックピットに入れてくれたナイジェル・バターワースにも心からお礼を伝えたい。

原稿に目を通して含蓄に富む助言をくれた方々もいる。マーク・R・ジョーンズとキルン・カプール（最初に書いた〈Night〉の章だけでなく、以降すべての章を読んで批評してくれた）、スティーヴン・ヒリオン（誰よりも早く草稿を読み、改稿の指針をくれた）、デジレ・スクーラー、ハリエット・パウニー（何ひとつ見逃さない目の持ち主）、コール・スタングラー、ドン・マクギリス、セバスチャン・ストウフス、ダグラス・ウッド、ジョン・ペティット、イアン・スライト、トニー・ケーン、メアリー・チェンバレン、アレックス・フィッシャー（航空技術と航空史に関する知識の深さに）、ありがとう。

特定の章に専門的な助言をくれた方々もいる。王立航空協会のエマ・ボソム、英国航空操縦士協会のリチャード・トゥーマーとデヴィッド・スミス、名誉操縦士組合のポール・テイコン、ボーイング社のマーク・バーテルとシャニークワ・マニング・ムハマド、〈CAEオックスフォード・アビエーション・アカデミー〉のマイク・ステア、王立航法協会のピーター・チャップマン＝アンドリュース、NASAラングレー研究所のポール・デインイー、彼らのおかげで専門家の話を聞くことができた。

〈Place〉を執筆する際に〝地上勤務員〟のマーク・ブラクスランド＝ケイは航法や航空路作成に関する私の質問に辛抱強く答えてくれた。デヴィッド・ブロートン、チャールズ・フォルク、ラリー・ヴァロット、アンドリュー・ロヴェット、ブライアン・スラッセルは慣性航法と磁気に関する疑問を解決してくれた。ナンダ・ヘールフィンク、ブレンダン・ケリー、ミレイユ・ローマン、ロビン・ヒクソンはウェイポイントの名前や空域について惜しみない助言をくれた。

〈Air〉の章はジェニファー・インマンとマシュー・インマン、アンドリュー・ロヴェット、ブライアン・スラッセル、スティーヴン・フランシス（スティーヴンはフライトスクールで、最初にこの科目を教えてくれた人物）、スチュアート・ドーソン、ユージーン・モレッリ、R・ジョン・ハンスマンの技術的な助言がなければ完成しなかった。デイヴ・ジェシとジェームズ・H・ドティは電波高度計について知恵を貸してくれた。

ダグラス・シーガルは〈Water〉の章で貴重な意見や指摘をくれた。ジェフ・カニペ、スティーヴン・シュナイダー、ジョージ・グリーンスタインは〈Night〉の章で親身になって相談にのってくれた。夜の空について熱心に話すふたりを見て、天文学者になりたがっていた父の気持ちが少しわかった。

ヘレン・ヤナコプーロス、ジェイミー・キャッシュ、エレノア・オキーフ、ウルリーク・ダダチャンジ、マーク・フォイアースタイン、マーティン・フェント、テリー・クラウス、アマンダ・パルマー、ヴィノード・パテル、ディック・ヒューズ、パメラ・トルディ＝クリアリー、ジュリア・サンズ、カレン・マレ、クリス・ゴーター、ホルデーン・ドット、アンソニー・コンシル、ミッチ・プレストン、ドリュー・タリアブーエ、マーク・P・ジョーンズ、ヒルダ・ウールフ、メイ・シバタ、ジョン・エドワード・フーツ、トニー・ケーン、アル・ブリッジャー、カナン・ジャグアンナザン、ワコ・タワはその他の章で有益な意見をくれた。

友人や同僚、専門家のみなさんのご協力に感謝する一方、本書の記述に誤りがあるとしたら、それはひとえに私の未熟さに起因するものである。

パイロットの同僚や教官に相談し、マニュアルや訓練教材、航空図の助けを借りたほか、次の書物を参照した。ドミニク・A・ピサノが編集した『アメリカ文化における航空機（The Airplane in American Culture）』と、ジョセフ・サターの『747　世界初のジャンボジェット製造と飛行が生んだ冒険の数々（747: Creating the World's First Jumbo Jet and Other Adventures from a Life in Aviation）』はどちらも示唆に富んでいた。アメリカ気象学会の二冊のテキスト『海洋研究　海洋学入門（第三版）（Ocean Studies: Introduction to Oceanography, 3rd edition）』と『気象研究　大気科学入門（第五版）（Weather Studies:

Introduction to Atmospheric Science, 5th edition)』は〈Water〉と〈Air〉の章を書くうえで非常に役立った。ガブリエル・ウォーカーの『空気の海（An Ocean of Air）』はタイトルもすばらしいが内容もおもしろく、有益だった。R・P・G・コリンソン著『アビオニクスシステム入門（第三版）（Introduction to Avionics Systems, 3rd edition）』はあちこちの章で参考にさせていただいた。ジョン・フーツの『失われた航法術（The Lost Art of Finding Our Way）』は優れた本で、航空史と航空技術の展望がよくまとまっている。

過去一八カ月にわたって、本が山積みの職場にお邪魔し、心から本を愛する人々と話ができたことを光栄に思う。エージェントのキャロライン・ミシェルは私に手を差しのべ、継続的な支援と励ましをくれた。また、彼女の同僚にもたいへん親切にしていただいた。〈チャットー&ウィンダス社〉の編集者であるクララ・ファーマーとスザンナ・オター、海を挟んだ〈クノッフ社〉のダン・フランクとベッツィー・サリー、そして両社の同僚のみなさん、とくにマギー・サウサード、サラ・イーグル、ガブリエル・ブルックス、リサ・グディング、ヴィッキー・ワトソンは本書の執筆全般を通じて、曇りのないまなざしで、忍耐強く、思いやり深く、私を導き、支えてくれた。

最後に、いつも愛情深く見守ってくれた家族と友人にお礼を伝えたい。ときどき煮詰まっている私を机から引きはがしてくれてありがとう。キルンは音楽とあらゆる乗り物の窓際の席に対する私の執着を理解してくれた。ナンシーはいつも飛行に対する私の情熱を見守り、応援してくれた。マーク、あらゆるサポートに感謝する。サイラス、アンジャリー（海はひとつだということを思い出させてくれてありがとう）、それからローラ、昔の子どもたちのように、いつかきみたちも空の上にあるコックピットを訪れることができますように。

引用文献

「真夏」デレック・ウォルコット著、『デレック・ウォルコット詩集』〈フェイバー&フェイバー社〉

Excerpt from "Part I" from "Midsummer" from THE POETRY OF DEREK WALCOTT 1948-2013 by Derek Walcott, selected by Glyn Maxwell. Copyright © 2014 by Derek Walcott. Reprinted by permission of Farrar, Straus and Giroux, LLC.

「マリーナ（Marina）」T・S・エリオット著、『T・S・エリオット詩集』〈フェイバー&フェイバー社〉

『悲しみにある者』ジョーン・ディディオン著、〈ハーパーコリンズ社〉

『コンゴ 人々の真の歴史（Congo: The Epic History of a People）』ダヴィッド・ファン・レイブルック著、〈ハーパーコリンズ社〉

『スーパー・カンヌ（Super Cannes）』J・G・バラード著、〈ハーパーコリンズ社〉

『芸術家の声　現代芸術家一七人との対話（The Artist's Voice: Talks with Seventeen Modern Artists）』キャサリン・クー著〈ダ・カーポプレス社〉

『この冷たい天国（This Cold Heaven）』グレーテル・エアリック著、〈ハーパーコリンズ社〉

「ザ・ポエム・オブ・フライト（The Poem of Flight）」フィリップ・レヴィーン著、『フィリップ・レヴィーン新撰詩集』〈ペンギン・ランダムハウス社〉

「キティーホーク（Kitty Hawk）」ロバート・フロスト著、『ロバート・フロスト詩集』〈ジョナサン・ケープ社〉、〈ペンギン・ランダムハウス社〉

訳者あとがき

飛行をこうも美しく表現することができるのか！

初めてこの本を読んだとき、そう思った。文章のすみずみまで、空と航空機に対する賛美がほとばしっている。かつて空の世界に属していた身としては共感する部分がたくさんある一方で、初めて知ることも多かった。飛行の技と、上空で見聞きしたものをみずみずしい文章で伝える力を備えたマーク・ヴァンホーナッカーは、サン＝テグジュペリに続いて、地上にいるわたしたちのために、空に通じる窓を開いてくれたといえるだろう。

ちなみに、わたしが属していた空にさっそうと君臨していたのは、戦闘機だ。わたしは二十代から三十代の初めにかけて、航空自衛隊の管制官として、地下の薄暗い穴蔵にもぐり、スクリーン上を移動する緑の航跡を追いかけ、対空無線でパイロットと交信していた。「毎日、日本地図を見て仕事ができるヤツなんてそうそういないぞ」と先輩に言われたものだが、戦闘機の速度を基準にすると、日本の空はけっして広くない。たとえば本書に出てきた茨城県の大子《だいご》というポイントの東の洋上にも自衛隊の訓練空域がある。房総沖から福島沖まで広がる空域だが、F－15戦闘機なら端から端までものの数分で飛んでしまう。ちなみにこの空域の北側を航空路《エアウェイ》が貫いていて、成田空港を離発着する旅客機などがそこを通る際は、自衛隊機が一定の高度帯を開放する（明け渡す）規則になっている。旅客機が二機、三機と連なるときは、かなりの時間にわたって使用できる高度が制限されるため、ただでさえ狭い空域がさらに狭くなり、パイロットから「開放はまだ終わらないのか」とせっつかれた。

ところでわたしはダイビングもするのだが、夢のなかの飛行にいちばん近いのは泳ぐことだという著者の意見には大賛成だ。ヘリから輸送機、戦闘機とさまざまな航空機に乗ったものの、どれも夢の飛行体験ほど優美ではなかった。なにを贅沢な、と思われるかもしれないが、名古屋から埼玉まで出張するのに那覇経由の輸送機に放りこまれれば、空を飛ぶありがたみも薄れるというものだ。ちなみに輸送機では、人が乗るときだけつるされるハンモックのような簡易座席についたら、さっさと耳栓をして就寝体勢に入る。座ったまま外を眺めれるような窓はないし、防音設備も施されていないので隣の人の声すら聞こえない。そして悪夢の戦闘機……。たしかにあれはすごいマシンだ。三六〇度の大パノラマ、エンジンの轟音、滑走路にいるときから、機体が浮こうとしているのがひしひしと伝わってくる。加速も上昇も、ジェットコースターなんて目じゃない。雲の上に昇ると、尻の下に二〇〇〇〇フィート以上の何もない空間が広がっていることが生々しく感じられる。しかし問題は正常なヒトには機動性がよすぎることだ。どんな酔いどめを飲んで乗っても、訓練時間の半分を過ぎたころから徐々に気分が悪くなり、あとはひたすら、胃の内容物があがってくるのと闘わなければならない。吐くなら酸素マスクを外さないと、ホースのなかに嘔吐物が詰まってひんしゅくを買う。次の旋回の前に胸ポケットのゲロ袋を出しておいたほうがいいだろうか。そんなことばかりが脳裏をめぐる。ちなみに仲間の管制官が戦闘機に乗っているとき、穴蔵の勤務員たちは対空無線をスピーカーにしてモニターしている。ある日、上空のパイロットがこんなことを言った。「リクエスト・リカバリー、デュー・トゥー・パパ・エコー（PEのため基地に戻りたい）」若い管制官が「F-15にPEなんて器材不良ありましたっけ？」とつぶやく。「後席の管制官がフィジカル・エマージェンシー（体調不良）ってことだろ」とベテランが答え、みながどっと笑った。自分だったらと思うと……いや、想像もしたくない。

こんな具合で飛行に関してはいささかすれっからしのわたしでも、本書を読んだあとは空の旅に出たくなった。しかも行き先は飛行経路で決めたい。高度三七〇〇〇フィートから見るオーロラやグリーンランドは人生観が変わるほどすばらしいだろうし、空気を切る巨大な翼の動きや、地平線を覆う夜の毛布を、この目で確かめてみたいのだ。読者のみなさまにもそんな気持ちになっていただけたなら、翻訳者としての務めを果たせたと胸を張れる。

本書を訳すにあたっては、多くの人に助けていただいた。国内外のパイロットにお世話になったが、なかでも航空自衛隊の吉見拓也さんは、若手パイロットの育成という重責を担う身でありながら、草稿を読んで貴重なご意見をくださった。本好きな吉見さんの蔵書に加えていただける一冊に仕上がっていればうれしい。また早川書房の編集者である坂口玲実さんと堀川夢さんは、卓越した語学力で迷走しがちな訳文を何度も正しい方向へひっぱり戻してくださった。わたしにとっては超高性能のナブエイドである。さらに、こんなにすばらしい本とのご縁をくださった翻訳会社リベルのみなさんにお礼を言いたい。おかげで二〇一五年は幸せな翻訳ライフを送ることができた。

本書の刊行に尽力してくださったすべての方々に、また本書を読んでくださった読者のみなさまに、心より感謝する。「ユー・アー・リリースド、グッド・デイ!」

二〇一八年一一月

(単行本あとがきに加筆)

解説
客室の小さな窓から

タレント
眞鍋かをり

本当の「空の旅」に連れていってもらった、まさにそんな気分である。

美しい言葉や詩的な表現がそこかしこにちりばめられているとはいえ、文字だけでどうしてここまで空の色や気配、地球が脈打つ様子を感じさせることができるのだろう。

私は客室の小さな窓から見える景色しか知らないけれど、ページをめくるたび、飛ぶことを愛する人間のみが知る、飛行中の空模様や心模様が手に取るように伝わって胸が高鳴った。

いつからだろう、飛行機に乗っている時間が単なる「移動」になってしまったのは。たぶんこの一ヶ月で三、四回は飛行機に乗ったはずなのに、窓の外をほとんど見ていなかったことが悔やまれる。ひどいときは、ずっと窓のシェードを閉めっぱなしにしたりもしていた。

それでも、飛行機の座席を選ぶときいまも絶対的に「窓側派」なのは、子供の頃からずっと、飛行機に乗って窓の外を眺めるのが大好きだったからだ。

どこまでも続く雲の世界、空と海の境目、地上の自然や人々の営みを感じる光……。なぜここまで惹きつけられるのかは考えたことがなかったけれど、私の心のどの部分にどうして響いていたのかが、本書を読んで少しわかったような気がする。

空を飛ぶと、地球の上で暮らしていながら普段は気づくことのなかった真実を意識させられることになるのだ。

タイガやツンドラなどほとんど人の住まない寂寥とした大地の上を飛んだとき、「世界は空っぽだということを思い知らされる」という部分には、とても共感することができた。私も昔、似たような感覚を抱いたことがある。それが強烈な印象として、いまも脳裏に焼き付いている。

二〇歳くらいの頃、モータースポーツを取材する仕事でアメリカに行った。マイアミだったかアトランタだったか記憶が定かではないのだけれど、太平洋をこえてはじめてアメリカ大陸の上空から大地を見下ろしたとき、私は言葉を失った。

どこまでもどこまでも、はるか彼方までのびる山脈。もう確かめることはできないけれど、きっとあれはロッキー山脈だったのだろう。想像したこともないほどの圧倒的な自然の中に、人間が存在している部分がほとんどないのだという事実。それまで日本の四国の小さな町が自分の世界の全てだった私には、東京ですら無限大に思えていたというのに。

こんな世界が、本当にこの世に実在していたなんて……生まれてはじめてそんなことを肌で感じ、まだ若かった私は感動と畏れを抱いた。

小さな窓におでこを押しつけながら、「あの地点に人間が足を置いたことは地球ができてから一度もないかもしれない」「あの木々は誰にも見られることなく、ただずっとそこにあるんだ」そんな当たり前のことを思って、万物にとって人間などどうでもいい存在なのだと、少し寂しくなったりもした。

あの光景をいまの自分が見たら、いったいどんなふうに感じるのだろう。若い頃と同じように、世界が変わってみえるほどの衝撃を受けるだろうか。

三〇歳を過ぎてから、数ヶ月に一度のペースで海外へひとり旅に出かけていたけれど、機内ではワインと食事を楽しんだり、現地に着いてからのことばかり考えていて、窓の外はさほど気にしていなかったような気がする。昔は飽きもせずにずっと窓を見ていたというのに、慣れというのは寂しいものである。

だけど、オーロラが見えるという機内アナウンスが入っても、ほとんどの乗客は見ようともしなかったり、すぐに読書灯をつけて本を読んだりしているという話にはとても驚いた。さすがにオーロラが出たら、普通はひと目見ようと必死になるんじゃないかと思うのだけど、意外にそうでもないのだろうか。

そういえば、オーロラがよく見える地域に住んでいる人にとっては、オーロラは虹と同じくらいのありがたみしかないのだと聞いたことがある。私も虹くらいだったら、見えやすい位置に座っていない限りスルーしてしまうかもしれない。でも、オーロラだろうと虹だろうと、空を飛ぶことを愛する人間からしたら、見逃してしまうのはすごくもったいないことなのだろう。

本書が全体を通して面白いのは、乗客としてしか体験したことのない世界が、パイロットにしか知り得ない感覚で描かれることで、全く違ったものに見えるからだ。

とくに機体や操縦技術、フライトの仕組みに関する描写はこれまで知らなかったことばかりで、パイロットの仕事というものをリアルに感じられて新鮮だった。

著者が日本へのフライトをした際、私もよく知っている場所を訪れていたのも、なんだか嬉しくなった。明治神宮や原宿の裏路地を歩いたり、揚げ餃子を食べたり（たぶんあそこだろうな、という店の心あたりがある)。当たり前だけど、パイロットもフライト先で現地の雰囲気やグルメを楽しんだりするのだな、と微笑ましく思った。

そういえば一度だけ、私も飛行機を降りたあとのパイロットさんに遭遇したことがある。

ミャンマーへ二泊三日の弾丸ひとり旅をしたときのこと。成田からヤンゴン行きの便に乗っていたクルーと、偶然ホテルで再会したのだ。

機内では、担当してくれたCAさんとたくさんお話をしていた。私がひとり旅が好きで休みのたびによく海外へ出かけているというのをテレビや雑誌で知り、フライト中に「今回はミャンマーを旅されるんですか?」と話しかけてくれたのだった。

ヤンゴンの空港に着いたその足で市場や寺院を巡り、日暮れ前にホテルにチェックインしようとしたところで、そのCAさんを含むクルーの皆さんとばったり会った。泊まるホテルが同じだったのだが、それは偶然というよりも、そのときはまだ軍事政権が倒れて民主化したばかりの時期だったため、市内に大きなホテルがそこくらいしかなかったからかもしれない。

「こちらが今日のフライトの機長です」と紹介されて、ヤンゴンまで連れてきてくれた機長さんに直接、挨拶とお礼を伝えることができた。思えば、アテネからサントリーニ島へのフライトや、ロサンゼルスからグランドキャニオン、マニラからフィリピンの離島へ飛ぶときの小さなプロペラ機を除けば、乗った飛行機のパイロットと対面するなんて初めてのことだった。

「これからクルーみんなで中華街にご飯を食べにいくんです」と聞いて、ああ、世界中を飛び回っているパイロットの方も現地では私たちと同じようにローカルなものを食べに行ったりするんだなあ、と思って嬉しくなった。

そのときと同じように、本書のおかげで、少しだけパイロットという存在が身近に感じられるようになった気がする。

実はこれを書いている今も、大阪での日帰りの仕事のため羽田から伊丹へ飛ぶ飛行機に乗っている。日が差して少し眩しいけれど、窓のシェードは開けたままだ。

よく晴れて富士山が綺麗に見えている。私は運良く、富士山が見える進行方向右側の窓側席に座っているのだけど、通路側や中央の座席からも覗き込むようにしている乗客がたくさんいるので、窓を塞いでしまわないように控えめに富士山を見ている。

今まさに、機長から「富士山が見えます」というアナウンスが入った。心の中で「ちゃんとみんな注目してますよ、スマホで撮影もしてますよ」とつぶやいてみる。

なんだか、飛行機に乗るときのときめきが少し増えたような気がする。

ただの移動手段ではなく、普段とは違う目線から世界を見ることができる、特別な時間。そう思えることで、今日の仕事の往復にも、彩りが生まれている。

帰りの飛行機からはきっと、夕暮れ時の空や月、地上の夜景が見えるだろう。操縦席から見える景色とはだいぶ違うかもしれないが、つかの間の「空の旅」を楽しんでみようと思う。

本書は、二〇一六年二月に早川書房より単行本として刊行された作品を文庫化したものです。

訳者略歴　翻訳家　防衛大学校卒業　訳書にハーマン『観察力を磨く　名画読解』（早川書房刊），ジョンストン『ぼくのなかの黒い犬』，バード『ゴッホはなぜ星月夜のうねる糸杉をえがいたのか』他多数

HM=Hayakawa Mystery
SF=Science Fiction
JA=Japanese Author
NV=Novel
NF=Nonfiction
FT=Fantasy

グッド・フライト、グッド・ナイト
パイロットが誘《いざな》う最高の空旅

〈NF534〉

二〇一八年十二月二十五日　発行
二〇二一年　五　月二十五日　五刷
（定価はカバーに表示してあります）

著　者　マーク・ヴァンホーナッカー
訳　者　岡《おか》本《もと》由《ゆ》香《か》子《こ》
発行者　早川　浩
発行所　株式会社　早川書房
郵便番号　一〇一 - 〇〇四六
東京都千代田区神田多町二ノ二
電話　〇三 - 三二五二 - 三一一一
振替　〇〇一六〇 - 三 - 四七七九九
https://www.hayakawa-online.co.jp

乱丁・落丁本は小社制作部宛お送り下さい。
送料小社負担にてお取りかえいたします。

印刷・中央精版印刷株式会社　製本・株式会社明光社
Printed and bound in Japan
ISBN978-4-15-050534-9 C0126

本書は活字が大きく読みやすい〈トールサイズ〉です。